# 성공한 기업들은
# SCM이 다르다!

# 성공한 기업들은 SCM이 다르다!

| | | | |
|---|---|---|---|
| 발행일 | 2019년 5월 17일 | | |

| | | | |
|---|---|---|---|
| 지은이 | 김갑주 | | |
| 펴낸이 | 손형국 | | |
| 펴낸곳 | (주)북랩 | | |
| 편집인 | 선일영 | 편집 | 오경진, 강대건, 최예은, 최승헌, 김경무 |
| 디자인 | 이현수, 김민하, 한수희, 김윤주, 허지혜 | 제작 | 박기성, 황동현, 구성우, 장홍석 |
| 마케팅 | 김회란, 박진관, 조하라 | | |
| 출판등록 | 2004. 12. 1(제2012-000051호) | | |
| 주소 | 서울시 금천구 가산디지털 1로 168, 우림라이온스밸리 B동 B113, 114호 | | |
| 홈페이지 | www.book.co.kr | | |
| 전화번호 | (02)2026-5777 | 팩스 | (02)2026-5747 |

| | | |
|---|---|---|
| ISBN | 979-11-6299-685-0 03320 (종이책) | 979-11-6299-686-7 05320 (전자책) |

이 도서의 국립중앙도서관 출판예정도서목록(CIP)은 서지정보유통지원시스템 홈페이지(http://seoji.nl.go.kr)와
국가자료공동목록시스템(http://www.nl.go.kr/kolisnet)에서 이용하실 수 있습니다.
(CIP제어번호: CIP2019017074)

**(주)북랩 성공출판의 파트너**

북랩 홈페이지와 패밀리 사이트에서 다양한 출판 솔루션을 만나 보세요!

**홈페이지** book.co.kr  •  **블로그** blog.naver.com/essaybook  •  **원고모집** book@book.co.kr

특수가스 산업을 바탕으로 쓴 SCM 이론과 사례

# 성공한 기업들은 SCM이 다르다!

김갑주 지음

SUPPLY CHAIN MANAGEMENT

SCM을 제대로 이해하는 것이
기업의 성공과 존폐를 좌우한다!

북랩 **book** Lab

여러분이 연세가 많은 어르신에게 최신 스마트폰을 사 드리면 어떻게 될까? 스스로 스마트폰 설명서를 읽고 빠르게 이해한 후에 젊은 사람들 못지않게 다양한 기능을 활용하는 분도 계실 것이며, 어떤 분은 설명서를 읽기보다는 주변에 물어보며 아주 천천히 사용법을 터득한 후 일부 기능에만 국한하여 사용하는 분도 계실 것이다. 그리고 스마트폰 기능에는 전혀 관심 없고 오로지 전화를 받고 거는 데만 사용하는 분도 계실 것이며, 스마트폰이 거추장스럽고 귀찮다며 폴더폰으로 바꿔 달라고 하는 분도 계실 것이다. 이처럼 어르신마다 다양한 반응을 보일 것이다. 물론 젊은 사람들에게도 연세가 많은 어르신과 같은 반응이 전혀 나타나지 않는다고 볼 수는 없다. 다만, 스마트폰 관련해서는 연세가 많은 어르신에게 더 다양한 반응이 나타나므로 예로 든 것이다.

본인이 22년 동안 다양한 분야, 조직, 환경하에서 SCM(Supply Chain Management)을 추진하며 경험한 구성원들의 반응은, 연세가 많은 어르신이 스마트폰에 반응하는 상황과 유사했다. 어르신들이 일상생활을 하심에 있어 조금이나마 더 편리해지셨으면 하는 바람에서, 또는 여러분이 가지고 있는 스마트폰과 다양한 기능을 함께 공유하고 싶어서 비용을 들여 스마트폰을 구입하여 드렸다. 그러나 연세가 많은 어르신에게 여러분이 생각한 만큼의 스마트폰 활용을 기대하기 어려운 것과 마찬가지로, 노력과 비용을 투입했지만, 단기간에 조직 구성원들이 SCM을 제대로 이해하고 행동하는 것을 기대하긴 어려웠고, 나이와 직급, 직책이 높다고 해서 SCM을 잘 이해하고 실천하는 것도 아니었다. 게다가 생각하고 행동하는 방식과 DNA 수준을 고려하지 않고 SCM을 정형화된 틀 안에 넣은 상태에서 "SCM은 이렇게 하는 것이다."라고 하며 추진했던 조직에서는, 오히려 내성만 더 키워 열정과 도전 의식이 저하되는 결과를 초래하기도 하였다. 본인은 이러한 경험들을 바탕으로 SCM을 정형화된 틀에 가둬놓고 일반적인 학문처럼 "SCM은 이렇게 하면 됩니다."라고 하는 것이 얼마나 부질없는 행동인지 깨달았다. 왜냐하면, 조직과 구성원들의 DNA 수준, 조직문화와 조직 구성원들이 생각하고 행동하는 방식을 제대로 파악하지 않은 상태에서, 일반적 또는 보편적 내용만을 기반으로 SCM 추진 계획을 발표하는 것은, 현실성이 결여되어 '보여 주기 방식'과 별반 다르지 않았기 때문이다. 따라서 SCM은 정형화된 틀에 가두어 놓고, 정형화된 내용을 예로 들어, "이렇게 하면 됩니다. 그러니 TFT를 구축하여서 합시다."로 진행해서는 안 된다고 재차 강조하고 싶다. 시중에 SCM과 관련하여 다양한 내용의 책들이 있지만, 구체적 사례를 찾기는 어려운 현실에서, **수만 BT(Bottle) 용기 운영·제품과 상품에 의한 매출·다품종 수요·공급 환경의 특수가스 산업 Logistics Management 내용과 사례를 통해, 조금이나마 SCM을 이해하고 공감하는 데 도움이 되었으면 한다.** 그리고 **용기에 충전하는 가스가 특수가스일 뿐, Logistics Management의 내용과 사례는 모든 가스 산업에 적용 가능하기에, 어찌 보면 '가스 산업의 Logistics Management 내용과 사례'라고 해도 과언이 아니다.** 그리고 아쉽지만, 보안을 이유로 Logistics Management 내용과 사례는 일부분에 한정하였으며, Logistics Management 내용과 사례에 가스 생산, 가스 설비, 가스 품질 관련 분야는 포함되어 있지 않다.

# 차 례

제 1 장

# SCM

*Supply Chain Management*

SUPPLY CHAIN MANAGEMENT

# 1.1 SCM

- 본질은 실체가 없는 추상적(抽象的), 철학적(哲學的), 사상적(思想的)
- 적기, 적소, 적량과, 경제성, 효율성, 효과성이 공존할 수 있는 시스템·전체 최적화를 지향
- 불확실(不確實)성을 취급하며, 불확실성을 확실성(確實性)으로 변환(變換)시키는 것을 지향
- 일시적이 아닌, 올바른 방향과 속도로 지속해서 실행 가능하게 만들어 가는 것을 지향
- 프로세스로 인해 현실에 보이며, Logistics Management 수준은 SCM 수준에 많은 영향을 미침
- 업(業), 조직 규모, 조직문화(특히 조직 구성원의 생각하고 행동하는 수준과 방식), DNA 등에 따라 상이하게 나타남

### 1.1.1 본질은 실체가 없는 추상적(抽象的), 철학적(哲學的), 사상적(思想的)

다양한 용어의 정의가 있지만, 본서에서는 표준 국어 대사전과 인터넷 사전을 인용하여 용어의 정의를 기술하였다.

◎ **본질(本質)**
- 본디부터 가지고 있는 사물 자체의 성질이나 모습.
◎ **추상적(抽象的)**
- 어떤 사물이 직접 경험하거나 지각할 수 있는 일정한 형태와 성질을 갖추고 있지 않은. 또는 그런 것.
- 구체성이 없이 사실이나 현실에서 멀어져 막연하고 일반적인. 또는 그런 것.

◎ **철학적(哲學的)**

- 철학에 기초를 두거나 철학에 관한. 또는 그런 것.

◎ **사상적(思想的)**

- 어떤 사상에 관계되는. 또는 그런 것.


여러분에게 우선 다음과 같이 질문하고 싶다. "SCM(Supply Chain Management)을 본 적이 있나요?" 그리고 "SCM은 어떻게 생겼는지 아나요?" 종종 어떤 사람은 널리 알려진 경영기법들과 정보 시스템을 제시하며, 표준화된 일정한 틀에 가두고 "이것이 SCM이다."라고 언급하기도 한다. 즉, "이것이 SCM이고, SCM은 이렇게 하면 된다."라고 못 박아서 이야기한다. 하지만, **본인의 경험상, 표준화된 일정한 틀에 가두어 SCM을 추진해 본 결과, 모든 조직에 똑같은 결과물이 발생하기보다는, 조직이 처한 환경, 업종, 조직과 구성원의 DNA 등에 따라 결과가 다양하게 나타났다.** 예를 하나만 들어 보겠다. 단순한 워드 작업만 할 줄 아는 수준의 조직에, '남들이 하는 것처럼 큰 비용을 들여 고사양의 컴퓨터를 도입했다'라고 치자. 아마도 구성원들은 고사양 컴퓨터를 가지고 워드 작업에만 활용하고 있을 것이다. 당연히 경영진 입장에서는 컴퓨터 사양을 충분히 활용해서 워드 작업 외에 다른 것도 해 보라고 이야기할 수는 있겠지만, 이러한 경우에는 경영진과 마찰만 발생할 뿐, 새롭게 추가된 분야에 힘들어하며 혼란만 가중될 것이고, 투입된 노력과 비용 대비 경제성, 효율성, 효과성은 당연히 떨어지게 된다. 따라서 시대에 뒤처질까 봐 남들이 하는 것을 모방하여 고사양 컴퓨터를 조직 내부에 일괄적으로 적용하기보다는, 구성원들이 고사양 컴퓨터를 충분히 활용할 수 있는 수준이 되는지부터 정말 객관적으로 파악하는 것이 우선이다. 만약 수준이 되지 않는다면, 방향을 설정하고 수준부터 높이는 노력을 해야 한다. 혹자는 이를 기회비용이라고 이야기하며, "기회비용을 통해 구성원들이 더 성장할 수 있게 된다."라고 말하기도 하지만, 별다른 소득 없이 기회비용을 너무 많이 소비한 경우, 시간과 비용 측면에서 많은 부담이 가중된다. 또한, 얽히고설키게 된 경우, 다시 풀어내는 과정이 더 어려울 수 있으며, 설상가상으로 구성원들에게 내성이 강하게 형성된 경우, 생각하고 행동하는 방식의 변화를 시도하는 것부터 어렵게 된다. 즉, **SCM은 조직과 구성원의 체질을 변화시키는 것이고, 조직과 구성원에 따라 다양한 변수가 발생할 수 있기에 "SCM은 이것이다. 그리고 이렇게 하면 된다."라고 단정 짓고 표준화라는 명목하에 일괄적으로 강요하기보다는, SCM을 '변화하는 외부 환경에 기업이 지속적으로 이윤을 추구하고 생존하기 위한 방향'**으로 인식하고, 해당 조직과 구성원에 적합한 방법을 찾아서 차근차근 앞으로 나가는 것이 중요하다.

### 1.1.2 적기(適期), 적소(適所), 적량(適量)과, 경제성(經濟性), 효율성(效率性), 효과성(效果性)이 공존할 수 있는 시스템·전체 최적화를 지향

SCM은 고객이 원하는 시기와 장소에 적절한 양의 완성품 공급 가능성을 높여 주고, 내가 원하는 시기와 장소에 적절한 양의 원자재를 공급받을 수 있는 가능성 또한 높여 준다. 그리고 내부에 위치한 조직들의 수요·공급 관련 질서를 잡아 주어, 부분 최적화가 아닌 전체 최적화가 가능하게 해 준다. 예를 들어, 영업에서 100개의 매출을 계획했는데, 갑자기 120개의 매출이 발생하였다. 영업 입장에서는 매출이 증가하였지만, 독촉에 따른 비 계획된 비용들이 구매, 생산, 품질, 물류 등 모든 구간에서 추가로 발생할 수 있다. 매출도 중요하지만, 실제 영업 이익 또한 매우 중요하다. 생산에서는 효율성을 높여 한 달에 100개를 생산할 수 있다고 한다. 그런데 영업의 수요는 항상 50개 수준이며, 언제 100개 매출이 발생할지는 알 수 없다. 생산 자체 노력을 통해 효율성이 올라간 것은 칭찬할 만하지만, 전체 최적화 관점에서 효율이 높아진 것은 아니다. 구매에서는 kg당 100원이었던 원자재를 대량으로 사들여 kg당 80원에 계약하여 경제성을 높였다. 그런데 갑자기 시장이 얼어붙고 고객 수요가 낮아진다면, 그리고 미래를 알 수 없는 상태라면, 과연 경제성을 높였다고 할 수 있겠는가? 설상가상으로, 원자재를 최상의 상태로 선량하게 관리하는 데 큰 비용 또한 발생한다면, 대량 구매에 따른 경제성은 상쇄되고 오히려 마이너스로 전환될 수 있다. 물류에서는 보관 공간에 여유가 있다고 한다. 여기서 잠깐, 보관과 관련하여 추가로 이야기를 하자면, 본인은 다양한 종류의 품목들을 보관 및 관리해 본 결과 느끼는 점이 정말 많다. 그중의 한 가지는, 보관 시설의 경우 '향후 물동량이 증가할 것이다'라는 막연한 대략적인 생각을 가지고 무조건 넓은 면적으로 준공하려는 경향이다. 본인은 이러한 방식을 추천하지 않는다. 처음부터 넓게 준공하기보다는, 점진적으로 확장 가능성을 염두에 두고 공간과 시설을 준비하며 구축하는 것을 추천한다. 본서를 읽어 보는 분 중에, 특히 물류 분야에 종사하고 있는 분들께서는 '당치도 않은 이야기'라고 할 수도 있다. 물론 공간이 좁으면 넓은 것보다 일하기도 힘들고 스트레스도 많이 받게 되므로, 공간에 여유가 있는 것이 좋긴 하다. 하지만, 공간이 좁은 시설의 경우, 정말 효율성을 극대화하여 활용하는 데 비해, 공간이 넓은 시설의 경우, 공간에 여유가 있으므로 '효율성을 극대화하여 활용하는 것'을 잘 고민하지 않는다. 여러분이 모두 그렇고, 여러분의 냉장고가 다 그렇다는 것은 아니다. 다만 쉬운 이해를 위해 가정집에 있는 냉장고를 예로 들어 보겠다. 일반형 냉장고에서 양문형 냉장고, 그리고 3 or 4 Door의 냉장고까지, 냉장고는 계속 변화하고 있고 용량 또한 점점 커지고 있다. 그런데 불변의 진리에 가까운 것은 냉장고 용량이 적건, 크건 간에, 내부의 공간은 다양한 내용물로 '항상 가득 채워져 있다'라는 것이다. 아이러니한 것은 가득 채워진 내용물들이 단기간에 소비되는 것도 아니며, 어떤 내용물은 상당히 오랜 기간 냉장고 안에 있다가 폐기되기도 한다. 그리고 어디에 어떤 내용물이 있는지 잘 모르는 경우도 있다. 게다가 냉장고가 커지다 보니, 생활 및 소비 습관도 많이 바뀌었다. 마트에서 장을 볼 때 한 번에 많이 사기도 한다. 냉장고 용량이 작을 때는 자주 마트에 들러서 조금씩 샀던 것과 비교해 보면 대조적이다. 그리고 냉장고가 좁다고 해서 더 큰 용량의 냉장고를 사 봐야, 냉장고 안의 여유 공간은 얼마 지나지 않아서 없어진다. 왜냐하면, 이전보다 더 많고 다양한 식재료가 자리를 차지하기 때문이다. 결국, 이러한 현상은 조그마한 용량의 다른 냉장고를 추가로 구입하던가, 아니면 더 큰 용량의 냉장고로 교체해야 하는 상황으로 연계되기도 한다. 또 하나로 아파트를 예를 들어 보겠다. 혼자 살 때는 짐이 별로 없다. 그렇다고 생활하는 데 크게 불편한 것도 아니었다. 그런데 결혼 후에 평수를 넓혀 더 큰 아파트로 이사 했더니 점점 집안 살림이 많아졌고, 얼마 되지 않아 더 넓은 평수로 이사를 해야 했다. 그런데 더 넓은 평수로 이사를 했다고 해서 공간이 많아진 것도 아니었다. 그동안 어지럽게 쌓아 놓은 것들이 좀 더 모양새 좋게 정리되고 자리 잡았을 뿐이다. 그리고 집이 더 넓어졌지만, 지속해서 관심을 갖지 않으면 시간이 지날수록 공간은 점점 부족해진다. 기업의 보관 공간도 마찬가지이다. 본인의 경험상, 공간이 좁으면 좁은 대로 어떻게든 활용하려고 했고, 실제로 좁은 공간을 어떻게 효율적으로 활용할 것인지 끊임없이 고민한 결과 혁신적으로 패러다임의 전환을 가져온 적도 있다. 그런데 공간이 넓으면 고민하지 않았다. 실은 어떻게 보면 "신경 쓰지 않았다."라는 것이 더 적절한 표현이다. 그리고 정말 아이러니한 것은, 그 넓은 공간이 시간이 지나면 지날수록 점점 채워진다는 것이다. 따라서 기업에서 미래를 위해 크게 구상하는 중·장기 전략을 가지고 있다면, 무조건 처음부터 크게 시설과 공간을 구축하려고 하지 말고, 점진적으로 확장성을 고려하여 공간과 시설을 검토하고 구축하는 것이 긍정적이다. 뒷부분에서 자세히 이야기하겠지만, 보관 공간이 충분하면, 수요·공급 프로세스상의 각종 업무가 정말 디테일하지 않을 수도 있다. 가스 산업을 잠간 예로 들면, 보관 공간이 넓으면 초과 및 잉여 용기들, 밸브나 가스에 문제가 있는 용기들이 관심에서 멀어질 가능성이 크다. 왜냐하면 적기 후속 조치보다는 우선 넓은 공간에 '치워 놓고 보자'라는 생각과 습관이 자리 잡기 때문이다. 그리고 가스 산업의 경우, 보관 시설을 무한정 늘릴 수도 없다. 왜냐하면, 법과 규정에 문제없는 보관 시설을 구축하고 유지하기 위해서는 정말 큰 비용과 노력이 소요되기 때문이다. 따라서 고객 납품에 지장이 없는 범위에서 경제성과 효율성이 극대화된 보관 시설을 운영하는 것이 중요한데, 이를 위해서는 정말 수준 높은 S&OP 프로세스를 구축해야만 한다. 즉, '수요·공급과 연관된 경영 수준이 정말 높아야만 가능하다'라는 뜻이다.

결론적으로 생산, 영업, 구매, 물류 모두 잘했다. 더 많은 매출을 올렸고, 더 높은 생산 효율을 달성했고, 더 경제적으로 구매하였고, 충분한 보관 공간까지 확보해 놓았다. 그런데 전체 최적화 관점에서도 과연 잘했을까? 본인이 생활하면서 다음과 같은 경우를 가끔 보기도 하는데, 이건 **'제대로 경영한 것'도 아니고 '능력이 있어서 그렇게 된 것'도 아니다. 단지, '운이 좋았을 뿐'이다.** 예를 들어, 부분 최적화가 자리 잡은 조직에, 중기적 사업 계획이나 수요 계획에는 전혀 반영되어 있지 않았던 수요가 폭발적으로 늘어나서 생각지도 않게 매출이 급상승했다. 하지만 생산에서 자체적으로 효율을 높여 놓았던 덕에, 구매에서 미리 원자재를 확보해 놓았던 덕에, 물류에서는 완제품을 보관하고 분류하고 출하할 수 있는 보관 공간을 여유 있게 구축했던 덕에 대응이 가능했다. 이와 같은 상황에서, 각 부서는 "이것 봐라! 이럴 줄 알고 미리 준비했다."라고 자화자찬하며 이야기할 것이다. 하지만, 이건 운 좋게 임기응변식으로 대응한 것뿐이지, 실력을 가지고 경영한 것이 아니다. 보편적으로 이러한 상황에서 경영을 한 것처럼 이야기하는 경우가 많은데, 전체 최적화 관점에서 올바른 방향과 속도로 경영을 이야기하고 싶다면, SCM, 그 안에서도 특히 고도화되고 유기적인 S&OP 프로세스를 구축하고 유지할 것을 권장한다.

### 1.1.3 불확실(不確實)성을 취급하며, 불확실성을 확실성(確實性)으로 변환(變換)시키는 것을 지향

고객의 수요를 100% 예측하는 것은 불가능하다. 이로 인해, 공급 능력은 적은데 수요가 갑자기 증가하는 현상이 발생하기도 하고, 공급 능력을 향상시켜 놓았는데 수요가 감소하는 현상이 발생하기도 하고, 수요와 공급을 제때 맞추지 못할 것 같아 버퍼 개념으로 재고를 늘려놓았는데 장기 사장 재고가 증가하는 현상이 발생하기도 한다. 그래서 실시간, 중·장기적으로 시장과 고객을 예측하고, 그 안에서 의미 있는 내용을 찾아, 필요시 자신과 협력사의 공급 능력을 향상시키며, 공급 능력을 기반으로 어떤 품목을 MTO, MTS, ATO, ETO 등으로 할 것인지에 대해 끊임없이 고민해야 한다. 이러한 노력은 S&OP 프로세스에 의해 지속되어야 하며, **S&OP 프로세스가 점차 시스템으로 자리 잡아 갈수록, 수요와 공급의 불확실성들이 점차 확실성으로 변화되어 간다.** 그렇다고 S&OP 프로세스가 모든 수요·공급에 있어서 100% 불확실한 것들을 모두 100% 확실하게 만들 수 있다고 자신하는 것은 아니다. 고객과 내·외부환경에 따라 얼마든지 예기치 못한 우발 상황이 발생한다. 하지만 반드시 명심해야 할 것은, S&OP 프로세스는 단순히 회의 후 회의록을 작성하는 방식보다 불확실성을 줄여 준다는 것이다. S&OP 프로세스를 구축 및 유지하기 위해서는, 우선 구성원들이 생각하고 행동하는 방식부터 S&OP 프로세스에 걸맞게 바꾸어야 한다. 정말 쉬운 예를 들면, 메일만 보내 놓고 신경을 쓰지 않는 경우가 있다. 만약 상대방이 오랜 시간 안 읽어 본다면 어떻게 될까? 최소한 상대방의 행동이나 반응을 예측하는 습관이 몸에 배어 있다면, 이렇게 메일만 보내 놓고 무관심하게 방관하지는 않을 것이다. 본인이 조직 생활을 하면서 제일 싫어하는 말 중의 하나가 "메일 보냈는데요."다. **따라서 생각하고 행동하는 조직문화 그 자체를 바꾸는 노력도 병행해야 한다.**

### 1.1.4 일시적이 아닌, 올바른 방향과 속도로 지속해서 실행 가능하게 만들어 가는 것을 지향

고객의 수요에 대한 기업의 공급 행위는 일시적으로 몇 번 진행되고 끝나는 것이 아니라, 기업이 사라질 때까지 지속된다. 따라서 기업은 고객의 수요를 창출하기 위해 끊임없이 시장과 고객의 동향을 파악하며, 어떠한 성능과 품질로 제품을 개발하고 어떠한 상품을 유통해야 고객의 수요를 발생시킬 수 있는지, 그리고 장차 발생할 것으로 예상되거나 실제 발생한 고객의 수요에 관해서 어떻게 하면 고객의 입장에서 공급 가능할 것인지 등에 대해 끊임없이 고민하고 노력해야만 한다. 기업 중에 고객에게 소외당하거나, 더는 성장에 한계를 느끼고 소멸하고 싶은 기업은 없다. 더 큰 성장을 위해, 더 높은 이윤 추구를 위해 어떻게든 기업 입장에서 좋은 방향으로 나아가려고 하고, 이러한 모든 것들은 SCM 안에 포함된다. 따라서 SCM은 일시적으로 반짝 행사처럼 진행하는 것이 아니고, 기업 입장에서 더 큰 성장과 더 높은 이윤 추구를 위해 올바른 방향과 속도로 나아갈 수 있는 방향을 제시한다. 그리고 이러한 SCM은 기업만 하는 것이 아니다. 이 세상에 존재하는 모든 개인과 조직에서도 SCM을 하고 있고, SCM은 모든 개인과 조직이 소멸할 때까지 끊임없이 방향을 제시한다. 예를 들어, 직장의 수요에 있어서 구성원은 육체적·정신적인 노동력을 제공한다. 그리고 노동력을 제공한 결과로 보수를 지급받게 되면, 보수는 개인의 각종 수요 해소를 위한 공급 자산으로 활용된다. 개인별로 어떻게 수요·공급 관리를 하느냐에 따라, 개인 자산이 마이너스가 될 수도 있고 플러스가 될 수도 있다. 그리고 개인별로 어떻게 하면 수요와 공급에 균형을 이룰 수 있는지, 아니면 공급 자산을 더 초과하게 만들어 저축을 할 수 있는지에 대해 끊임없이 후회하고, 뉘우치고, 계획을 다시 수립하는 등, 올바른 방향과 속도로 인생을 정립하기 위해 노력한다. 병원도 더 많은 환자 유치를 위해, 끊임없이 의료 시설과 설비, 그리고 구성원의 치료 기술과 관리 능력을 발전시키려고 노력한다. 이러한 노력은 병원이 폐업하기 전까지 지속되며, 의료 수준과 이윤, 두 마리 토끼를 다 잡을 수 있는 올바른 방향과 속도는 무엇인지에 대해 끊임없이 모색한다. 이러한 관점에서 볼 때 음식점, 관공서 모두 마찬가지다. **기업을 제외한 분야에서 "무슨 SCM이냐?"라고 이야기하는 분도 있겠지만, SCM은 '모든 유형의 수요·공급 프로세스를 포괄하는 개념'이기에, "지구상에 존재하는 모든 개인과 조직은 열외 없이 SCM을 하고 있다." 라고 해도 과언이 아니다.** 그리고 좀 더 부연 설명하면, 일반적으로 수요는 '어떤 재화나 용역을 일정한 가격으로 사려고 하는 욕구'라고 사전적으로 정의된다. 어떤 형태로든 수요가 형성되고, 이를 위한 공급이 발생한다면 모두 SCM을 하는 것이므로, SCM을 너무 어렵게 생각하지 않았으면 좋겠다. 단지, 불확실성을 얼마나 최소화시킬 수 있는가? 그리고, 시스템·전체 최적화 관점에서 경제성, 효율성, 효과성이 극대화될 수 있도록, **"제대로 알면서 하고 있는가?", "아니면 그 반대인가?"**일 뿐이다. 그래서 선진화된 기업에 가까울수록 "제대로 알면서 하고 있는가?"를 구현하기 위해 수요·공급 분야에 다양한 연구와 노력을 지속하는 것이다.

### 1.1.5 프로세스로 인해 현실에 보이며, Logistics Management 수준은 SCM 수준에 영향을 미침

우선 여러분이 한 번쯤은 들어 보았던 태극권에 대해 이야기해 보겠다. 아마도 중국의 다양한 무술 가운데 태극권만큼 사상을 중요하게 생각하는 무술은 없다고 판단된다. 태극권을 들여다보면 태극권 자체는 태극사상에서 나온 것이며, 무극과 태극의 철학을 권법에 응용하고 있다. 본인이 태극권에 대해 여러분에게 이야기하고 싶은 내용은, 태극권이 추구하는 철학과 사상을 현실에 보이게 하는 것은, 다양한 '초식(招式)'들의 연결과정이라는 것이다. 즉, 태권도로도 이야기해 보면 태극 1장, 태극 2장과 같은 품세 종류와 품세 과정을 통해 '무술이 추구하는 사상이나 철학이 보인다'는 것이다. SCM도 마찬가지이다. **SCM이 추구하는 철학, 사상, 방향 등을 현실에 보여 주는 것은, 모든 수요·공급에 존재하는 프로세스들이다. 그리고 프로세스들의 수준에 따라 SCM은 천차만별로 유지된다.** 다음은 CSCMP(Council of Supply Chain Management Professionals)에서 정의한 Logistics와 Logistics Management에 관한 내용이다. 보는 이에 따라 번역에 다소 차이는 있겠지만 참고하기 바란다.

"Logistics: The Process of planning, implementing, and controlling procedures for the efficient and effective transportation and storage of goods including services, and related information from the point of origin to the point of consumption for the purpose of conforming to customer requirements. This definition includes inbound, outbound, internal, and external movements(Logistics는 서비스를 포함한 상품의 효율적이고 효과적인 운송, 보관 및 고객의 요구 조건을 충족하기 위한 원산지점으로부터 소비지점까지의 관련 정보에 대한 계획, 시행 및 관리 절차 과정이라고 정의하고 있다. 그리고 이 정의는 인바운드, 아웃바운드, 내부 이동, 외부 이동을 모두 포함하고 있다)."

"Logistics Management is that part of supply chain management that plans, implements, and controls the efficient, effective forward and reverse flow and storage of goods, services, and related information between the point of origin and the point of consumption in order to meet customer's requirements. Logistics management activities typically include inbound and outbound transportation management, fleet management, warehousing, materials handling, order fulfillment, logistics network design, inventory management, supply/demand planning, and management of third party logistics services providers. To varying degrees, the logistics function also includes sourcing and procurement, production planning and scheduling, packaging and assembly, and customer service. It is involved in all levels of planning and execution-strategic, operational, and tactical. Logistics management is an integrating function which coordinates and optimizes all logistics activities, as well as integrates logistics activities with other functions, including marketing, sales, manufacturing, finance, and information technology(Logistics Management는 공급망 관리의 일부로서 고객 요구 조건을 만족시키기 위한 효율적이고 효과적인 정·역방향 흐름과 상품의 보관, 서비스 및 원산지점으로부터 소비지점까지의 관련 정보를 계획, 시행, 관리하는 것이다. 로지스틱스 관리 활동은 일반적으로 인바운드, 아웃바운드 운송 관리, 차량 관리, 창고 보관, 자재 관리, 주문 조달, 로지스틱스 네트워크 설계, 재고 관리, 수급계획 및 제3자 로지스틱스 서비스 제공자 관리를 포함한다. 로지스틱스 기능은 또한 다양성에 따라 대외구매, 물품 조달, 생산 계획 및 일정 관리, 포장 및 조립, 고객 서비스도 포함한다. 이것은 계획, 시행전략, 운영 및 전술의 각계각층에 연관되어 있다. Logistics Management는 하나의 통합기능으로서 Logistics 활동과 마케팅, 영업, 제조, 재무, 정보기술을 통합시킬 뿐만 아니라 모든 Logistics 활동을 조정하고 최적화한다)."

## 1.1.6 업(業), 조직 규모, 조직문화(특히 조직 구성원이 생각하고 행동하는 수준과 방식) 등에 따라 상이하게 나타남

지금까지 본인이 경험했던 SCM은 조직과 구성원에 따라 각기 다른 모양의 숲을 형성하고 있었다. 숲을 이루고 있는 나무의 크기와 종류도 달랐고, 썩은 나무의 수량에도 차이가 있었으며, 숲의 규모도 달랐다. 하지만 모든 숲은 땅을 근간으로 하며, 나무들이 땅에서 양분을 공급받고 있다는 사실은 동일하였다. 이러한 의미에서 볼 때, 어떤 조직이든 다양하게 적용 가능하도록 SCM의 본질을 제대로 이해하는 것이 중요하지, 일정한 틀 안에 가둬놓고 특정 기법들에 치우쳐 SCM을 생각하는 것은 바람직하지 않다. SCM을 하다 보면, 간혹 이런 경우가 발생한다. 숲을 보지 못하거나 보려고 하지 않고 잘 보이는 썩은 나무만 제거하려고 하는 것인데, 이는 상대방에게 빠른 시간 내에 뭔가 잘하고 있는 것처럼, 역량이 있는 것처럼 보일 수 있다. 이로 인해 썩은 나무만 제거하는 것을 주도했던 구성원은 능력을 인정받게 되어, 승진하거나 보다 나은 직책과 조직으로 옮겨가기도 했다. 그런데 문제는 '썩은 나무만 제거됨으로 인해 추가로 발생했던 각종 이슈는 주위에 남아있는 구성원들이 모두 부담해야 했다'라는 것이다. 이러한 현상을 "미꾸라지 한 마리가 흙탕물을 일으킨다."라는 속담에 비유해 보겠다. 근본적, 시스템적, 전체 최적화 관점에서 기획하여 진행하지 않고, 부분 최적화 또는 반짝 보여 주는 수준에서 썩은 나무만 제거하는 구성원은, '**미꾸라지 한 마리가 흙탕물을 일으키고 나서 다른 곳으로 옮겨가고, 해당 지역에 있는 다른 생물들은 한동안 흙탕물을 뒤집어쓰고 있어야 하는 상황**'을 만드는 것과 별반 차이가 없다. 즉, 부분 최적화 또는 반짝 보여 주는 수준에서 썩은 나무만 제거하는 것은, 올바른 방향과 속도로 지속해서 실행 가능하지 않은 '쇼'로 끝나는 경우가 대부분이기에 결과적으로는 별 도움이 되지 않는다. 예전 경험 중에, 어떤 높은 직책의 구성원이 와서, A를 하라고 했다. A를 위해 많은 구성원의 시간과 노력이 소모되었고, 상당 부분 비용도 발생했다. 시간이 흘러 높은 직책의 구성원은 영전하여 다른 곳으로 갔고, 후임 구성원이 부임하였다. 그런데 후임 구성원은 A의 불필요성을 이야기하며 원점으로 돌려놓았다. A는 방치되었고 사람들의 기억에서 멀어져갔다. 높은 직책에 있는 구성원일수록, 본인이 생각하고 지시한 방향이 반드시 조직에 필요하고 효율, 효과, 경제적인 측면에서 조직에 도움이 되는지를 항상 고민해야 한다. 그러나 그동안의 경험에 비추어 보면 안타깝게도 자신만을 위한 일을 만들어 내는 구성원들을 자주 볼 수 있었다.

그리고 조직에서 어떤 일을 계획하거나 진행하게 되면, 그 일로 인해 반드시 다른 분야의 업무와 구성원들이 영향을 받게 되고 다양한 이슈 또한 발생할 수 있으므로, 뭘 하나를 하더라도 근본적이고 시스템적으로, 그리고 전체 최적화 관점에서 일을 기획하고 진행해야 한다. 정말 간단한 예를 하나 들어 보겠다. 지게차 운전원이 3명 있는데, 1명이 갑자기 몸이 아파서 쉬고 싶다고 한다. 그런데 현 운영 상황을 고려해 봤을 때, 1명이 부족하게 되면 나머지 2명에게 과부하가 발생할 것이고, 이로 인해 다른 공정에 소요되는 물자들을 적기에 이동시켜 주지 못할 수도 있다. 이러한 경우, 여러분이 관리자라면 어떻게 조치하는가? 혹 나머지 2명에게는 어떤 과부하가 발생할 것인가? 그리고 이로 인해 공정에 어떤 영향이 미치게 될지 등을 고민하기보다는, 본인의 인기와 인권, 안전사고 등을 우려하여, 우선 아픈 직원에게 쉬라고 이야기만

하고 있지는 않은가?, 그리고 나머지 직원 2명이 어려움을 표시하고 공정에서 이슈를 제기하면, '사람이 아프다는데 어떻게 하냐며 본인 입장에서 단순한 푸념만 늘어놓고 있지는 않은가?' 사람이 아픈데 쉬어야 하는 것은 당연하다. 이것을 문제 삼는 것이 아니다. 다만 아쉬운 것은, 인력 부족으로 인해 조직이 받게 되는 영향은 생각하지 않고, '이를 해결하기 위한 노력 또한 같이 병행하지 않는다'라는 것이며, '향후 이런 일이 추가로 발생할 가능성을 염두에 두고 미리 대비책을 고민하고 준비하지도 않는다'라는 것이다. **즉, 발생형, 탐색형, 설정형 문제 인식 중에, '소 잃고 외양간 고치는' 식의 발생형에 치우쳐 모든 것을 생각하고 행동하는 경향이 '강하게 자리 잡고 있다'라는 것이다.**

# 1.2 특수가스 산업 SCM

현재 특수가스는 반도체 공정과 디스플레이 공정의 일부 구간에서 많이 활용되고 있으며, 앞으로는 더 많은 분야에서 활용될 것으로 사료된다.

## ◎ 반도체 공정

- 웨이퍼, 산화(Oxidation), 포토(Photo), 식각(Etching), 박막(Thin film), 금속배선, EDS(Electrical Die Sorting), 패키징(Packaging) 등.

## ◎ 디스플레이 공정

세정(Cleaning), 증착(Deposition), PR 도포(PR Coating), 노광(Exposure), 현상(Develop), 박리(Strip) 등.

다음의 표에 있는 내용은 특수가스 산업에만 국한되지 않는다. 단언컨대 모든 가스 산업에 해당한다고 해도 과언이 아니다.

- 안전·환경 근간(根幹)
- 안정적 고객 수요 및 주문 특성
- 자원 확보를 위한 L/T 長(용기, 밸브, 스키드, 상품, 원료)
- 자원 간 연계성 大→자원 통합 관리의 필요성 高
- 가용자원 수급 불균형 시, 제조(생산) 차질
- 품질 불량에 의한 Loss율 低(Infrastructure Facilities 구축 가정)
- 제조공정 비교적 단순(전처리, 충전, 검사)
- 재고보다는 용기가 운영상의 문제를 더 숨기는 역할(More)
- 제조업과 유통업의 공존
- 완성품 재고의 적응성(보유 수준, 위치) 확보 必
- 가스 품질 불량 및 출하 오류가 고객에 미치는 영향 大
- 자원 품질 중요성 高(용기, 밸브, 상품, 원료)
- 복잡하고 비효율적인 물류 유지 가능성 高

### 1.2.1 안전·환경 근간(根幹)

특수가스 산업에서 취급하는 가스들은 독성, 부식성, 산화성 등의 특성으로 인해 위험 물질에 해당한다. 따라서 가스는 안전하게 생산되어야 하고, 안전하게 용기에 충전되어야 하고, 충전된 용기가 안전하게 이동 및 보관되어야 하고, 고객이 안전하게 사용할 수 있어야 한다. 즉, 효율성과 경제성을 추구하기 이전에 우선 안전·환경 관점에서 이슈가 없어야 한다. 왜냐하면, 안전·환경 문제가 발생하면 가스를 공급하는 기업 입장에서는 폐업으로까지 연결될 수 있기에, 안전·환경은 구성원들의 모든 생각과 행동의 근간이며, 당연히 SCM에 있어서도 최우선 고려사항이다. 단, **안전·환경을 지나치게 강조한 나머지, '구더기가 무서워 장 못 담그는 현상'이 발생하기도 한다.** 예를 하나 들어 보면, 적재 및 하역 시스템을 변경해야 할 필요성이 있어 이를 추진하였다. 그런데 시작을 위한 개념 설명 때부터 안전·환경 우려를 빌미로 반대에 부딪쳤고, 대부분의 구성원이 뒷다리를 잡거나 뒤에서 수근거렸다. 본인 입장에서는 노력해 보지도 않고 무조건 부정적인 의견을 내는 것 자체가 이해가 되지 않았고, 조직 구성원들에게 좋지 않은 소리를 들어가면서까지 조직 일을 진행할 필요가 있는가 하는 회의감도 들었다. 아마 특정 경영인의 도움이 없었더라면 중간에 포기했을 것이다. 게다가 최종 변경을 위해서는 준정부기관의 승인이 필요했는데, 준정부기관 관계자마저도 부정적인 의견을 보여 절망적인 순간에 자주 직면하였다. 1년 6개월 동안 지식, 기술, 경험, 노하우 등의 축적과정을 통해, 준정부기관으로부터 최종 승인을 받아 내었고, 현재는 경제성, 효율성 측면에서 큰 효과를 누리고 있다. 시스템을 변경한 이후 2년 6개월이 지난 지금까지 절감한 비용은 약 20억 원이며, 앞으로도 지속적인 비용 절감이 예상된다. 아이러니하게도 1년 6개월 동안 반대했던 그 많은 구성원은 언제 그랬냐는 듯이 변화한 시스템에 대해 긍정적으로 이야기한다. 이처럼 안전·환경이 지나치게 강조되는 조직에서 '구더기가 무서워 장 못 담그는 현상'이 발생하는 것은 어쩔 수 없다. 이를 타개하기 위한 방법은, 오로지 조직 구성원들의 생각하고 행동하는 방식, 즉, 조직문화와 조직 구성원들의 DNA 수준에 맡기는 수밖에 없다. 다만, '구더기가 무서워 장 못 담그는 현상'이 정말 조직의 안전·환경이 걱정되어서 그러는 것인지, 아니면 다른 이유가 있는 것인지가 의문일 뿐이다. **이러한 환경에서 혁신은 어렵다.** 그리고 안전·환경 이슈가 발생하면 작업이 중단되거나 지연되기에, 안전·환경 이슈는 공정 Capa에 부정적 영향을 미치며, 특히 가스 누출 관련 안전·환경 이슈는 해당 사업장 전체 공정 Capa에 부정적 영향을 미친다.

### 1.2.2 안정적 고객 수요 및 주문 특성

고객의 주문 특성에 따라 좌우될 수도 있겠지만, 특수가스 산업은 거래가 유지되는 고객과의 관계에서 타 B2B·B2C 업종보다 안정적인 수요를 형성하고 있다. 그도 그럴 것이, 특수가스 산업의 고객은 대부분 유명 반도체, Display 사업을 유지하고 있는데, 현재까지 이러한 사업을 유지하는 고객들의 경우, 연중 사업장 가동이 꾸준하기 때문이다. 따라서 가스를 공급하는 기업 입장에서 특정 자원들의 안정적 운영 시, 고객 주문 충족 및 자원 효율화 가능성은 매우 큰 편이다.

### 1.2.3 자원 확보를 위한 L/T 長(용기, 밸브, 스키드, 상품, 원료)

시장 여건상 자원 확보를 위한 Lead Time이 길어, 고객의 수요에 적응성 있게 대처하기 위해서는, S&OP 프로세스와 연계된 '중·장기 구간 자원 운영 계획'이 매우 중요하다. 그런데 자칫 잘못하면 자원 확보를 위한 L/T(Lead Time)을 고정해 놓고 Forecast&Demand의 확정 구간과 Rolling 구간을 결정하는 기준으로 활용하는 경우가 발생하기도 한다. 자원 확보를 위한 L/T은 고정적인 것이 아니다. 따라서 자원 공급사들과 수준 높은 SCM을 추진하여 어떻게든 L/T을 줄이기 위해 노력해야 하고, 노력 여하에 따라 일정 부분 줄일 수 있다. 단지 포기만 하지 않으면 된다. 명심해야 할 것은 자원 확보를 위한 L/T이 짧아질수록, 수요·공급 프로세스의 적응성은 높아지며, 특히 가스 산업에서는 하나의 고객이라도 더 확보할 수 있는 가능성을 열어 준다는 것이다.

### 1.2.4 자원 간 연계성 大

여러 자원이 Package화 되어 고객 요구에 부합된 하나의 완성품을 구성하기에, 소요되는 자원들에 대한 통합 관리가 매우 중요하다.

### 1.2.5 가용자원 수급 불균형 시, 제조 차질 大

전(前) 공정(Step) 차질이 완성공정 및 제품 가용성에 미치는 영향이 크다. 특히, 충전 공정 이전 단계에서 용기와 밸브 준비 지연은 전체 Supply Chain 에서 큰 차질을 유발하게 되며, 채찍 효과의 시발점으로 작용하기도 한다.

### 1.2.6 품질 불량에 의한 Loss율 低

공급사로부터 원료가 입고되면, 반드시 가스 품질을 전수 확인하는 프로세스를 진행한다. 따라서 Infrastructure Facilities 구축 가정 시 품질 불량에 의한 Loss율은 낮다.

### 1.2.7 제조공정 비교적 단순[전처리(내면 처리, 배기, 잔류가스 처리), 충전, 검사(분석)]

공정이 복잡하지는 않기에, 장치 산업(제조업) 특성상 생산(충전) Capa가 가장 중요하다고 생각할 수 있지만, 많은 수량의 상품을 취급함과 동시에, 경제성과 신속성, 적응성 등의 이유로 내면 처리 시설을 자체 보유하고 있는 경우, 전처리(잔류가스 처리, 배기, 내면 처리 등), 검사(분석) 공정 또한 매우 중요하다. 그리고 생산 입장에서는 전처리 공정을 생산 공정으로 인식하는 경향이 높다. 본서에서는 전처리 공정을 생산 공정 범주에 포함해서 소개하였지만, 전처리 공정은 생산(충전)이 가능하도록 용기 내부를 깨끗하게 하고 진공 상태로 만드는 공정이므로, 전체 최적화 관점에서 조달 및 회수 용기와 연계한 물류 공정에 포함해도 무방하다. 따라서 프로세스상에서 전처리 공정 위치에 대한 다양한 이야기들은 '맞다, 틀리다'가 아닌 '단순한 생각의 차이'라고 판단된다. 다음은 용기 사이클을 나타낸 그림이며, 그림에 표시된 것처럼, 신규 용기가 조달을 통해 입고되면 폐기되기 전까지 일곱 과정을 지속해서 반복하게 된다.

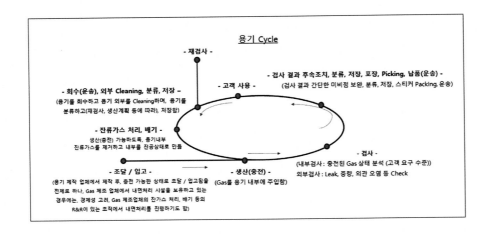

용기 Cycle

- 재검사 -

- 고객 사용 -

- 검사 결과 후속조치, 분류, 저장, 포장, Picking, 납품(운송) -
(검사 결과 간단한 미비점 보완, 분류, 저장, 스티커 Packing, 운송)

- 회수(운송), 외부 Cleaning, 분류, 저장 -
(용기를 회수하고 용기 외부를 Cleaning하며, 용기를
분류하고(재검사, 생산계획 등에 따라), 저장함)

- 잔류가스 처리, 배기 -
생산(충전) 가능하도록, 용기내부
잔류가스를 제거하고 내부를 진공상태로 만듦

- 조달 / 입고 -
(용기 제작 업체에서 제작 후, 충전 가능한 상태로 조달 / 입고됨을
전제로 하나, Gas 제조 업체에서 내면처리 시설을 보유하고 있는
경우에는, 경제성 고려, Gas 제조업체의 잔가스 처리, 배기 등의
R&R이 있는 조직에서 내면처리를 진행하기도 함)

- 생산(충전) -
(Gas를 용기 내부에 주입함)

- 검사 -
(내부검사 : 충전된 Gas 상태 분석 (고객 요구 수준))
외부검사 : Leak, 중량, 외관 오염 등 Check

### 1.2.8 재고보다도 용기가 운영상의 문제를 더 숨기는 역할

용기가 재고보다 운영상의 문제를 더 숨기는 역할을 한다. 이 부분에 대한 자세한 내용은 2장 프로세스 '용기 관리'에서 언급하겠다.

### 1.2.9 제조업과 유통업이 공존할 가능성 큼

제품뿐만 아니라 상품을 다수 취급하기도 한다. 하지만, 장치산업 특성상 상품 프로세스가 제품 프로세스에 비해 상대적으로 빈약하게 구축될 가능성이 크다. 하지만 수만 BT(Bottle) 이상의 용기를 자산으로 보유 또는 운영하는 가스 공급 기업에서 제품과 상품을 모두 취급하는 경우, 상품 프로세스를 절대 간과해서는 안 된다.

### 1.2.10 완성품 재고의 적응성(보유 수준, 위치) 확보 必

사고 발생 시, 상당 기간 사업장 전체를 대상으로 폐쇄 조치가 내려질 수 있기에, 고객에게 일정 기간 안정적 공급을 보장하기 위해서는, 재고 보유 수준은 일정 기준 이상으로, 재고는 제조 사업장을 벗어난 다른 곳에 있어야 할 필요성이 있다.

### 1.2.11 가스 품질 불량 및 출하 오류가 고객에 미치는 영향 大

고객의 제조 차질과 설비 오염 등 막대한 손해를 끼칠 수 있는 위험성이 상존하고 있다.

### 1.2.12 자원 품질 중요성 高(용기, 밸브, 상품, 원료)

각종 자원에 대한 품질이 매우 중요하기에, 고객사는 물론, 다양한 원자재 공급사와도 품질에 대한 연계업무가 반드시 필요하다.

### 1.2.13 복잡하고 비효율적인 물류 유지 가능성 高

안전·환경 관점에서 용기 취급에 각별한 주의가 요구되고, 용기 대부분은 중량물이며, 용기 사이즈 또한 다양하여 Unit load System 구축이 쉽지 않다. 그리고 물류를 일으키는 주체인 용기를 다수 보유하고 있음에도 불구하고, 보관소와 분석기의 수, 역할, 입지에 대한 인식이 낮을 경우, 물류 관련 이슈들은 크게 증가한다. SCM상에서 전략적 고려사항은 공장과 보관소의 수와 입지인데, 가스 산업의 경우 분석기의 수와 위치까지 전략적 고려사항에 포함해서 관리해야 한다. 하지만 많은 경우, 분석기의 수와 입지 검토 시, 정보와 물자의 흐름을 고민하지 않는 경우가 빈번하게 발생하게 되는데, 이는 데이터와 실물의 흐름을 복잡하게 만들고, 적응성, 신속성, 경제성, 효율성 또한 떨어뜨려, 굳이 낭비하지 않아도 되는 부분들을 낭비하게 만든다.

제 **2** 장

# 프로세스

SUPPLY CHAIN MANAGEMENT

## 2.1 모든 프로세스의 중요성 인식

### 2.1.1 프로세스 찾기

수만 BT 용기를 운영하면서 제품과 상품을 모두 취급하는 가스 산업에서는, 특정 프로세스만 우선하는 것을 정말 지양해야 한다. 왜냐하면, SCM의 특성상, 몇 개의 프로세스만을 가지고 적기, 적소, 적량, 효율성, 경제성, 효과성을 추구하는 것은 불가능하기 때문이다. 다음은 상당 기간 특정 프로세스만을 우선시하여 SCM을 정말 어렵게 만들었던 사례이다. 고객이 원하는 품목을 생산할 수 있는 공장이 구축되어 있다면, 장치산업의 분위기상 당연히 제조의 중요성을 인식하고 제조 프로세스에 많은 관심을 기울이게 된다. 그런데, 아이러니하게도 제조 안에서도 생산 프로세스, 생산 프로세스 중에서도 특히 정제와 충전 프로세스만 중요하게 여기는 경향이 발생하기도 하는데, 이러한 경우는 중요한 직급과 직책에 있는 구성원의 무지(無知), 또는 이기적 사고, 또는 부분 최적화적 사고로 인해 발생했다.

> ■ 무지(無知)의 경우, 일정 기간 교육과 회의를 통해 해결이 가능하다. 하지만, 이기적 또는 부분 최적화적 사고의 경우는, 조직의 CEO, COO가 시스템, 전체 최적화 개념에 대해 제대로 이해하고 있고, 시스템, 전체 최적화를 추구하고자 하는 의지가 강하며, 조직 내부의 대부분의 프로세스를 앞마당 보듯이 이해하고 있어야만 해결 가능하다. 왜냐하면, 이기적 또는 부분 최적화적 사고를 가지고 조직의 일을 진행하는 주요 구성원은, 향후 조직이 나아가야 할 방향과 목표가 우선이기보다는 당장 본인의 입장과 이익이 더 중요하며, 이를 위해서는 수단과 방법을 가리지 않고 CEO, COO의 눈과 귀를 가리기 위해 노력하기 때문이다.

정체와 충전 프로세스만 중요하게 생각하는 구성원이 정말 간과했던 것은, 설비에 이상이 없는 상태를 가정 시, '적기, 적량의 원료가 준비되어야 정제와 충전이 가능하며, 적기, 적량의 용기와 밸브 또한 준비되어야만 가스 충전이 가능하다'라는 것이다. 특히, 용기의 경우, 별도 과정을 추가로 거쳐야만 충전이 가능하다. 용기 상태 구분 없이 눈에 보이는 아무 용기나 가져와서 바로 충전할 수 있는 것이 아니다. 즉, 정제와 충전 프로세스만으로는 고객에게 적기, 적소, 적량 공급을 보장할 수 없다. 그리고 제품 외, 매출의 상당 부분을 상품 유통으로 발생시키고 있는 경우, 유통 프로세스 또한 정말 중요하게 인식되어야 한다. 일반적으로 볼 때 정말 당연하고 쉬운 내용이지만, 정작 현실에서는 제대로 실현되기 어려울 때가 많다. 그래서 **SCM을 추진하려면, 우선 큰 틀에서 프로세스와 프로세스 관련 용어들을 정의하고, 객관적으로 프로세스를 정립하는 노력을 기울여야 한다.** 가스 산업의 경우, 장치 산업 특성상 정제와 충전을 매우 중요하게 생각하고 행동할 가능성이 큰데, 제품, 상품 모두에 의한 매출, 다품종 수요·공급 형태, 그리고 용기를 수만 BT 이상 보유 및 운영하는 가스 공급 기업에서, 정제와 충전만 중요시하고 타 분야는 제대로 신경 쓰지 않으면, 가장 기본적인 MRP 구축부터 문제가 되고, 이러한 상태에서 아무리 좋다고 알려진 ERP를 구축해 봐야 투자 대비 경제성, 효율성, 효과성은 매우 떨어진다. 즉, 간단하게 요약하면 이러한 상태에서 ERP를 구축해 봐야 제대로 운영 안 되고, 당연히 SCM도 잘 안 된다.

### 2.1.1.1 공정(工程)

국립 국어원에서 발간한 표준 국어 대사전에 공정(工程)은, "일이 진척되는 과정이나 정도, 한 제품이 완성되기까지 거쳐야 하는 하나하나의 작업 단계, 공사 과정, 작업 과정"으로 정의하고 있는데, 일상생활에서 우리는 보통 프로세스라고도 이야기하고, 생산설비가 갖추어진 구간 위주만 공정이라고 말하는 경우도 있다. SCM을 추진하는 입장에서 볼 때, 정말 중요하다고 느껴지는 것은, 공정을 어떻게 정의할 것인지, 어느 범위까지를 공정으로 판단할 것인지 등에 대해 구성원들이 모여 객관적으로 결정하고 합의에 도달하는 것이다. 여러분도 느낀 적이 있겠지만, 이상하게도 조직에서 공정이라고 이야기하는 구간의 일을 처리하는 방식과 공정이라고 들어보지 못한 구간의 일을 처리하는 방식에는 정말 많은 차이가 있다. 공정이라는 용어가 사용된 구간은 많은 사람의 입에 오르내리고, 이를 위해 별도의 회의를 자주 하기도 하고, 각종 절차서나 매뉴얼을 작성하고 정립하며, 지속적인 교육 훈련을 진행하기도 한다. 그래서 일반적으로 많은 사람이 '공정'이라고 하면 뭔가 더 중요한 느낌을 갖는다. 반대로 공정이라고 들어보지 못한 구간의 일을 처리하는 방식은 어떠한가? 대부분 개인 역량에 따라 관리 수준이 좌우되며, 관리의 사각지대에 놓여 있거나 절차서나 매뉴얼이 없는 경우도 많고, 사람들 생각에는 그리 중요하게 여겨지지 않아 개선을 위한 회의도 많지 않다. 즉, 관리 시스템이 제대로 구축되지 않을 가능성이 크다. 따라서 SCM을 추진함에 있어 구성원들에게 공정을 제대로 이해시킨 후, 조직 내부적으로 공정에 대해 정립하는 것이 중요하다. 본서를 읽고 있는 어떤 분은 '모든 구간이 공정 아닌가?', 정말 기본적인 이야기를 하고 있지 않은가?' 하는 의문이 들 수 있겠지만, 본인의 그동안 경험에 비추어 볼 때, 다양한 사람이 가지고 있는 생각과 주장은 정말 다양했다.

다음은 시간이 지남에 따라 내부 공정에 대해 구성원들의 생각이 어떻게 변화되어 왔는지를 개략적인 예로 들어 나타내었다. 약 00년에 걸쳐서 변화된 내용이며 실제 경험한 결과, 단시간에 구성원들의 생각과 행동을 변화시키는 것은 어려웠다.

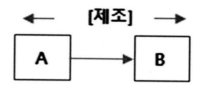

- 충전, 분석 외의 다른 과정에 대한 중요성 미인식.
- 제조공정 종료 후, 완제품 재고로 전환되는 시점(개념) 모호함.
- 충전 시점에 용기가 없는 경우 운영 용기 수량 부족으로 간주하고, 용기 추가 투자 이슈가 지속 제기됨.
- 충전+분석 L/T=개략 00일이라고 하여, 개략 00일 재고 유지 개념을 정립함. 하지만, 하나의 제품이 고객에 납품되기 위해서는 충전, 분석 과정만 필요한 것이 아니므로, 00일 재고 개념은 보여주기 방식의 개념이었으며, 현실적으로는 생산 관점에서의 00일 재고였음(00일 재고=생산 관점에서 충전 완료된 재고).

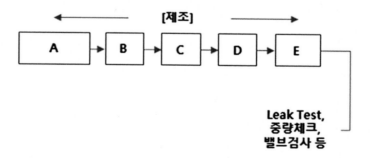

- 충전, 분석 외, 충전이 가능한 용기를 준비하는 과정과 출하 검사 과정까지 중요하게 인식됨(분석 이후 용기 외관 관련 검사를 출하 검사라고 칭함).
- 충전 스텝의 용기 부족 현상에 대해, '운영 용기 수량 부족 때문이 아니다'라는 공감대가 형성된 이후, 잔류가스 처리, 배기 과정의 중요성이 부각됨.
- 생산 입장에서 00일 재고가 아닌, 영업 입장에서 완제품 재고 보유에 대한 중요성이 부각되면서, 출하 검사 과정의 중요성도 부각됨(완제품 재고로 전환되는 시점은 출하 검사 완료 이후로 결정).

■ 충전, 분석 외 잔류가스 처리, 배기, 출하 검사가 제조공정으로 추가(Visibility)되면서, 납품 가능한 상태로 제품이 준비되는 데 소요되는 시간은 기존 OO일을 초과하는 것으로 확인됨(Visibility). 따라서 기존에 정립된 OO일이라는 숫자에 대한 모호함이 수면 위로 떠오르기 시작함.

■ 출하 검사 용어에 대한 명확한 재정의가 필요함(분석 이후 차량에 적재되기 전까지 모든 과정을 출하라고 칭하고 있었고, 분석 이후 가스 누출 여부, 중량 체크, 밸브 검사 등을 진행하는 것을 출하 검사라고 칭하였음. 품질 측면에서 분석은 충전된 가스 검사, 출하 검사는 용기 외부 검사에 해당하기에 출하 검사를 다른 용어로 대체할 필요가 있음. 왜냐하면, 출하의 사전적 정의를 보면, 품질이 아닌 물류에 해당하는 용어이기 때문임. 하지만, 조직에서 약 OO년간 사용해 오다 보니, 단기간에 구성원들을 이해시키고 재정립하는 것은 제한되었음).

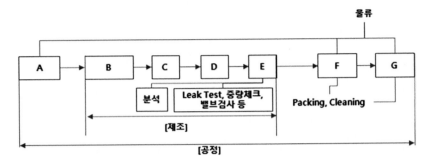

■ 고객의 용기 외관 청결 상태에 대한 관심 증가, 내부적으로는 완제품 재고, 고객사 납품 오류, 용기 회수의 중요성 등이 증가하여, 출하작업, 출하 작업 상태 검사, 회수 용기 보관소에서 이루어지는 과정까지도 점차 공정으로 인식하려는 분위기가 확대됨.

■ 하지만, 이후 조직 운영 과정에서, 가스 누출 체크, 중량 체크, 밸브 검사 등의 R&R은 품질이 아닌 물류 조직에 다시 부여됨.

※ 현재는 충전과 분석이 따로 떨어져 있음. 충전과 분석이 분리되어 있다는 것은, 용기에 가스 충전 후, 용기를 분석 시설로 이동시켜야 함을 의미함. 만약, 충전과 동시 분석이 될 수 있도록 프로세스를 개선한다면, 시설, 공간, 인원 소요가 감소되고, 용기 이동을 위한 각종 노력 또한 감소함.

따라서 향후 프로세스를 통합하는 방향으로 패러다임을 전환할 필요가 있음.

21세기의 삶을 영위하고 있는 현 직장인들에게 공정이란 용어는 더 이상 생소하지 않으며, 앞부분에서도 잠시 언급했지만, 직장인들 대부분은 공정을 과정, 절차, 프로세스 등으로 이해하고 있다. 이러한 상태라면 가스 산업을 잘 모르는 직장인들이라도, 제품을 만들어 고객에게 납품함에 있어 충전과 분석 공정만 필요하다고 생각하지는 않을 것이다. 그런데, 왜 상당 기간 충전과 분석을 제외한 다른 부분들에 대해서는, 수면 위로 드러내어 공정으로 주목하지 않았던 것일까? 본인의 경험에 비추어 보면, 충전, 분석 외의 다른 부분들이 공정으로 주목받게 된 계기는 항상 어떤 문제가 추가 발생했을 때였다. 왜 문제가 발생하기 전에는 제품을 만들어 고객에 납품하기까지 필요한 모든 과정을 수면 위로 부각시켜 공정이라고 공식적으로 이야기하지 않는 것일까? 이러한 상황에 대해서는 본인도 정말 아이러니하게 생각하지만, **'해결을 위해서는 인문학적 관점에서 접근해야 할 것'**으로 판단한다. 왜냐하면, 이는 조직 구성원들에 의해 발생하는 현상이기 때문이다. 그래서 앞부분에 이야기한 것처럼, 공정을 어떻게 정의할 것인지, 어느 범위까지를 공정으로 판단할 것인지 등에 대해 구성원들이 모여 객관적으로 결정하고 합의에 도달하는 것이 매우 중요하다.

다음은 여러분이 너무도 잘 알고 있는 Bottleneck을 나타낸 그림이며, 효율성, 경제성, 효과성과는 거리가 멀게 경영되고 있다는 것을 암시한다.

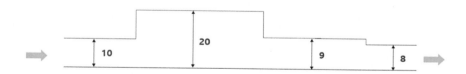

혹, 자금과 인력이 충분하지 않은 기업에서 Capa가 20인 공정 구간을 책임지는 Team Leader, 혹은 경영인이 "본인이 맡은 구간 Capa는 20으로 만들어 놓았는데, 다른 공정 구간 때문에 항상 문제다."라고 한다면, 그 Team Leader 또는 경영인은 하루라도 빨리 본인 혼자만 잘하면 되는 분야로 보직을 이동하거나, 본인 혼자만 잘하면 되는 업종으로 전환해야 한다. 왜냐하면, 자금과 인력이 충분하지 않은 기업에서, 어느 한 공정 구간 Capa만 높았다는 것은, 다른 공정 구간이 잘못한 것이 아니라, 'Power Game'이나 '부분 최적화 욕심'에 의해 우선순위가 밀려 희생당한 것'이기 때문이다. 여러분도 잘 알겠지만, 상기 그림의 경우, 해당 기업 Capa는 20이 아니고 8이다. 따라서 한 공정 구간 Capa가 20이 되도록 자금과 인력을 집중하기보다는, 자금과 인력을 전체 공정 구간에 균등하게 배분하여, 기업 Capa를 10으로 만드는 것이 더 효율적이고, 경제적이며, 효과적이다. 즉, SCM이 추구하는 전체 최적화 관점에서 좋아진 것은 없다. 단지, 극소수 구성원들이 '자신들이 해놓은 결과만을 가지고 자화자찬할 뿐'이다.

다음은, 공정이라고 이야기하는 구간의 일을 처리하는 방식과 공정이라고 잘 이야기하지 않는 구간의 일을 처리하는 방식에 많은 차이가 있음을 예로 들어 설명하겠다. 수만 BT의 용기를 운영하는 가스 산업 물류는, 재검사 협력사와 연관된 물류, 고객사로부터 용기를 회수하는 물류, 내부공정에 필요한 용기를 공급 및 이동시키는 물류, 용기를 보관 및 분류하는 물류, 용기 외부를 포장하고 포장상태를 검사하는 물류, 용기를 클리닝하고 유지 보수하는 물류, 고객에게 납품하는 물류 등이 있는데, 어느 하나라도 중요하지 않은 것이 없다. 그런데도 충전, 검사(가스 분석) 부분만 공정으로 간주하고 그외의 과정들은 공정으로 생각하지 않는 경향이 발생하는데, 그중에서도 특히 지게차를 이용하여 용기를 이동시키는 물류 분야에 대해서는 더욱더 그러하다. 어쩌면 지게차를 이용한 화물 이동 분야는 일을 한다고 생각하기보다는 단순 움직임으로 간주하여 생각하는 경우가 많으므로, 가스 산업을 떠나 타 업종에서도 사고가 발생하면 그때 반짝 관심이 있을 뿐, 중요하지 않게 생각하는 경우가 빈번하다. 고객에 납품하는 수량, 재고 운영 수준, 용기 운영 수량에 따라 차이는 있겠지만, 필자가 경험한 가스 공급 기업에서는 하루에 X,XXXBT 규모의 용기 물류가 발생하였다. 다음은 고객에 납품하는 수량, 수출입 수량을 제외한, 하루 동안 가스 공급 기업 내부 물류로 이동되는 용기 숫자를 나타낸 현황이다(XX: 십 단위 숫자, XXX: 백 단위 숫자, X,XXX: 천 단위 숫자).

| 물류센터에서 제조 사업장에 위치한 용기보관소로 이동되는 용기 현황(하루) | |
|---|---|
| 47L 사이즈 용기 수량 | 440L 사이즈 용기 수량 |
| XXX BT | XX BT |

| 제조 사업장에 위치한 용기보관소에서 각 공정으로 이동되는 용기 현황(하루) | | |
|---|---|---|
| 공정 | 47L 사이즈 용기 수량 | 440L 사이즈 용기 수량 |
| A | XXX BT | XX BT |
| B | XXX BT | X BT |
| C | XXX BT | XX BT |
| D | XX BT | |
| E | XX BT | X BT |

| 제조 사업장에 위치한 용기보관소에서 물류센터로 이동되는 용기 현황(하루) | |
|---|---|
| 47L 사이즈 용기 수량 | 440L 사이즈 용기 수량 |
| XXX BT | XX BT |

| 지게차에 의해 이동되는 용기 현황(하루) | |
|---|---|
| 47L 사이즈 용기 수량 | 440L 사이즈 용기 수량 |
| X,XXX BT | XXX BT |

| 용기 보관소에 근무하는 인원이 수작업으로 취급하는 용기 현황(하루) |
|---|
| 47L 사이즈 용기 수량 |
| XXX~XXX BT |

상기 표를 보면, 하루 동안 정말 많은 수량의 용기 이동(물류)이 발생함을 알 수 있으며, 지게차를 사용해 이동시켜야 하는 용기 수량은 하루에 X,XXXBT 규모이다. 47L 사이즈 용기는, 철제 상자(47L 사이즈 용기 16BT를 담을 수 있음)에 담겨져 이동되며, 440L 사이즈 용기는 상황에 따라 1BT, 또는 2BT 단위로 이동된다. 그런데 어느 날 갑자기, 특정 경영인이 440L 사이즈 용기를 1회 2BT씩 이동 시에 사고가 발생한다고 하면서, 앞으로 지게차로는 무조건 "1BT씩만 이동시켜야 한다."라고 못을 박았다. **만약 설비를 운영하는 공정이었다면, 그리고 중요하게 생각하는 공정이었다면 이렇게 할 수 있었겠는**

**가?** "440L 사이즈 용기는 무조건 1BT씩만 이동시켜라."라고 하는 것은 업무를 수행하는 방식이 바뀐 것이고, 피상적으로만 봐도 지게차 Capa에 작지 않은 파장이 예상된다. 그런데 2BT에서 1BT로 변경되면 어떤 문제가 발생하는지에 대해 사전에 조사하거나 검토는 하지 않고, 특정 경영인 본인이 보기에 '문제가 있다'라는 생각만으로 정립해 버렸다. 그 결과 현장은 매우 혼란스러워졌고, 업무를 하면서 감정이 상하는 일도 잦아졌다. 왜냐하면 당시 지게차 Capa에 여유가 있는 것도 아닌데, '1회 1BT만 이동 가능하다'로 고정해 버리니, 지게차 1대당 이동시켜야 하는 용기 수량은 동일한데, 이동해야 하는 거리와 횟수는 증가하여 업무 과중으로 연계되었기 때문이다. 하지만, 이와 같은 결론에 비겁하지만 필자도 나서서 뭐라고 이야기하지 않았다. 왜냐하면 '가스 산업 SCM의 근간은 안전·환경'인데, 안전사고를 우려하여 1BT로 변경한 것을, 필자가 다시 '2BT로 변경할 것'을 건의했다가 혹 사고라도 나면 모든 책임은 필자에게 돌아오기에, 이러한 분위기가 귀찮고 부담스러웠기 때문이다. 설상가상으로 지게차와 인력의 추가 확보가 가능한 분위기도 아니었다. 시간이 지날수록 현장 작업자들에게 정말 미안하고 창피하였지만, '1회 2BT씩 이동시켜도 사고가 발생하지 않는다'라는 충분한 데이터나 논리도 없었고, 여러 부서에서 사용하고 있는 지게차를 굳이 필자 자신이 나서서 해야 하는가라는 생각에 시간만 흘러갔다. 하지만, 이대로 방관하고 있을 수만은 없었다. 왜냐하면, 현장은 현장대로 수면 아래에서 곪아가고 있었기 때문이다. 그래서 생각한 것이, 정말 '1회 1BT씩만 이동시키면 사고가 발생하지 않는지'에 대해 시간을 가지고 검증해 보아야겠다'라는 것이었고, 지게차를 운행하는 것이 아주 고도의 기술을 필요로 하는 것이 아닌데 왜 사고가 발생하는지, 그 이유를 찾는 것이었다. 시간이 지나 1회 1BT씩 이동하는 과정에서도 사고는 발생하였고, 오히려 사고 횟수는 줄어들지 않았다. 하지만, '1회 2BT씩 이동시켜도 문제가 없다'라는 것을 증명할 방법은 없었다. 한동안 고민만 하다가 우연한 기회에, 군에서 물류조직 관리를 하면서 정리해 놓은 자료를 꺼내 보다가 아이디어를 떠올렸다. 아이디어는 '장난감 플라스틱 모델(plastic model)의 설명서와 같이 SOP를 만들어 현장에 적용해 보자'였고, 어느 정도 효과는 있을 것으로 예상했다. 본인이 군에서 물류조직을 관리할 때 중량물과 위험물을 취급했던 분야의 경우, 자동화·현대화보다는 인력에 더 의존하였다. 문제는 인력 의존도가 높다 보니, 교육 훈련을 했다고 하지만, 사람마다 다른 방향과 속도의 결과로 이어졌다. 그래서 그 당시, 함축적인 내용이 적혀진 문서와 말로 두루뭉술하게 진행하는 교육과 훈련이 아닌, 장난감 플라스틱 모델(plastic model)의 설명서와 같이 준비하여 디테일하고 섬세한 교육 훈련을 진행하였다. 그 결과 기존 방식에 비해 많은 효과를 얻을 수 있었다. 마찬가지로 가스 산업 물류도 인력에 의한 의존도가 매우 높다. 왜냐하면 가스 산업의 경우 안전·환경 관련 규제가 강화되어 있고 용기 자체가 중량물이다 보니, 아직까지는 막대한 비용을 들여 물류 분야에 현대화·자동화를 적용하기가 쉽지 않기 때문이다. 실제로 전 세계적으로 다양한 기업을 조사해 보았는데 용기 물류 분야에 대해 만족할 만한 자동화·현대화 레퍼런스는 찾을 수가 없었다. 따라서 인력 의존도가 높고, 위험물, 중량물을 취급해야 하는 지금의 상황이 군에서 물류 조직을 관리했을 때와 유사했다.

- 물류업 현장은 제조업 현장에 비해, 아직까지는 상대적으로 인력 의존도가 높고,
- 인력 의존도가 높다는 것은, 관행이나 매너리즘이 높을 가능성이 상존하며,
- 물류업 현장은 제조업 현장에 비해, '일'과 '움직임'에 대한 구분과 인식이 모호하거나 부족하고,
- '일'과 '움직임'에 대한 구분과 인식이 모호하거나 부족하다는 것은, 제조업에 비해 상대적으로 '일'이 단순 '움직임'으로 간주될 가능성이 높으며,
- 실제로 '일'로 간주되더라도, '일'이 발생하는 현장이 구체적으로 반영된 SOP 제·개정이 미흡한 것이 일반적이다.
- 그리고 물류업 현장은 인력 의존도가 높기에, 구성원의 상태와 수준을 고려하여 정례화된 교육 훈련을 지속해서 진행하지 않으면, 구성원 각자의 능력이나, 성향의 차이로 인해 발생한 관습과 매너리즘에 입각하여 '일'을 하게 되며, 이러한 현상이 길어질수록 예기치 못한 이슈와 사고를 야기하게 된다.
- 하지만, 현실적으로는 조직 구성원의 상태와 수준을 고려, 정례화된 교육 훈련을 지속해서 실시하기도 쉽지 않다(작심삼일).
- 따라서, ① '일'과 '움직임'을 구체적으로 구분하고, ② '일'에 대해서는 올바른 방향과 속도가 반영된 SOP로 제·개정을 실시하고, 상기 ②항을 근거로, ③ 반복되고 정례화된(애완견 길들이기식) 교육 훈련을 실시할 필요가 있다.
- ③을 지속해야 하는 이유는, 조직의 구성원들이 서로 다른 부모, 서로 다른 가정환경, 서로 다른 인생 경험과 철학, 서로 다른 교육 수준, 서로 다른 관심사, 서로 다른 업무 경험 등 유사한 것이 별로 없기 때문이다.
- 경험으로 비추어 볼 때, 막연하다고 손을 놓기보다는, 어려운 여건하에서도 ③을 지속한 것과 안 한 것에는 분명히 차이는 있었고, ③을 지속한 결과, 긍정적인 방향으로 조직 문화 또한 형성되었다. 그리고, 물류 분야의 SOP는 가급적 조립완구 상세 설명서처럼 만드는 것이 효과적이었다.

따라서 지게차 운영 실태를 분석한 후, 한 개 사업장의 환경이 반영된 지게차 SOP를 플라스틱 모델(plastic model) 설명서처럼 만들었고, 이는 A4 용지 56페이지 분량이었다. 사업장별로 구분해서 제정해야 하는 사유는 사업장별 업무 환경, 작업 환경, 각 시설과 구조물들의 위치가 다르기 때문이다. 이렇게 만들어진 SOP를 기반으로 교육 훈련을 진행했고, 그 결과 우연의 일치인지는 모르겠으나, 용기 이동 시 발생하는 사고 횟수가 현저하게 줄어들었고, 일정 시간이 지나고 나니 거의 없어졌다. 그래서 이 내용을 근거로 공식적으로

발표 후, 1회 2BT씩 이동 가능하도록 변경하였다.

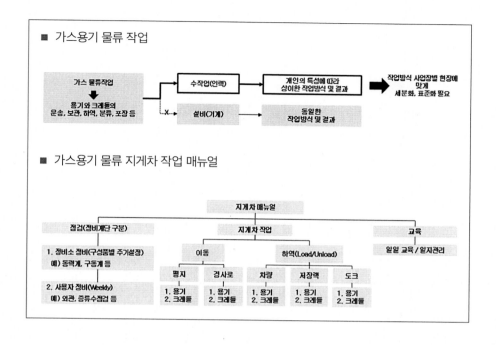

# 2.2 용기 관리

　국립국어원에서 발간한 표준 국어 대사전을 인용하면, 용기는 "물건을 담는 그릇"으로, 관리는 "시설이나 물건의 유지, 개량 따위의 일을 맡아 하는 것"으로 정의한다. **본서에서는 용기를 "기체 및 액체 상태의 가스를 압력과 순도를 보전하면서 안전 및 청정한 상태로 고객과 공정에 공급 및 이동시키는 그릇이자, 제품과 상품을 구성하는 하나의 자재(資材)"라고 정의하고, 용기 관리는 "안전·환경을 근간으로, 소요검토부터 조달, 운영, 폐기까지 전 수명주기 과정을 통합 관리해(Total Life Cycle Systems Management) 비용을 최소화고, 가용도(Availability)를 극대화하여 적기, 적량 충전 및 이동이 가능한 상태를 갖추게 하는 관리"**로 우선 정의하겠다. 가스 산업에서 용기에 내재되어 있는 의미나 가치는 음료나 주류업과는 많이 다르다. 왜냐하면 가스 용기는 제작과 동시 사람으로 치자면 주민등록번호를 부여하며, 폐기될 때까지 법률에서 자유롭지 못하기 때문이다. 다음은 가스 산업에서 취급하는 용기 관련 그림이다. 취급하는 용기 종류(사이즈)는 다양하지만, 다음의 그림에서는 대표적으로 많이 사용하는 여섯 종류(사이즈) 용기에 대해서만 나타내었다.

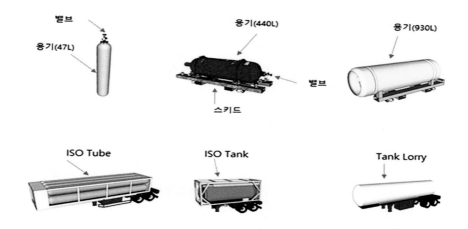

상기 그림에서는 47L 이상 사이즈 용기부터 나타내었는데, 2.3L, 3.5L, 6.9L, 10L, 44L 사이즈 용기들도 취급한다. 용기 사이즈는 고객의 가스 사용 관점 (사용량, 설비, 가스 공급 장치 등)에 의해 좌우된다. 이중, 930L는 점차 사라지는 추세다. 여러 가지 이유가 있겠지만, 용접을 통해 제작되는 930L는 이음매가 없는 용기에 비해 안전성이 낮다는 평가가 주를 이룬다. 실제, 930L 사이즈 용기 폭발 시 용접 부위가 찢겨 수류탄이 터지는 현상과 같은 현상이 발생해 인명사고가 발생한 적도 있다. ISO Tube(개략 14,000L), ISO 탱크(개략 19,000L~20,000L), 탱크로리(개략 20,000L~24,000L)도 하나의 용기이며 트레일러 차량에 고정하여 운영한다. 하지만, 밸브와 스틸 기반 재질의 용기 외, 각종 배관과 전기장치 등이 패키지로 구성되어 있어 용기라기보다는 움직이는 설비에 가깝다. 47L 이하 사이즈 용기들은 밸브와 용기, 밸브를 보호하는 캡으로 구성되지만, 440L와 930L 사이즈는 스키드까지 패키지로 구성되어야 하기에 스키드 관리까지 병행해야 한다. 용기의 재질은 충전해야 할 가스의 종류와 간혹 고객의 요구에 의해서도 좌우된다. 용기 재질은 보편적으로 스테인리스 스틸, 망간 스틸, 크롬몰리 스틸, 알루미늄 스틸, 니켈, 크롬 등의 함유량이 10% 이상 첨가된 스틸 등이다.

## 2.2.1 용기 특징

용기 수만 BT 이상 보유 및 운영, 제품 상품 모두에 의한 매출, 다품종 수요·공급 형태의 특수가스 산업에서 용기가 가지는 특성은 다음과 같다.

### 2.2.1.1 가스를 충전(포장)하고 이동시키는 핵심 자재로서의 역할

자재는 "무엇을 만들기 위한 기본적인 재료"라고 사전적으로 정의되기에, 가스에 초점을 두고 생각하면 "자재"라는 표현이 부적절하게 느껴질 수 있다. 하지만, 가스 그 자체만으로는 이동하거나 고객이 사용할 수 없기에, 본서에서는 '눈에 잘 보이지 않는 가스를 고객이 사용할 수 있는 제품과 상품으로 만들기 위해 기본적으로 필요한'이라는 점에 초점을 두고 표현하였다. 추가로 Hub 개념의 물류센터가 구축된 상태라면 용기 상태별로 이동되는 과정은 개략적으로 다음과 같다.

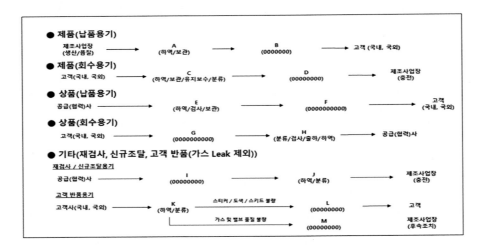

### 2.2.1.2 확보 및 사용 가능한 상태로 전환을 위한 L/T 長→중·장기 구간 자원 계획의 중요성 高

**용기는 기성품이 아니라 100% 주문 제작이다.** 즉, 용기 소요가 발생하면,

용기 제조 협력사에 발주를 진행하게 된다. 용기 제조 협력사는 발주서를 받고 나서 용기 제조에 필요한 강관을 준비한다. 만약 용기 제조 협력사에서 강관을 보유하고 있다면, 실제 용기 제조에 소요되는 기간만 고려하면 되겠지만, 강관을 보유하고 있지 않다면 강관 조달에 소요되는 기간까지 고려해야 한다. 게다가 용기가 제조되면 바로 사용 가능한 것이 아니라, 사용 가능한 상태로 전환하기 위한 추가 프로세스를 거쳐야 한다. 하지만 고객은 요청 후 장시간 동안 기다려 주지 않는다. 따라서 신규 용기를 확보함에 있어, 단순히 내 입장에서만 생각하고 기성품을 구매하듯이 행동해서는 안 되며, 반드시 고객 수요, 자산으로 보유 중인 용기 현황, 용기 제조 협력사의 제조 L/T과 강관 조달 L/T, 자산으로 보유 중인 밸브 현황 및 밸브 조달 L/T 등을 복합적으로 검토하여 진행해야 한다. 설상가상으로 내가 원하는 조건의 품질로 제작할 수 있는 협력사가 시장에 많지 않다면, 생각해야 할 것이 더 많아진다.

### 2.2.1.3 자원 간 연계성 大→자원 통합 관리 필요성 高(용기, 밸브, 스키드 등)

용기만 준비되었다고 해서 가스를 충전할 수 있는 것은 아니다. 용기에 밸브가 장착되어야 가스 충전이 가능하며, 440L, 930L 사이즈 용기는 스키드까지 같이 준비되어야만 충전이 가능하다. 따라서 자원 간 통합 관리를 해야 한다.

### 2.2.1.4 수급 불균형 시 제조 차질 大

가스를 고객이 사용하려면 가스를 충전하고 이동시킬 수 있는 용기가 필요한데, 가스 충전을 위한 용기 확보는 대부분 고객으로부터 용기를 회수해서 진행하며, 일부는 신규 조달을 통해 진행하기도 한다. 따라서 고객의 수요 대비 공급이 문제 되지 않게 용기 회수 계획과 신규 조달 계획을 잘 정립하고, 이를 매끄럽게 실행으로 연결하는 것이 정말 중요하다. 특히 사업이 어느 정도 진행되었고, 운영 용기를 자산으로 많이 보유하고 있다면, 고객의 변화되는 수요에 회수 용기를 어떻게 Matching 시킬 것인지를 정말 많이 고민해야 한다. 왜냐하면, 고객의 수요가 발생할 때마다 무한정 신규로 용기를 조달할 수는 없기 때문이다.

### 2.2.1.5 조달 및 유지 관리(재검사, Repair, Clean 등)에 소요되는 비용 高

용기 조달 비용을 보면, 개략적으로 10L 이하 사이즈 용기는 수만 원, 44L, 47L 사이즈 용기는 수십만 원, 440L, 930L 사이즈 용기는 수백만 원, 930L를 초과하는 사이즈 용기는 수억 원이다. 용기 조달 후, 용기 운영을 위해서는 보관소가 필요하며, 보관소가 부족할 경우 추가 확보 또한 고민해야 한다. 특히 용기는 적재 높이에 있어 2m를 초과하여 보관할 수 없다 보니, 용기가 증가할수록 건물과 토지 소요가 증가한다. 게다가 용기의 하역, 이동, 보관 관련 자동화·현대화가 추진되지 않은 사업장이라면, 용기가 증가할수록 관리 인원 또한 증가할 수밖에 없다. 그리고 용기는 법으로 정해놓은 기간 내에 반드시 재검사를 받아야 한다. 재검사를 받지 않으면 충전을 할 수 없다. 재검사는 용기 제작 후 10년 동안은 5년마다, 10년 초과 시부터는 3년마다 받아야 한다. 그런데 용기 1BT 당 1회 재검사에 들어가는 비용 또한 적지 않다. 47L 이하 사이즈 용기는 수만 원, 440L, 930L 이하 용기는 수백만 원, 930L를 초과하는 용기는 수천만 원이다. 물론 재검사 비용을 용기 조달 비용과 비교해 보면 상대적으로 적은 편이지만, 440L, 930L 사이즈 용기를 수천 BT씩 운영하는 기업의 경우, 한 해에 재검사로 인한 비용을 최소 수억 원에서 수십억 원을 지불해야 하는 상황이 발생한다. 게다가 재검사 시에는 기존에 장착되어 있던 밸브 또한 폐기해야 하기에, 재검사에 소요되는 비용은 더욱 증가한다. 최근에는 밸브를 제거하지 않고 초음파를 통해 재검사를 하는 방향이 많이 시도되고 있는데, 가스를 공급하는 기업 입장에서는 매우 긍정적이나, 안전성에 문제가 없는지 검증하는 것이 우선 중요하다. 왜냐하면, 가스 산업은 안전사고가 기업의 존폐를 좌우할 수 있기 때문이다. 그리고 용기가 지속해서 회전하다 보면 다양한 이슈들이 발생한다. 특히 외관 오염과 녹 발생으로 인해 고객이 불만을 제기할 수 있기에, 이를 해결하기 위한 프로세스와 시설 또한 구축해야 한다. 왜냐하면, 용기 외관의 오염과 녹 발생 등은 고객의 사업장을 오염시키기 때문이다. 고객이 초기에는 가스의 품질에 많은 관심을 기울이지만, 시간이 지나서 고객의 눈높이가 올라갈수록 용기 외관 상태(품질)에도 관심을 기울이게 된다. 특히 930L를 초과하는 용기 중 탱크로리는, 공급사 탱크에서 탱크로리로, 탱크로리에서 고객사 탱크로 옮기는 작업 과정에서 가스가 오염될 확률이 있기에, 탱크로리는 외관 관리뿐만 아니라 연결 호스 등 작업과정에 필요한 모든 비품을 청결하게 관리해야 한다. 또한, 가스 이동 작업 간 오염을 예방할 수 있도록 SOP를 제정하고, 실시간 교육 훈련을 강화해야 한다. 어떻게 보면, 가스 산업에서 가스 품질만 기본인 것이 아니고, 용기와 밸브의 녹 발생 억제 및 청결 관리도 기본이다. 이를 선택사항으로 생각해서는 안 된다.

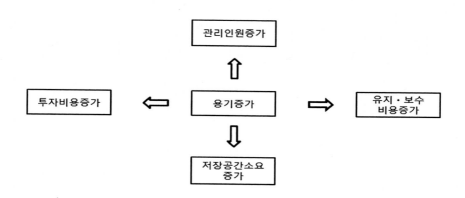

### 2.2.1.6 단기간 재검사 대상 용기 수량 증가 시, 운영 차질 발생 가능성 高

용기는 재검사 기간 동안 사용하지 못한다. 따라서 단기간에 용기 재검사가 집중되지 않도록 계획하는 것이 중요하다. 근본적으로 좋은 방법은, 제조 일자에 차이가 있도록 용기를 조달하는 것이나, 이를 위해서는 정확도가 100%에 가까운 중·장기 수요 계획이 있어야만 가능하기에 쉽지 않다. 따라서 재검사 계획을 수립하되, 재검사 일자가 도래하지 않았더라도 분산하여 계획을 수립하는 것이다. 하지만 모든 고객으로부터 언제 용기가 회수될지 100% 명확하게 알 수는 없으므로 수립한 계획에 차질이 발생할 수 있고, 재검사 일자가 도래하지 않았는데 재검사를 진행하는 것은 경제성과 효율성이 낮아질 수 있으므로 한 번 재검사 계획을 수립했다고 끝나는 것이 아니라 연중 지속해서 고민하고 검토해야 한다.

### 2.2.1.7 부피/중량/적재 제한으로 인한, 공간 운영 효율 下/공간 점유율 高/취급(안전) 주의 高

가스 용기의 사이즈는 다양하며, 이로 인해 공간을 차지하는 부피 또한 다양하다. 그리고 가스 용기들의 경우, 재질 특성상 중량물에 해당하며, 수직으로 높게 적재할 수 없는 제한으로 인해, 공간 운영 효율도 매우 낮다. 그래서 아직까지는 시중에 구축된 수직 자동화 랙을 적용할 수가 없다. 그리고 가스가 충전되어 있는 만큼 취급에 각별한 주의가 요구된다. 왜냐하면, 용기의 전도나 충격으로 인해 밸브와 용기 본체에 손상이 가는 경우, 심각한 환경오염은 물론, 인명사고를 동반하기 때문이다.

### 2.2.1.8 초과 및 잉여 수량 多 보유 시, 운영상의 각종 문제를 숨기는 역할 大

수요와 공급이 한쪽으로 치우치지 않고 균형을 이룬다면 얼마나 좋겠는가? 하지만, 수요와 공급이 100% 일치되어 균형을 이루는 상황을 유지하는 것은 결코 쉬운 일이 아니다.

앞의 그림은 여러분도 많이 접해본 내용일 것이다. 수요가 공급보다 많은 경우에는, 고객을 대상으로 판매할 기회를 잃게 되며, 어떻게든 수요를 맞추기 위해 독촉을 하다 보면 자칫 과부하로 인한 추가 비용이 발생하고, 만약 공급 Capa가 부족하여 무리한 외주를 진행하다 보면, 품질 문제 또한 발생한다. 공급이 수요보다 많은 경우에는, 당연히 재고로 인한 각종 비용이 증가하여 현금 흐름을 악화시키며, 공급 프로세스에서 생산성 감소로 인해 조직문화가 위태해지고, 할인 판매와 판촉을 위한 추가 노력을 진행할 수밖에 없어, 궁극적으로 이윤은 낮아지게 된다. 이러한 수요·공급에 있어, 재고(본서에서는 영업 입장에서 즉시 고객에 납품 가능한 제품과 상품, 즉 완성품을 의미함)는 항상 이슈가 된다. 공급보다 수요가 많은 경우에는 재고를 사전에 보유하여 Buffer로 운영해야 할 필요가 있지만, 수요보다 공급이 많은 경우에 재고는 골칫덩어리로 전락해 버린다. 언제, 얼마나 재고를 Buffer로 보유해야 할지, 언제 재고가 골칫덩어리로 전락해 버릴지를 정확하게 예측하기란 대단히 어렵다.

특수가스 산업에서, 고객과 가스 공급 기업 간의 관계는 주로 B2B(Business to Business) 형태이며, 고객은 고객 내부에 위험한 가스를 많이 보유하는 것을 원하지 않기에, 가스를 공급하는 기업에 VMI(Vendor Managed Inventory) 관점에서 일정 수준의 MTS(Make to Stock)를 요구하는 편이다. 따라서 가스 공급 기업은 MTS 방식으로 일정 수준 재고를 유지하며, 소수 품목에 한해 MTO(Make to Order) 방식을 유지한다. 그리고 거래하는 고객들의 가스 사용량은 어느 정도 편차는 있지만, 일정 범위 수준에서 꾸준하므로 일정 수준의 재고를 항상 유지한다고 해서 폐기되거나 장기 사장 재고로 진행될 확률은 적은 편이다. 따라서 갑자기 수요가 기하급수적으로 증가하더라도, 가스 누출이나 화재, 폭발 등을 제외하고, 공급 능력이 수요에 비해 현저하게 부족하지 않다면, 일정 수준의 재고를 보유하는 것만으로도 수요·공급상에서 발생 가능한 이슈들을 대부분 억제할 수 있다. 단, 가스가 충전된 용기를 대량으로 보관하는 시설과 장소(판매 목적의 가스가 충전된 용기들의 보관소=실병 용기 보관소)는, 제조 사업장에서의 가스 누출, 화재, 폭발 시 제조 사업장과 같이 폐쇄될 가능성이 있다는 것, 그리고 실병 용기 보관소에서 가스 누출, 화재, 폭발 시 제조 사업장에도 폐쇄 영향을 미칠 수 있기에, 실병 용기 보관소와 제조 시설이 동일 사업장 내에 위치하는 것은 장차 성장을 예상한 중·장기 혹은, 전략적 관점에서 볼 때 긍정적이지 않다. 그리고 실병 용기 보관소는 「건축법」 외에도 「고압가스 안전 관리법」 기준을 준수해야 하기에, 보관소를 건설 및 운용함에 있어서 큰 비용이 소요된다. 예를 들어, 방폭(防爆) 기준을 준수하기 위해서 무선 AP를 설치했다 치자, 일반 무선 AP 1개를 설치하는 데는 몇십만 원 단위에서 가능하지만, 방폭(防爆) 기준이 적용된 AP 1개를 설치하기 위해서는 일천만 원에 가까운 비용이 소요된다. 따라서 가스 산업에서는 타 업에 비해 제품과 상품 재고를 보관하는 시설과 공간을 구축하는 것이 비용 측면에서도 많이 부담스럽다. 게다가 재고가 증가하면 용기와 밸브 등 기타 자재들도 같이 증가하는데, 이로 인해 소요되는 비용 또한 적지 않다. 따라서 품질 이슈가 없는 한, 보유하고 있는 재고가 폐기되거나 장기 사장될 가능성은 적지만, 얼마만큼의 재고를 보유하는 것이 최적인지에 대해서는 정말 고민일 수밖에 없다. 게다가 재고 수준을 증가시키면, 재고를 확보하고 유지하는 데 소요되는 비용이 판가에 반영되어 고객에게는 부담을 주게 되고 가격 경쟁력이 낮아지게 된다. 따라서 소요 공간을 최소화하고, 수요·공급에 문제가 없고, 판가에 부담을 주지 않는 수준의 재고를 유지해야 하는데, 몇 마리 토끼를 동시에 잡아야 하는 일이기에 쉽지 않다.

지금까지 재고(완성품) 관련 이야기를 하였는데, 일반적으로 재고는 프로세스의 각종 문제점을 '보이지 않게 덮을 수 있다'라고 알고 있다. 하지만, 수만 BT 용기를 보유 및 운영하면서 다품종 수요·공급 형태를 유지하는 특수가스 산업에서는 재고만을 가지고 모든 프로세스를 덮는 것은 한계가 있다. 왜냐하면, 앞에서 언급한 것처럼 가스 공급 기업 입장에서는 Mass 개념으로 재고를 유지하는 것 자체가 정말 부담스러운 일이기에 재고를 많이 보유하지 않으려는 경향이 강하고, 이러한 보유 재고 수준으로 프로세스의 각종 문제점을 보이지 않게 덮을 수는 없기 때문이다. **하지만, 충전 가능한 상태의 초과 및 잉여 용기를 다수 보유하고 있다면 이야기는 달라진다. 심지어 가스의 양과**

**충전설비에 문제가 없고, 충전된 가스를 폐기 처리할 수 있는 설비까지 구축되어 있으면, 가스 품질 이슈까지도 일정 부분 덮을 수 있다.** 왜냐하면, 언제든 충전이 가능하기 때문이다. 따라서 초과 및 잉여 용기를 다수 보유하고 있으면, 많은 이슈를 수면 아래에 놓이게 할 수 있고, 설상가상으로 정보 시스템에 경영정보들이 제대로 Display 되지 않으며, 전체 최적화 관점에서 KPI를 운영하고 있지 않은 상태라면 더 많은 것들을 숨길 수 있다. 분명히 알아야 할 것은, 수면 아래에 위치하는 이슈들이 많을수록, 적기, 적소, 적량, 효율, 경제, 적응, 효과성과는 거리가 멀어지고, 시간이 경과 될수록 되돌리는데 더 많은 시간이 소요된다는 것이다.

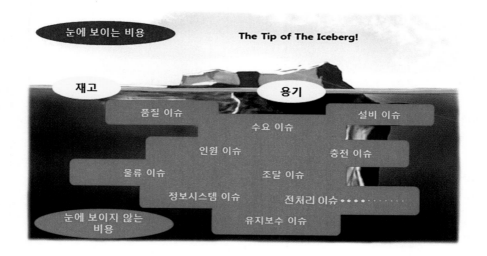

### 2.2.1.9 용기 번호 오류 및 중복 등록 운영 시 혼란 가중 大

주민등록번호가 같은 사람이 다수 존재하고, 주민등록번호 체계가 무너져버린 상태에서 사람들이 돌아다니며 생활한다면 어떠한 현상이 발생하겠는가? 아마도 지금까지 구축 및 운영하는 민, 관, 군 프로세스와 시스템에 상당한 혼란이 발생할 것이고, 향후에도 지속될 것이다. 이와 같은 관점에서, 자산으로 운영하는 용기 번호 체계가 무너지지 않도록 주의해야 한다. 용기 번호는 사람의 주민등록번호와 같이 용기 제작 시부터 생성 및 등록되고, 용기가 고철로 폐기될 때까지 기록 및 유지된다. 따라서 용기 번호 체계 관리는 일시적으로 하는 것이 아니라 용기가 제작되어 폐기될 때까지 지속해야 한다.

### 2.2.1.10 고객의 용기 Size 변경 및 가스 사용량 변동으로 인해, 초과, 잉여 용기 발생 가능성 高(실시간 Balancing 필요)

용기를 준비해 놓았는데 고객의 가스 사용량이 최초 통보받은 물량보다 작을 수 있고, 고객에 납품하는 과정에서 수요가 감소할 수도 있고, 고객에 납품하는 가스는 같지만, 고객의 사정에 의해 기존 A 사이즈 용기에서 B 사이즈 용기로 변경해 달라는 요청을 받을 수도 있는 등, 여러 상황에 의해 초과 및 잉여 용기들은 지속해서 발생할 수 있다. 이러한 경우 많은 용기가 회전하지 않고 방치되거나, 회전은 되지만 회전율이 매우 낮아지게 된다. 따라서 용기 운영 간에 경제성, 효율성, 적응성을 높이기 위해서는 반드시 연중 실시간 Balancing을 진행해야 한다.

### 2.2.1.11 먼지, 스티커 오염물 및 Scratch 등에 의한 지속적인 Cleaning 소요 발생

일반적으로 용기를 충전하거나 검사(분석)하는 시설의 경우, 최대한 클리닝룸에 가깝게 운영하기 위해 노력 중이나, 보관되거나 이동 간에는 일반 대기에 노출되기에, 먼지를 클리닝해야 하는 소요가 발생한다. 게다가 다음 그림에서 보는 바와 같이 용기에는 많은 스티커가 부착된다.

법규에 따라 부착해야 하는 스티커들도 있지만, 가스 공급 기업과 고객 간 약속(납품 및 사용 목적)에 의해 부착하는 스티커들도 있다. 용기에 부착하는 스티커의 경우, 직사광선이나 눈, 비에 직접 노출될 가능성이 0%보다 크기에, 일반적으로 쉽게 훼손되지 않고, 접착력이 높은 재질로 제작된다. 이러한 재질의 스티커는 쉽게 훼손되지 않는다는 장점도 있지만, 회전하는 용기에 부착 후, 일정 시간이 지나면 스티커 접착물질에 의해 잘 떨어지지 않는다. 가스 공급 기업과 고객 간 약속에 의해 부착하는 스티커는 1회 회전 후 제거해야 하고, 법규에 의해 부착했던 스티커는 용기 Balancing이나 훼손 시에 제거해야 하는데, 스티커가 잘 떨어지지 않으므로 많은 시간과 인력이 소요된다. 즉, 수만 BT 이상 용기를 운영하는 다품종 수요·공급 형태 특수가스 산업에서, '매일 제거해야 하는 스티커 수량은 정말 많으며, 100% 수작업에 의존 시 스티커 제거 작업도 정말 어렵고 많은 시간과 인력 또한 필요하다'라는 뜻이다. 인력에 의한 스티커 제거는 칼날이 부착된 Scraper 형태의 도구를 일반적으로 사용한다. 칼날이 부착된 Scraper 도구를 사용하는 이유는, 앞에서 이야기한 것처럼 스티커가 쉽게 훼손되지 않는 재질이고, 설상가상으로 스티커 안쪽의 접착제 성분들이 용기에 달라붙어 잘 떨어지지 않기 때문이다. 하지만, 칼날이 부착된 Scraper 형태의 도구를 사용한다고 해도 생각보다 스티커가 쉽게 제거되지는 않으며, 용기에 달라붙은 스티커 접착제 오염물은 제거가 거의 불가능하다. 따라서 스프레이 형태의 접착제 제거제를 뿌리고 마른 천으로 닦아 내기도 하지만, 제거제를 여러 번 뿌리고 닦는 과정에서 시간이 많이 소요되며, 스티커 접착제 오염물이 완전히 제거되기보다는 얼룩 형태로 용기 표면에 넓게 퍼지는 현상이 발생하기도 하고, 스프레이에서 나오는 유독한 냄새로 인해 방독면 수준의 마스크를 착용하지 않으면 작업하기도 어렵다. 즉, 용기 표면에 달라붙은 스티커 접착제 오염물은 Scraper나 접착제 제거제를 사용해서 제거하기 어렵다. 다음 그림에서 검은색으로 얼룩진 것들이 용기 외부에 달라붙은 스티커 접착물질이다.

그리고 스티커를 제거하는 과정에서 용기 표면에 스크래치(Scratch)가 발생하고, 이는 녹 발생으로 연계된다. 고객의 사업장은 주로 클리닝을 요구하는 시설과 설비이기에 녹 발생은 고객의 사업장까지 오염시킬 수 있다. 따라서 용기 외관과 연관된 다양한 이슈들을 절대 간과해서는 안 된다. 만약 여러분이 택배로 물건을 받았는데, 포장지가 오염되어 있고 더러운 이물질이 여기저기 묻어 있다면, 어떠한 생각이 들겠는가?

### 2.2.2 총 수명주기 관리 체계(Total Life Cycle Systems Management)

총 수명주기 관리 체계는 오래전부터 군(軍)이 활발히 연구 및 진행하고 있는 개념이다. 군(軍)이 주요 전력 및 전력지원체계 수명주기를 관리함에 있어, 스텝별 조직과 예산이 분리된 경우가 종종 있다. 이와 같은 스텝별 조직과 예산의 분리는 부분 최적화에는 용이할 수 있으나, 전체 최적화를 달성하는 데는 한계가 있다. 따라서 소요, 획득, 운영·유지, 폐기단계에 이르기까지 연계성을 강화시켜, 전투준비태세를 보장하고 총 수명주기 관리 비용은 절감하여, 성과기반 군수지원(Performance Based Logistics)을 목표로 추구하는 것이 총 수명주기 관리 체계이다. 총 수명주기 관리 체계와 관련하여 작은 차이 수준에서 여러 용어의 정의가 있으며, 그중 몇 가지만 나열해 보았다.

| | | |
|---|---|---|
| 총 수명주기 관리 체계<br>(Total Life Cycle Systems<br>Management) | - 무기 체계를 비롯한 군수품의 최초 개발부터 폐기 처분 시까지 전 수명주기 과정을 통합·관리해 비용을 최소화하는 동시에, 가용도를 높임으로써 효과적으로 전투 준비 태세를 갖추게 하는 기법. | 국방<br>과학<br>기술<br>용어<br>사전 |
| 수명주기 관리 체계<br>(Life Cycle Management<br>System) | - 하나의 장비에 대해, 수명주기 전반에 걸친 책임을 PM에게 부여하여, 개발, 획득, 운영, 폐기까지의 책임을 일원화하는 체계. | |
| 수명주기 관리<br>(Life Cycle Management) | - 하나의 무기 체계를 연구 개발 또는 구매를 통해 획득하여 운영하다가 도태할 때까지 관리하는 것을 말함. | |

다음은 본인이 판단하는 용기 관리 범위에 대해 나타낸 그림이다.

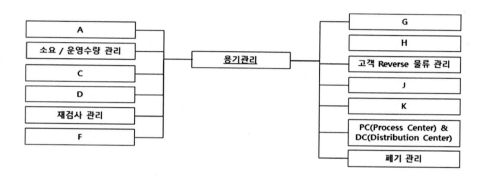

상기에서 보는 바와 같이 용기 관리 범위는 조달, 운영, 폐기까지를 모두 포함하며, 각각 더 세부적으로 들어가 보면 제대로 관리해야 할 분야가 정말 많다는 것을 새삼 깨닫게 된다. 만약 용기를 관리해야 하는 범위와 분야, R&R이 명확하지 않은 상태에서 여러 부서와 사람들에 의해 관리되고 있다면, 일부분만 부각되어 마치 잘 관리되는 것처럼 보일 뿐, 실제로는 많은 부분이 수면 아래 방치되어 있을 가능성이 크다. 게다가 이러한 상황이 장기간 지속되고, 용기 관련 데이터들의 가시성이 턱없이 부족할 경우, 용기 이슈가 발생할 때마다 근본 원인을 찾아 해결하기보다는, 소요 대비 운영 용기가 부족하므로 "신규 용기를 추가 조달해야 한다."라고 입을 맞추기도 한다. 이러한 현상이 이해는 간다. 왜냐하면, 업무 R&R이 모호하고 용기 관련 데이터의 가시성이 부족하면 근본 원인을 찾고 따지는 것부터 어려운데, 충전 가능한 용기를 많이 보유하고 있으면 근본 원인을 당장 찾지 않아도 고객 납품에 문제는 없으며, 고객 납품에 문제가 없으면 심각하게 주목받지도 않기 때문이다. 실제로 경험해 보니, 조직 구성원들은 조직 관점에서 경제성과 효율성을 따지기보다는, 본인들이 맡은 스텝에서 '업무적으로 어려움을 느끼지 않았으면 하는 것'을 우선시하였다. 따라서 조직이 지향하는 올바른 방향과 속도의 용기 관리를 위해서는, 우선 용기 관리에 대해 정의를 내리고, 범위를 명확하게 설정 및 구분하며, 조직과 예산을 운영함에 있어 전체 최적화 관점에서 정립하는 등, 총 수명주기 관리 체계 관점에서 접근해야 한다. 실제로 적용해 본 결과, 총 수명주기 관리 체계 관점에서 용기 관리를 구성하는 각 분야가 상호 매끄럽게 연계되면 용기의 적응성과 회전율이 높아졌다. 즉, 내부든, 고객이든 용기가 소요되는 곳에 적기, 적소, 적량 공급이 가능해지고, 용기의 경제성, 효율성, 효과성도 향상되었다. 따라서 용기 관리에 총 수명주기 관리 체계 개념을 잘 Matching 시키는 것이 필요하다. 아쉽게도 본서에서 Total Life Cycle Systems Management 관점의 용기 관리에 대해 모두 세세하게 이야기하는 것은 대단히 어렵다. 왜냐하면, 내용이 너무 많기 때문이다. 따라서 빙산의 일각 범위에서 몇 가지만 간단하게 이야기하고자 한다.

### 2.2.2.1 소요 및 운영 수량 관리

운영 용기의 부족은 사업에 문제가 되지만, 용기의 과잉(초과, 잉여)은 운영상의 각종 문제를 숨기는 역할을 한다. 따라서 수요·공급 고려 조직이 지향하는 재고정책 기반 하에, 적정 용기 운영 수량 정립은 반드시 필요하다. 더 나아가 용기 숫자를 Tight 하게 운영하게 되면, 전사 프로세스들의 가시성(Visibility)뿐만 아니라 '프로세스가 올바른 방향과 속도로 구축 및 유지되고 있는지'도 알 수 있으며, 구성원들의 생각하는 방식과 행동하는 방식에 변화를 이끌어낼 수도 있다. 이러한 점에서 수만 BT의 용기를 운영하는 가스 공급 기업의 경우 용기가 '혁신의 도구'로 활용될 수 있다. 단, 용기를 혁신의 도구로 활용하기 위해서는, 가스 공급 기업에서 재고 정책을 제대로 정립하고, 실제로 잘 실행하고 있어야만 한다. 그리고 용기의 증가는 각종 비용의 증가와 비례한다. 용기 투자에 소요되는 비용도 절대 적지 않은데, 용기의 증가는 밸브 비용(밸브 부착, 제거), 보관시설구축 및 유지비용, 인력 유지비용, 재검사비용, 유지·보수비용, 기타 비용 등을 증가시키고, 이렇게 증가하는 비용들 또한 절대로 적지 않다. **따라서 사업을 지속해서 유지할 수 있으면서, 경제성과 효율성을 향상시킬 수 있는 적정 용기 운영 수량의 정립과 운영은 매우 중요하다.** 그리고 수만 BT 이상 용기를 보유한 가스 공급 기업에서, 적정 용기 운영 수량은 한 번 검토 후 끝나는 것이 아니라 최소 주간 단위로 연간 동안 지속해야 하며, 한 번 검토 시, 수요, Balancing, 자원 간 연계성 등을 복합적으로 검토해야 하는 관계로, 많은 시간과 노력이 요구된다. 게다가 용기별 조달 기간이 수개월에서 1년을 초과하는 등, 고객의 납품 요구 시점보다 조달 기간이 절대로 짧지 않기에, 적절한 투자 의사결정 시기를 놓치면 사업에 막대한 지장을 초래하게 된다. 이를 극복하기 위해, 일부 용기 제작 협력사와 VMI(Vendor Managed Inventory)를 검토해 보았지만, 쌍방의 다양한 현실적 입장과 시장의 제약으로 인해 쉽지 않았다. 따라서 Buffer 개념의 VMI가 쉽지 않은 현실에서, 투자에 대한 적기 의사결정이 가능하도록 판단기준을 제공하는 적정 용기 운영 수량의 정립은 매우 중요하다. 그래서 오랜 시간 연구 끝에, 다음과 같이 적정 용기 운영 수량 정립에 영향을 미치는 19가지 Factor들을 도출 및 정립하였다. 19가지 Factor들을 운영하면서 느낀 점은, 각각의 Factor가 독립적으로 필요할 때도 있지만, 전체 자산 수량을 대상으로 복합 검토를 해야 하기에, Factor 간의 융합도 필요했고 제대로 융합되었을 때 시너지는 높았다. 하지만, 19가지 Factor들을 정립해 나가는 과정이 순탄하지는 않았다. 특히 충전 시점에 용기가 없다는 이유로, "왜 용기 투자를 하지 않느냐?"라며 구석에 자주 몰리기도 하였다. 이 과정에서 참 답답했던 것은, 충전할 용기가 없다면 우선 전 단계인 '내면 처리, 잔류가스 처리, 배기 공정을 탐구'해야 하는데, 내면 처리, 잔류가스 처리, 배기 공정에 대한 가시성(Visibility)조차 제대로 검토하지 않으면서, 무조건 "충전할 용기가 없다."라는 이야기부터 들어야 했던 것이다. 그래서 본인은 다음과 같이 이야기를 하였다. "용기가 없다는 것이, 충전 시점을 기준으로 볼 때 용기가 부족하다는 것입니까? 아니면 전체 운영 용기가 절대적으로 부족해서 투자를 해야 한다는 것입니까? 용어를 명확하게 정립 후 사용해 주시고, 무조건 투자를 해야 한다고 이야기하기보다는, 우선 내면 처리, 잔류가스 처리, 배기 공정부터 가시성(Visibility)을 확보하고 난 이후 이야기하는 것이 적절하다고 판단됩니다." 왜냐하면, 용기 운영 수량에 영향을 미치는 Factor 중에는 '내부 전체 프로세스별 L/T(Lead Time)'이 있는데, 가시성(Visibility)을 통해 '내부 전체 프로세스별 L/T'이 확보되면, 적정 용기 운영 수량과 연계하여 투자 여부를 검토하는 데 도움이 되기 때문이다. 그 당시, "충전할 용기가 없다."라는 애매모호한 이야기를 1년 이상 들으면서 느낀 점은, '아이들이 장난감 앞에서 막무가내로 사달라고 조르는 것과 다르지 않았다'라는 것이다. 19개의 Factor 중, 각 Factor에 대한 가시성(Visibility)이 높아질수록, 고객의 수요에 적기, 적소, 적량 대응하는 것과 Balancing에 의한 경제성, 효율성은 높아졌고, 이로 인해 조달 소요를 검토하는 운영 수량 산정 Logic에도 긍정적인 영향을 미쳐, 소요는 발생하였으나 신규 조달 수량은 감소했다. 실제 2만~3만 BT[930L 이하 사이즈 용기(2.3L, 3.5L, 6.9L, 10L, 44L, 47L, 440L, 930L)+930L 초과 사이즈 용기(Tank Lorry, ISO Tank, ISO Tube)의 합]를 운영하는 가스 공급 기업에서 Factor들에 대한 가시성(Visibility)이 높아져, Balancing과 운영 수량 산정 Logic에 긍정적 영향을 미친 결과, Factor들에 대한 가시성(Visibility)이 낮았을 때와 비교 시, 5년간 절감한 비용은 약 70억 원+a이다. 70억 원+a에서 70억 원은, 투자 소요는 발생하였으나 Balancing으로 인해 실제 조달 소요는 감소하여 절감된 금액을, a는 용기가 증가할수록, 인원, 공간, 유지 보수 등의 소요 또한 증가하기에 이러한 부분들까지도 절감되었다는 것을 나타낸다.

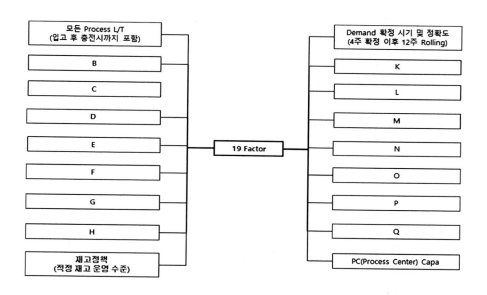

이렇듯 수만 BT 이상 용기를 운영하는 가스 공급 기업에서, 용기 숫자, 즉 용기가 얼마나 소요되고, 운영 용기를 얼마나 보유하는 것이 적절한지에 대한 내용은 항상 Hot Issue이다. 용기를 운영하는 입장에서는, '경제성, 효율성을 고려하자니 자칫 잘못하면 적응성이 낮아질 수도 있고, 적응성을 고려하자니 경제성과 효과성을 보장받지 못할 수도 있다'라는 것이 정말 딜레마이다. 그리고 고객의 납품 요구 시점은 대부분 용기 조달 L/T보다 짧다. **따라서 조직 내부적으로 '아직 알 수는 없으나 기회는 올 것이다'라는 신념으로 '적응성'에 중점을 둘 것인지, 아니면 '경제성과 효율성'에 중점을 둘 것인가에 대해서는, 정말 신중하게 판단해야 한다.** 경제성과 효율성만을 고려하여 용기를 Tight 하게 운영하게 되면, 적응성이 낮아져서 고객의 러브콜 시 기회를 놓칠 수 있고, 적응성을 고려하여 일정 수량 Buffer를 유지했는데 내 생각대로 고객이 움직이지 않으면 초과 및 잉여 수량이 증가하게 되어 경제성과 효율성은 낮아진다. 이러하니, 용기 운영 수량에 대해 정말 많은 고민과 딜레마에 빠지지 않을 수 없다. 즉, 경제성, 효율성, 적응성을 모두 극대화할 수 있는 수량이 얼마냐? 이것이 관건이다. 하지만, 이러한 내용에 현실적으로 책임 있는 결정을 내릴 수 있는 사람은 제한적이다. 어떻게 보면, "경제성과 효율성이 우선이다." 아니면 "적응성이 우선이다." 등의 방향성에 대해 책임 있는 결정을 내렸다고 하더라도, 구체적인 수량에 대해 책임 있는 결정을 내릴 수 있는 사람은 한 명도 없다. 오직 총 수명주기 관리 체계에서, 용기 관리를 전담하고 있는 구성원만이 무거운 짐을 안고 가야만 한다. 그래서 총 수명주기 관리 체계에서 용기 관리는, 등한시되거나 쉽게 생각할 분야가 아니라 전문적인 분야로 인정해야 한다. 왜냐하면, 총 수명주기 관리 체계에서 용기 관리를 전담하고 있는 사람은, 중·장기 수요 예측, 실시간 고객 사용량 변경, 충전량 상향, 충전량 하향, 용기 Size 변경, 조달·공정·운송 L/T, 타 자원들과 연계, 가용화 전환, 공간 확보, 밸브, 비용, 기타 등, 가시성이 제한되고 끊임없이 변화하는 다양한 내용과 이슈들에 대해 고민해야 하며, 이와 연계한 Balancing을 통해 신규 조달을 최소화할 수 있는 적정 용기 운영 수량 정립 또한 지속해서 해야 하기 때문이다. **이와 같은 이유로, 수만 BT 이상의 용기를 총 수명주기 관리 체계 관점에서 관리하는 것은 Art에 가깝다.**

### 2.2.2.2 재검사 관리

용기를 운영하는 과정에서 법이 정한 재검사 기간이 도래하면, 인증이 있는 협력 기업에 용기를 보내 반드시 재검사를 받아야 한다. 왜냐하면, 법이 정한 기한 내에 재검사를 받지 않으면 용기에 가스를 충전할 수 없기 때문이다. 그리고 재검사는 밸브 탈부착, 검사 등의 과정에서 적지 않은 비용을 발생시키며, 재검사를 받는 기간에는 용기를 사용할 수도 없다. 따라서 용기 제작 일자가 동일한 용기를 많이 보유하고 있는 경우, 재검사 일자가 도래하지 않았더라도 미리 연간 재검사 계획을 수립하여 재검사 수량이 일정 기간에 집중되는 것을 분산시켜야 한다. 그렇지 않으면 일시적으로 운영 용기 부족 현상을 겪을 수도 있다. 혹자는 이에 대비하여 용기를 추가로 보유할 것을 언급하는 경우도 있으나, 재검사 계획과 실행이 잘 연계되면 충분히 극복 가능하기에, 재검사 기간 중, 운영 용기 부족 현상에 대응하기 위한 추가 용기 보유는 긍정적이지 않다. 재차 강조해서 이야기하지만, 용기의 증가는 반드시 다양한 Loss를 발생시킨다는 것을 명심해야 한다. 가장 좋은 방법은 동일 시점 조달 시 제작 일자가 상이하게 용기를 조달하는 것인데, 가스 용기는 고객 소요 발생 시 100% 주문 제작하는 관계로, 동일 시점 조달 과정에서 제작 일자를 2개월 이상 상이하게 만드는 것은 정말 어렵다. 이해를 돕기 위해 간단하게 예를 들어 보면, 고객 납품을 위해서는 NH3 100BT 신규 조달이 필요한데, 30BT는 19년 3월, 30BT는 19년 5월, 40BT는 19년 7월로 제작하는 것은 거의 불가능하다는 것이다. 따라서 연간 단위로 재검사 계획을 수립하여, 재검사 일자가 도래하지 않았어도 재검사를 진행해 수량을 분산시키는 것이 현실적이다. 최근에는 밸브를 교체하지 않고 초음파를 통해 검사하는 방법도 등장하였다. 밸브를 제거하지 않고 초음파로 재검사를 진행하는 경우, 밸브 교체 비용, 검사 비용 등이 낮아지고 재검사 L/T이 단축되어, 가스를 공급하는 기업 입장에서는 매우 긍정적이나, 어떤 검사 방법이든지 간에 가스 산업에서는 안전을 확보하는 것이 가장 중요하기에, 경제성, 효율성, 적용성보다는 안전성에 문제가 없는 방법을 택하는 것이 우선임을 반드시 명심해야 한다.

### 2.2.2.3 고객 Reverse 물류 관리

930L 이하 사이즈 용기들에 한정하여 설명하겠다. 왜냐하면, 930L를 초과하는 사이즈 용기들의 경우, 설비에 가까워 용기 자체는 크고 복잡하지만, 용기 숫자가 많지 않고 후속 조치 R&R이 설비 조직, 운송 조직, 용기 제조 협력사에 한정되어 있기에, 후속 조치 프로세스 관련 이슈가 930L 이하 사이즈 용기들보다 적기 때문이다. 가스 산업에서 930L 이하 사이즈 용기들이 고객에 납품된 이후, Reverse 물류에 의해 돌아오는 경우는 다음과 같은데, 주의해야 할 것은 '이 경우들에 대한 후속 조치 프로세스를 반드시 제대로 구축해 놓아야 한다'라는 것이다. 그렇지 않으면, 전처리(내면 처리, 잔류가스 처리, 배기 공정) 및 충전을 위한 용기 공급이 제대로 진행되지 않게 되고, 이렇게 용기 공급이 제대로 안 된다는 것은, '용기가 사용할 수 없는 상태로 장시간 방치되고 있다'라는 것이며, 이는 결국 '운영 용기가 부족하다'라는 엉뚱한 이슈를 낳

게 되고, 이러한 이슈가 장기화되면, 굳이 보유하지 않아도 될 용기를 더 보유해야 하는 결과로 이어진다.

| 순번 | 고객사에서<br>가스 사용 여부 | 회수 시 상태 | 고객<br>Complain |
|---|---|---|---|
| 1 | 사용함 | 용기, 밸브, 스키드 이슈 없음 | 없음 |
| 2 | | 밸브 이슈 있음 | |
| 3 | 사용하지<br>않음 | 용기, 스키드, 밸브 이슈 없음<br>(고객에서 매입 처리 후 고객 사정에 의해 반납) | 있음 |
| 4 | | Life Time Over | |
| 5 | | E | |
| 6 | | F | |
| 7 | | 밸브 나사산 마모 | |
| 8 | | H | |
| 9 | | I | |
| 10 | | 용기 외관 불량 | |
| 11 | | J | |

본인의 경험에 비추어 볼 때, 업종에 구분 없이 Reverse 물류보다는 Forward 물류에 관심이 더 높았다. 간단히 예를 들어보면, 식품 관련 업무를 했을 때, 플라스틱 박스에 담아서 보내야 하는 품목의 경우 납품과 동시에 플라스틱 박스를 회수해야만 다음 납품이 가능했다. 그런데 회수 관련 프로세스에 관해 관심이 낮다 보니, 회수가 잘 되지 않아 플라스틱 박스를 자주 구매해야 하는 경우가 발생했다. 그리고 장비를 구성하는 주요 구성품과 수리 부속 등 중량물의 경우 철제 팔레트에 포장하여 납품을 하고 팔레트는 회수해야 하는데, 팔레트 또한 분실이 잦았고 이를 관리하는 프로세스도 없었다. 또한, 장비를 운영하다 보면 수리 부속이나 구성품 중에서 폐기하지 않고 정비하는 조직에 보내서 재활용하는 수리 부속이나 구성품들이 있는데, 이러한 품목들이 제대로 수집되지도 않았고, 그나마 수집된 품목들도 선량한 관리가 아니라 지붕도 없는 공터에 아무렇게나 방치되었다. 얼마의 주기로 정비

하는 조직에 보낼 것인지에 대한 기준도 없었다. 그냥 담당자가 생각나면 가져다주는 수준이었다. 이렇듯 Reverse 물류에 관한 관심 저하를 많이 겪었던 본인이 가스 산업을 겪으면서 느낀 소감은, 민(民)과 군(軍), 그리고 업종만 다를 뿐, Reverse 물류 분야는 소홀히 취급될 가능성이 매우 큰 분야라는 것을 거듭 깨달았다. 가스 산업에서 여러분이 명심해야 할 것은, 다양한 상태의 Reverse 물류와 연계된 후속 조치 프로세스가 제대로 구축 및 유지되어야만, '적정량의 용기를 운영하면서 적기에 가스를 충전하여 고객에게 납품할 수 있다'라는 것이다. **즉, Reverse 물류에 관한 관심과 후속 조치를 위한 프로세스 수준이 낮으면, 실제 소요보다 운영 용기 수량이 더 증가할 수도 있고, 고객의 수요에 적기에 대응하지 못하는 상황으로도 연계될 수 있다.** 더 간단히 이야기하자면 효율성, 경제성, 적응성 등에 좋지 않은 영향을 미칠 수 있다.

제 **3** 장

# S&OP

*Sales & Operations Plan*

SUPPLY CHAIN MANAGEMENT

# 3.1 인식의 전환

　판생, 생판 회의라고 칭하며, 주 1회 실시하는 회의가 있다. 어떻게 구성되고 어떻게 진행되고 있는지 궁금해서 참석해 본 경험이 있다. 하지만, 몇 번 참석해보고 그만두었다. 그만둔 사유는 참석해서 굳이 시간을 낭비하고 싶지 않았기 때문이다. 여러분이 소속된 조직에서 진행하고 있는 수요·공급 관련 회의는 어떠한가? 다음과 같은 상황이 반복된다면, 인식의 전환이 반드시 필요하다.

■ 계획 대비 실적을 비교하기만 하고, 계획 대비 실적에서 +, − 된 부분들에 대한 구체적 사유, 후속 조치, Catch Up 계획 등은 검토하지 않는다.

■ 회의 내용은 항상 긴급 납품(Shortage) 관련 이슈이다.

■ 사전 협업을 통해 검토된 결과를 가지고 추가 이슈를 논의하기보다는, 상대방에게 업무 협조를 요청하고 그제야 비즈니스 리듬을 정해야 하는 내용이다.

■ 회의 시 정례화된 의제(Agenda)는 없다. 참여한 구성원이 준비해 온 내용만 논의된다.

■ 회의를 주관하는 구성원은, 본인이 필요해서 준비한 내용만 공지하고, 행사 사회자 같이 분야별로 참여한 구성원에게 발표를 요청하고, 회의록 작성에만 심혈을 기울인다.

■ 참여하는 구성원이 자주 바뀌고, 참여한 구성원이 명확한 의사결정을 할 수 없다.

■ 어떤 부서는 참여할 때도 있고, 참여하지 않을 때도 있다.

■ 회의 종료 후, 후속 조치가 어떻게 되고 있는지에 대해서는 실시간으로 가시화되지 않고, 후속 조치 경과나 결과에 대해서는 다음 회의 시 일괄 체크한다.

■ 유사한 이슈가 지속해서 반복된다.

■ 회의 시 논의되지 않은 분야에서, 예기치 않은 상황이 긴급하게 자주 발생한다.

■ "특이사항 없다."라고 할 때가 잦다.

■ 수요·공급에 관련되지 않은 이슈들까지 논의된다.

■ 논의하는 내용이 탐색형 문제 인식이 아니라 발생형 문제 인식 위주이다.

■ 공급사-기업-고객까지의 범위 중에서 취급하는 범위가 일정하지 않고 매번 다르다.

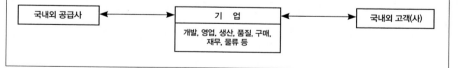

# 3.2 인내

 S&OP 프로세스를 구축하기 위해서는, 우선 구성원들의 비즈니스 리듬 정립과 데이터 운영에 필요한 스프레드시트를 만들고 활용하는 것이 매우 중요하며, 스프레드시트를 충분히 운용해 본 이후, 필요시 S&OP 관련 정보 시스템을 도입하는 것이 효과적이다. **따라서 S&OP 프로세스가 제대로 구축되어 있지 않은 상태라면 어떤 분야의 스프레드시트를 만들 것인지부터 고민을 해야 한다.** 그리고 스프레드시트의 내용은 어떻게 구성할 것인지, 만들어진 스프레드시트 구성에 문제가 없는지, 구성원들의 비즈니스 리듬이 스프레드시트 운영에 적합하게 구축되어 있는지, 스프레드시트로 인해 구성원들의 업무가 중복되거나 비효율적인 부분은 없는지 등을 끊임없이 고민해야 한다. 특히, 수요·공급 프로세스상에 다양한 계획이 존재하지 않거나, 존재하더라도 상호 연계되고 있지 않은 상태라면 '상당 기간 스프레드시트와의 싸움'이라고 해도 과언이 아니다.

 SCM에 몸담아 온 본인의 입장에서 볼 때 다소 주관적 견해가 들어갈 수 있겠지만, 히말라야산맥 등반을 예로 들어 스프레드시트와 관련된 가장 최근의 경험을 개략적으로 이야기해 보겠다. 내가 직접 등반해 본 적은 없지만, 전문 산악인이라도 단기간에 히말라야산맥 최고봉 14좌를 모두 정복하는 것은 불가능에 가깝다고 하고, 시간이 많다고 해서 14좌 모두를 정복할 수 있는 것도 아니라고 한다. 이러한 관점에서 S&OP 프로세스 구축 과정은 히말라야산맥 최고봉 14좌를 모두 정복하는 과정과 유사하다는 느낌을 받았다. 일반적으로 히말라야산맥 최고봉 1좌를 정복하기 위해서는, 개략적으로 보면 ① 최초 계획을 수립하고, ② 등반에 문제가 없는 수준의 팀을 꾸리고(R&R,

Skill, 체력, 의지 등) 교육 훈련을 병행하며, ③ 현지 전문 Guide를 섭외하고, ④ 현지에 도착해서는 계획대로 등반 가능한지를 가이드와 재검토하고, 필요시 계획을 수정하고 추가로 준비하며, ⑤ 기상 상태가 좋아질 때까지 기다렸다가 등반을 시작하게 된다. 하지만, 모든 것이 준비된 것 같더라도, 기상이 좋지 않다면 등반을 시작조차 할 수 없으며, 등반 중에도 기상이 좋지 않으면 안전한 곳에서 좋아질 때까지 기다리던가, 포기해야 하는 경우도 발생한다. 그리고 최고봉 1좌를 정복하고 나면, 휴식과 함께 다음 등반을 계획하기 위한 충분한 시간이 필요하다. 이러한 히말라야산맥 등반과 연관 지어 볼 때, Forecast&Demand Plan 스프레드시트를 만들고 운영해 온 것은 최고봉 1좌 등정, 상품, 원료 PSI 스프레드시트를 만들고 운영해 온 것은 최고봉 2좌 등정, 물류센터 재고(완성품) 현황 스프레드시트를 만들고 운영해 온 것은 최고봉 3좌를 등정한 것에 비유할 수 있다. 그동안 만들고 운영해 온 스프레드시트를 기반으로 '프로세스와 비즈니스 리듬이 고도화 상태로 유지되고 있다'라고 100% 자신할 수는 없다. 다만, 수요·공급 프로세스는 계획과 실행으로 이루어져 있는데, 생산 계획을 제외하고 가시화된 이렇다 할 계획이 없었던 상태에서, '추가 스프레드시트를 통해 조금이나마 더 유기적으로 연계되고', '신뢰성 있는 데이터 확보가 가능한 프로세스와 비즈니스 리듬을 구축하고 유지하는 데 도움이 되었으면' 하는 바람이었다. 각 스프레드시트를 기반으로 올바른 방향과 속도로 프로세스가 정립되어 실시간 신뢰성 있는 데이터 확보가 가능한 상태를 최고봉 '좌' 정복에 비유 시, 현재 완벽하게 정복한 '좌'는 없다고 판단된다. 하지만, 스프레드시트와 구성원들의 비즈니스 리듬을 지속해서 보완하는 인고의 노력과 시행착오 끝에, 최고봉 '좌'에 아주 근접하게 등반해 있거나, 어떻게 하면 최고봉 '좌'에 오를 수 있는지는 알 수 있게 되었다.

그리고 히말라야산맥을 등반하는 과정에서 기상 상태는 매우 중요하다. 아무리 등반 계획과 팀 준비가 잘 되었더라도 기상이 좋지 못하면, 등반이 불가하거나 어렵다. S&OP 프로세스에서 조직문화(생각하고 행동하는 수준과 방식)는 히말라야산맥의 기상에 해당하는데, 스프레드시트를 새로 만들고 보완하기를 반복하며 끊임없이 프로세스와 비즈니스 리듬을 정립하기 위한 노력을 기울인 결과, 기상이 좋지 않은 경우는 점차 줄어들었다. 따라서 현재의 상황에 맞게 계획을 잘 수립하고, 적절한 수준의 조직을 구축하고 조금만 더 인고의 노력을 지속한다면, S&OP 프로세스의 모든 최고봉 '좌' 등정은 가능할 것으로 판단된다. 다음은 인터넷 사이트에서 수집한 히말라야 14좌 이미지에, 일부 스프레드시트를 최고봉 '좌'에 비유한 그림이다.

## 3.3 스프레드시트를 만들고 구성원들의 비즈니스 리듬 연결하기

S&OP 프로세스를 처음 접해 보고 이제 막 시작하려는 기업에 "S&OP 프로세스를 위한 정보 시스템을 구축해야 한다."라고 이야기하는 사람들이 있다. 본인은 이 말에 부정적이다. 프로세스가 제대로 구축되어 있지 않은 조직에 정보 시스템을 갑자기 도입하게 되면, AS-IS와 TO-BE 간의 차이를 극복하지 못해, 정보 시스템이 구축되었음에도 불구하고, 수작업이 현저하게 줄어들지 않거나, 기존에 해 오던 방식을 좀 더 빠르게 하는 수준에서 유지될 가능성이 매우 크기 때문이다. 본인이 식품, 가스, 유류, 의류, 자재, 수리 부속, 장비 등의 분야를 두루 해 보았지만, 프로세스가 일정 수준 이상 구축되어 있지 않은 상태에서 정보 시스템을 바로 도입해서 조기에 안정화, 정상화를 이룬 경우는 보지 못했다. 정보 시스템을 구축해 놓고 "안정화, 정상화한다."라는 명목하에 비용은 비용대로 추가로 발생했고, 좋지 않은 방향으로 구성원들의 내성만 증가했다. 따라서 무작정 정보 시스템을 도입하기보다는, 우선 스프레드시트를 만들고, 분야별 구성원들의 비즈니스 리듬을 정립하고, 실제로 실행해 보면서 스프레드시트 내용과 구성원들의 비즈니스 리듬에 이슈가 없는지 끊임없이 확인하는 과정이 우선이고 더 중요하다. 이러한 과정을 통해, 없던 프로세스가 새롭게 구축되고, 이슈가 있거나 문제가 되는 프로세스들이 개선되어, AS-IS와 TO-BE 간의 차이가 좁아진다. 다음은 실제로 스프레드시트를 만들고 분야별 구성원들의 비즈니스 리듬이 정립되어 가는 과정을 간단하게 나타내 보았다.

## ◎ Forecast&Demand 스프레드시트(예시)

■ 스프레드시트를 만들어 운영하게 된 사유(예시)

- Single Plan(하나로 통일된 계획, 본서에서는 통합 계획)을 수립하기 위해서는 사전 운영이 필요함.

- Forecast와 Demand를 이야기하는 언어(데이터)들이 다양하고, 이로 인해 공급 프로세스에 있는 구성원들 또한 다양한 언어(데이터)로 이야기하고 있음(다양한 언어는 무질서와 혼란을 불러옴).

※ 공급 R&R이 있는 조직 및 구성원들에게, 영업에서 제공한 자료들은 ① 월 출고 일정표, ② 주차별 S&OP 물량 표, ③ Material Status Monthly, ④ 각 구성원의 요청에 따라 실시간으로 제공하는 Forecast&Demand이었음. 그러나 상기 ①~④는 각각 데이터가 생성되는 시점, 공유되는 시점이 상이하였고, 양식 또한 제각각이었기에, 수요·공급 프로세스의 구성원들은 서로 다른 언어로 이야기하거나, 각각의 언어가 본인에게 도움이 되기 위해서는 본인에게 적합한 추가 스프레드시트(Unique)를 만들어서 운영해야 했음. 결국, 비효율은 증가하고, 불만과 불신은 증가함.

■ 스프레드시트로 인해 발생한 비즈니스 리듬(예시)

- 매월 00주, 00일까지 〇〇팀 담당자는 〇〇팀 담당자에게 향후 8주(이번 달, 다음 달)는 '일(Daily) 단위' 데이터 입력을 요청하고, 향후 9주부터 16주까지는 '주(Weekly) 단위' 데이터 입력을 요청한다.

- 매월 00주 00일까지 〇〇팀 담당자는 〇〇팀 담당자로부터 요청받은 데이터를 입력한다.

■ 스프레드시트를 만들고 비즈니스 리듬을 운영해 본 결과 총평(예시)

- Single Plan 스프레드시트를 운영하고 있지 않은 상태에서, Demand Plan 스프레드시트의 데이터는 '1개월 확정'의 의미를 부여하는데, ① 스프레드시트 데이터에는 공급 프로세스 제약(병목) Feedback이 반영되어 있지 않고, ② 1회 작성 시, 데이터를 기준보다 오래 유지하는 점, ③ 담당자 임의별로 수시 데이터를 변경하는 점 등은 본래 취지에서 퇴색되어 부적절하게 운용되고 있다고 판단되기에, 근본적으로는 Single Plan 스프레드시트를 만들어 운영하는 것을 추진하되, 단기간에 실행이 불가하다면 Demand Plan 스프레드시트의 운영 개념을 재정립할 필요가 있음. 그리고 상기와 같은 내용은 S&OP 프로세스를 구축하는 과정에서 나타나는 과도기적 현상임.

## ◎ 상품, 원료 PSI(Production, Sales, Inventory) 스프레드시트(예시)

---

■ 스프레드시트를 만들어 운영하게 된 사유(예시)

- Single Plan(하나로 통일된 계획, 본서에서는 공급 계획)을 수립하기 위해서는 사전 운영이 필요함.

- 상품, 원료 소요 검토부터, 회수 용기(충전된 가스 사용 후)를 공급사에 반납하기까지, 상품, 원료는 영업, 구매, 생산, 품질, 물류 등과 광범위하고 다양하게 연계되어 있는데, Single Plan을 수립하지 않은 상태에서, 상품과 원료 R&R을 '특정 부서 및 담당자에게 치부하여 운영하고 있다'라는 것은 Risk가 관리되지 않을 가능성이 큼.

※ 특정 부서 및 담당자 업무 미흡 시 Shortage Risk로 연계될 수 있음(실제 여러 차례 발생함). 수요·공급 프로세스 R&R이 제대로 정립되지 않을 가능성이 있음(경계선에 애매하게 위치하여 그 누구도 실행하지 않거나, 상대방이 해 주길 바라고 방치하는 사례가 실제로 발생함). 같은 언어로 이야기하지 않거나, 상대방의 언어를 이해하고 활용하기 위해서는 구성원별로 별도 스프레드시트(Unique)를 유지해야 함(특정 부서 담당자에 국한되어 운영 중인 스프레드시트의 대부분은, 여러 사람이 동시에 보고 이해 또는 활용하기 어려운 경우가 많음).

■ 스프레드시트로 인해 발생한 비즈니스 리듬(상품, 예시)

- 월요일 00시: ○○ 담당자는 ○○ 담당자에게 상품 PSI 스프레드시트의 예정 입고 일정 및 수량 Update 요청.

- 월요일 00시: ○○팀 담당자는 상품 PSI 스프레드시트에 예정 입고 일정 및 수량을 Update 후, ○○팀 담당자에게 통보.

- 월요일 00시: ○○팀 담당자는 Forecast&Demand 스프레드시트(16주 반영)를 상품 PSI 스프레드시트에 Update.

- 월요일 00시: ○○팀 담당자는 정보 시스템 재고 데이터에서 ○○팀으로부터 공유받은 부적합 재고를 제외한 데이터를 상품 PSI 스프레드시트에 Update.

- 월요일 00시: ○○팀 담당자는 16주 구간(이번 달 포함) 이슈 검토. 검토 결과 Risk로 예상되는 부분들에 대해서는 관련 팀(○○팀, ○○팀, ○○팀, ○○팀) 담당자에게 대응 관련 추가 검토 요청.

- 화요일 00시~금요일 00시: ○○팀 담당자는 ○○팀 담당자로부터 매일 변경된 예정 입고 일정 및 수량을 공유받아, 매일 상품 PSI 스프레드시트에 Update.

- 금요일 00시: ○○팀 담당자는 예정 입고 일정 및 수량이 검사(분석)계획에 반영될 수 있도록 ○○팀 담당자에게 상품 PSI 스프레드시트 공유.

■ 스프레드시트를 만들고 비즈니스 리듬을 운영해본 결과 총평(예시)

- ○○팀 담당자가 상품 PSI 스프레드시트를 모두에게 공통된 언어로 볼 수 있도록, 기능별(○○팀, ○○팀, ○○팀, ○○팀, ○○팀) 데이터를 종합하여 일괄 Update하고, Update한 데이터를 가지고 미래 16주 구간을 분석한 후, Risk가 예상되는 구간에 대해서는 ○○팀에 추가 검토 요청을 하고 있음.

- 현재 상품 중, CO2(탱크로리)는 스프레드시트에서 제외되어 있음.

- 스프레드시트에서 취급하는 품목들에 대한 비즈니스 리듬이 제대로 정립된 것 같지만, 데이터 통보, 공유, 종합 관련하여 잘 지켜지지 않을 때가 잦음.

- PSI 스프레드시트를 만들어 운영하는 과정에서, 담당자 간의 임의적 합의에 의해 두루뭉실하게 정립된 비즈니스 리듬이 일부 존재함.

## ◎ 물류센터 재고(완성품) 운영 스프레드시트(예시)

■ 스프레드시트를 만들어서 운영하게 된 사유(예시)

- Single Plan(하나로 통일된 계획, 본서에서는 공급 계획)을 수립하기 위해서는 사전 운영이 필요함.

- 고객과 영업 입장에서 재고 보유 현황 공유.

- 생산 및 분석 계획 수립 시 조력(재고 고려 계획 수립).

- Demand 확정을 위한 재고 운영.

■ 스프레드시트로 인해 발생한 비즈니스 리듬(예시)

- 매월 1주: ○○팀 담당자는, 제품 중 MTS 품목의 재고목표(일수, 수량)에 대해 중기적 납품 추세를 고려하여 변경 필요성을 검토하고, 필요시에 Update.

- 매일 오전: ○○팀 담당자는 정보 시스템에서 내려받은(오전 10시 기준) 제품, 상품 데이터를 물류센터 재고 운영 스프레드시트에 ① Update.

① 재고목표 대비 현재 과부족 검토

- 매일 오전: ○○팀 담당자는 Forecast&Demand 스프레드시트 데이터를 물류센터 재고 운영 스프레드시트에 ② Update.

② 다음날 고객 납품 소요 대비 현재 과부족 검토

- 매일 오전: ○○팀 담당자는 Update 완료(①+②)된 물류센터 재고 운영 스프레드시트를, ○○ 1, 2팀, ○○팀, ○○ 1, 2, 3팀, ○○팀, ○○팀에 공유.

■ 스프레드시트를 만들고 비즈니스 리듬을 운영해본 결과 총평(예시)

- 물류센터 재고 운영 스프레드시트에는, 위치 구분 없이 분석 완료된 상태의 제품과 상품 데이터가 입력되어 있음. 완성품 개념을 적용하기 위해서는, Leak Test 종료된 데이터가 입력될 필요가 있으며, 이에 대해 추가 검토 중임[Leak Test 과정에서 Issue 발생 가능성 상존. Leak Test: Pure Gas(00시간), Mix Gas(00시간)].

- 현재 재고 목표를 정립 및 운영하고 있지만, 재고 목표는 수요·공급 추이와, 내·외부 환경을 고려하여 지속해서 변경될 수 있음.

- 따라서 재고 목표 변경을 위한 별도의 프로세스 구축이 필요함(제품, 상품의 MTO, MTS, 일수, 수량 등).

- 재고 목표 변경 시, 우선적으로 고려해야 하는 사항은 물류센터 보관 Capa임. 따라서 물류센터 보관 Capa를 벗어나지 않는 범위 내에서 복합적으로 검토되어야 하고, 고객 대응에 문제가 없는 범위에서 최소한의 재고를 보유할 수 있도록, 적응력 있는 Supply Chain 유지가 중요함.

# 3.4 S&OP 프로세스는 Art다

전쟁과 전투도 엄연히 구분되는 용어지만, 전쟁과 전투를 '전쟁'이라 칭하고 예를 들어 보겠다. 전쟁이 발발하는 것은 예측 가능한가? 군은 각종 등급의 비밀을 유지함에 있어 보안을 생명과도 같이 취급한다. 왜냐하면 비밀 등급이 붙은 내용들은, 적군이 모르게 아군이 장차 계획하고 행동할 내용이기 때문이다. 그런데 만약 이런 내용을 적이 알게 되면, 적군은 아군의 계획과 행동을 알고 반응하기에 아군이 적군에게 승리할 가능성은 낮아진다. 이는 적군도 마찬가지이다. 적군 또한 아군이 모르게 계획하고 행동하려고 노력한다. 그렇다면 이러한 **전쟁에서, 현 지구상에 존재하는 경영기법들이 유효할까? 전쟁에서는 일반 기업에서 사용하는 경영기법들이 더는 유효하지 않을 가능성이 매우 높다. 현재 보편적인 기업의 구성원들이 생각하고 행동하는 방식은 On Time에 기반을 둔다.** 그런데 전쟁에서 적군은 기업에서 상대하는 고객의 수준과 상태가 아니다. 적군은 『손자병법』과 최첨단 과학기술 등을 기반으로, 다양하고 치명적인 전술과 전략을 수립하여 아군을 기만하고 무력화시키려고 한다. 고도화된 미사일과 스텔스 전투기가 등장하고, 인공위성과 무인기에 의한 전쟁이 진행되는 현대전에서 하루에 식사가 한 끼로 제한되었다는 것을 상상이나 할 수 있겠는가? 그리고 유류가 없어서 장비가 기동을 하지 못했다는 것은 물론이고, 건전지가 없어 야간 이동이나 작전에 지장을 초래하였다는 것이 실제로 발생했다고 하면 믿을 수 있겠는가? 하지만 이러한 상황들이 실제로 발생했다. 과학기술이 아무리 발달했다고 해도, 아군이 적의 계획이나 행동을 100% 알 수는 없고, 적도 아군의 계획이나 행동을 100% 알 수는 없다. 그래서 전쟁 관련 영화를 보면, 고심 끝에 결정하고 진행한 수많은 계획이 전쟁이 발발하자마자 더는 유효하지 않아, 끊임없이 지휘관과 참모들이 모여 열띤 토의를 진행하는 것을 볼 수 있다. 아래의 사진은 영화 〈인천 상륙작전〉에서 나오는 장면이다. 여러분은 어떠한 생각이 드는가? 최종 목표를 달성하기 위해 끊임없이 고민하고 또 고민하는 측면에서는 S&OP 프로세스와 상당 부분 Matching 되지 않는가?

예측이 제한되는 불확실한 환경과 전장 상황에 영향을 받아, 작전 분야는 물론이고 군사 군수(Military Logistics) 분야에서 최초로 수립된 계획과 과정은 언제든 변경될 수 있다. 이러한 상황에 대처하기 위해서는, 실시간으로 지휘관과 참모들이 모여 계획을 재검토하고 의사를 결정하는 프로세스가 필요한데, 이러한 프로세스는 '과학적'일 뿐만 아니라, 때로는 '창조적'에 가까운 사고나 행위가 요구되기에, 이러한 프로세스들로 구성된 군사 군수를 Art라고 칭한다. 그리고 군사 군수에서 실시간으로 지휘관과 참모들이 모여 계획을 (재)검토하고 의사를 결정하는 프로세스와 기업의 S&OP 프로세스는 유사하며, S&OP 프로세스도 군사 군수처럼 과학적, 때로는 창조적 사고나 행위가 요구된다. 왜냐하면, 기업의 S&OP 프로세스는 '고객, 매출 추세, 원자재 소요량, 수요 예측, 각종 Lead Time, 수율, 원가, 재고, 운송관리' 등과 연관된 각종 프로세스와 데이터를 수집하고 분석함에 있어 과학적, 수학적, 공학적 연구 등을 통해 진행하고 있고, 앞으로도 과학적, 수학적, 공학적 응용과 수용, 컴퓨터 활용 등이 S&OP 프로세스에 지속해서 요구되기 때문이며, 천재지변,

고객(사), 협력사, 공급사, 경쟁사, 품질, 제품, 설비, 안전, 경기(景氣) 등에 의해, 불규칙적이고 예측 불가능한 상황에 직면하는 경우, 기계, 컴퓨터, 공식보다는, 사람의 적응력, 창조력, 직관력, 통찰력, 결정력 등이 더 중요하게 요구되기 때문이다. 따라서 **기업의 S&OP 프로세스 또한 과학적, 예술적이기에, S&OP 프로세스를 'Art'라고 칭함에 있어 문제는 없어 보인다.**

# 3.5 S&OP 프로세스 특징

다음은 APICS((American Production and Inventory Control Society)에서 제시하는 S&OP 프로세스에 대한 정의를 정리한 내용이다.

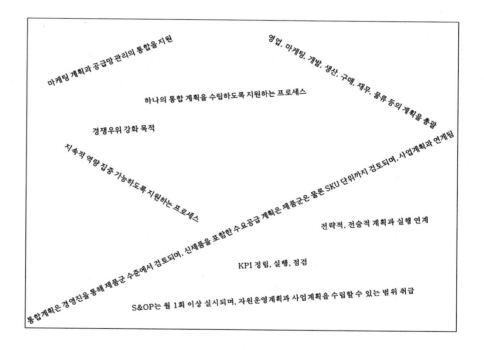

다음은 S&OP 프로세스에 대해 본인이 느껴 왔던 몇 가지 내용을 추가로 언급하고자 한다.

◎ **장기적, 전사적 PSI(Production, Sales, Inventory)와 연관된 프로세스&네트워크이다(단순 회의 아님)**

- 주 1회 또는 월 1회 등, 조직별 지정된 일자에 진행하는 S&OP 회의는, 프로세스가 연결된 결과 또는 프로세스를 연결할 계획(사전 협업과 업무를 통해 잠정 정립)을 월 단위, 주 단위 Cycle을 통해 공유, 검토, 의사결정 하는 것이다. 따라서 긴급하게 발생한 경우를 제외하고, 충분한 시간이 있었음에도 불구하고 사전 공유 및 검토하지 않은 상태에서 이슈를 발언하고, 그제야 누가, 언제, 어떻게 진행할 것인지에 대해 토의하는 방식의 S&OP는 '보여 주기'에 가까우며, Sense&Respond 측면에서 Speed 또한 저하시킨다.

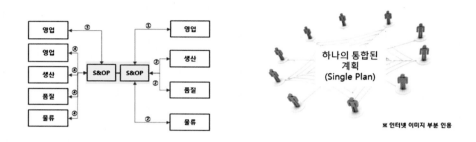

그리고 S&OP 회의를 주 1회 진행 시, 자칫 잘못하면 담당자 간에 자원 운영 회의 형태로 변질될 가능성 또한 상존하며, 이렇게 장기간 지속될 시, 월 단위 S&OP 프로세스로 변화시키는 것은 정말 어렵게 된다. S&OP 프로세스는 어떤 이슈가 있을 때 담당자선 또는 일부 부서가 알아서 하거나, 알아서 하다가 문제가 있다고 생각되면 그제야 공유하고 이야기하는 것이 아니다. 이러한 방식은 '발생형 문제 인식'의 과거 지향적이며, 조직 전체가 실시간으로 유기적으로 반응하지 못함으로 인해 반응 속도가 느려지게 된다. 특히 "각자 알아서 하고 있는데 왜 발표 및 공유하라고 해서 비효율적이고 귀찮게 하느냐?"라고 이야기하는 경우도 있는데, "기업이 한 개 부서 또는 개인의 말과 판단에 전적으로 의존해서 사업을 유지하는 것이 상식적으로 말이 되는가?" 부터 되묻고 싶다. 혹 조직을 위한 것이 아닌 본인 입장에서 편하고 유리하기 위해 '상황에 맞지 않는 효율성 용어를 등에 업고 외치고 있지는 않은가?' 'S&OP 프로세스는 특정 몇몇 조직과 사람에 의해 좌우되거나 유지되는 것'이 아니며, 전략적으로 수립된 사업 계획을 달성하기 위한 미래지향적인 '탐색형 문제 인식'을 요구한다.

### ◎ 수요·공급상에 존재해야 하는(존재하는) 크고 작은 프로세스 수준과 프로세스 연결 수준이 S&OP 수준으로 나타난다

- 수요·공급상에 존재해야 하는(존재하는) 크고 작은 프로세스가 없고 부실하거나, 제대로 연결되지 않은 경우, S&OP 수준이 낮다. 그리고 사람 의존도가 높은 프로세스가 많을수록 예기치 않은 이슈와 위험이 증가한다.

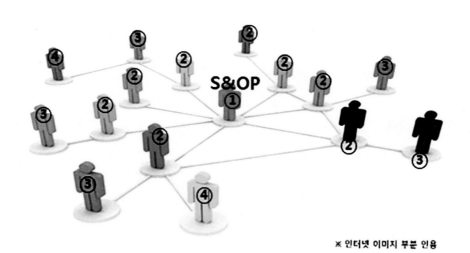

※ 인터넷 이미지 부분 인용

### ◎ S&OP는 각 조직 수준(생각하는 방식, 행동하는 방식, DNA 등)과, 처한 규모, 환경에 맞게 정립 및 운영하는 것이 필요하다

- 주관 및 참석, 운영 주기, 진행 Template, 스프레드시트, Business Rhythm, R&R 등에 대해 모든 조직이 동일할 수는 없다.

### ◎ S&OP는 전사적 정보공유, 검토, 의사결정, 기업 성장을 위한 병목(제약) 해소 등 최고 경영진의 합의(Consensus) 기구이다

- 최고 경영진의 합의 기구인 만큼, SKU(Stock Keeping Unit) 단위의 MIX로 Display 되기보다는 VOLUME 단위로 Display 되어야 한다.

# 3.6 S&OP 프로세스 추진 방향 'Example'

군에서 지휘, 통제, 협조 기구 성격인 CSSOC(Combat Service Support Operation Center), FSCC(Fire Support Coordination Center), COC(Combat Operations Center)등의 다양한 센터에서 진행하는 회의에 참여하려면, 우선 사용하는 용어에 대해 잘 이해해야 한다. 왜냐하면, 용어에 대해 사전적, 경험적으로 잘 이해하지 못하면 상대방이 하는 말 자체를 이해하기 어려워서 토의에 참여하는 것이 제한된다. 이러한 이유로 본인은 군사용어집을 공부해야 했고, 가급적이면 이를 휴대하고 다녔던 기억이 있다. 기업에서도 마찬가지로, 수요·공급 프로세스상에서 생소한 용어들에 대해서는 배우고 머릿속에 정립해야 했다. 기업의 경우 사전적 정의에 맞게 사용하는 용어도 있었으며, 사전적 정의와는 다르게 다소 변형해서 사용하는 용어도 있었고, 사전에 없는 용어인데 업종에서 생성된 독특한(Unique) 용어도 있었으며, 다양한 타 업종 경력직 인원들에 의해 전파된 용어도 있었다. 다만, 군과 비교해서 다소 차이가 있었던 것은, 조직과 구성원들에게 적절한 용어의 정의가 정립되어 있는지, 상황과 내용에 맞는 용어를 사용하고 있는지에 대해서는 심각하게 고민하지 않는 분위기였다는 점이다. 그리고 기업의 S&OP 프로세스 관련 용어의 경우 APICS에서 이야기하는 용어와 선진 기업들이 사용하는 용어들이 혼재되어 있었다. **중요한 것은 기업별로 S&OP 프로세스에서 어떻게 용어를 정의하고 사용하든지 간에, '구성원 간의 이해 수준이 동일하다면 된다'라는 것이다.** 그래서 우선 용어부터 다음과 같이 정의하였다.

## ◎ 수요 관리

- 시장조사를 통해 보다 높은 매출을 발생시킬 수 있는 제품, 상품을 기획하는 것부터, 고객의 수요를 예측하여 수요 계획을 수립하고, 생산(제품의 충전), 품질(제품, 상품의 분석), 물류(제품과 상품의 저장, 운송, 포장), 구매(상품 및 원재료 조달)로부터 공급 가능한 물량을 약속받아 판매 계획을 확정하고, 고객과 시장의 우선순위를 고려하여 계획한 대로 판매 가능하게 하는 프로세스.

※ 수요 관리에 포함되는 기능

- 마케팅, 영업 관리, 생산 관리, 품질 관리, 구매 관리, 재무 관리, 물류 관리, 용기 관리, S&OP.

## ◎ 수요 예측(Forecast)

- 고객의 각종 여건, 그리고 BSGS 구축(+, -) 여부를 고려한 잠정 물량(D+00주 이후).

## ◎ 수요 계획(Demand)

- 고객의 각종 여건, 그리고 BSGS 구축(+, -) 여부를 모두 반영한 판매할 물량(제조, 물류, 구매 Capa 미고려, D+00주까지).

※ 고객에게 Gas를 판매하려면, 용기와 밸브가 필요한데, 보유하고 있는 용기와 밸브가 없는 경우 신규 조달해야 하므로, 최소 용기 및 밸브 조달 L/T이 고려된 미래 시점(조달 이후 충전 가능한 상태로 전환을 위해 필요한 L/T까지 포함됨)까지 포함하고, 수요 계획의 정확도를 100% 유지해야 함. B2B 형태이지만, 미래로 갈수록 수요 계획 정확도가 감소한다면, 용기 및 밸브 조달 L/T과 충전 가능한 상태로 전환을 위해 필요한 L/T을 줄여야 함[수요 계획 기간: 930L 이하 용기 Size 납품 형태(00주), 930L 초과 Size 용기 납품 형태(00주~00주)].

## ◎ 통합 계획(Single Plan)

- 수요 계획을 충족하기 위해, 기존 보유 재고를 토대로, Capa(제조, 물류)와 상품 조달을 고려하여 수립한 미래 재고(제품, 상품) 대응 물량(Single Plan=하나

의 통합된 계획).

## ◎ 생산 계획

- 통합 계획을 기반으로 S&OP에서 최종 확정(약속)된, 충전 물량.

## ◎ 분석 계획

- 통합 계획을 기반으로 S&OP에서 최종 확정(약속)된, [생산 계획+(원료 조달 계획, 상품의 조달+납품 계획)]이 모두 반영된 분석 물량.

## ◎ 판매 계획

- 통합 계획을 기반으로 S&OP에서 최종 확정(약속)된, 영업에서 고객에게 판매 약속하는 물량(1개월).

## ◎ 재고 계획

- 판매 계획과 연계한 물류센터 목표 재고를 기반으로, 생산 및 분석 계획과 연계하여 일 단위, 주 단위, 월 단위 Balancing.

## ◎ RTF

- 영업의 수요 예측(D+ 00주~00주)에 대해 공급 R&R 부서들의 공급 가능성에 대한 답변=D+ 00주 이후부터 00주까지의 Return to Forecast.

## ◎ RTD

- 영업의 수요 계획(D+ 00주)에 대해 공급 R&R 부서들의 공급 가능성에 대한 답변=D+ 00주까지의 Return to Demand.

※ 자사의 요청에 대해 협력 공급사의 공급 가능 여부 피드백은, 구매팀에서 협력 공급사와 운영하는 RTD.

## ◎ Family

- 품목군.

## ◎ Volume

- 품목군에 대해 하위 구분한 물량 단위. 월 단위 S&OP 스프레드시트에는 품목군으로 기재되어 토의.

## ◎ MIX

- 품목군을 개별 품목으로 재구분한 물량 단위. 주 단위 S&OP 스프레드시트에서는 개별 품목군으로 기재되어 토의.
※ 예) Volume: PH3/N2

MIX: BCGA350 밸브(0.1%: PH3/N2, 0.8% PH3/N2, 1% PH3/N2), 5% PH3/N2), SDISS632 밸브(10% PH3/N2), BJIS20L 밸브(1% PH3/N2), SJIS20L 밸브(1% PH3/N2, 10% PH3/N2).

## ◎ S&OP 회의

- 월 단위 프로세스에 의해 매월 말 최종 CEO 주관으로 진행되는 회의(월 단위로 매월 마지막 주에 진행하는 회의).

## ◎ Pre-S&OP 회의

- S&OP 회의에 앞서 미리 개최되는 회의이며, 통합 계획 수립 후 진행하는 회의(S&OP 회의 개최 1주 전 회의).

## ◎ 자원 운영 회의

- S&OP 회의 종료 후, 월 계획(판매, 조달, 생산, 분석, 재고)을 기반으로 실행하면서, 주 단위로 계획 대비 +, - 결과에 대한 후속 조치 계획을 검토하고, 향후 발생 예상 이슈들에 대해 대책을 수립하고 실행하는 회의(주 단위로 매주 수요일에 진행하는 회의).

◎ **MPS(Monthly Production Schedule)**

- M(Month)+1 생산 계획.


◎ **DPS(Daily Production Schedule)**

- W(Week)+1 생산 계획.


다음은 S&OP 프로세스를 SCP와 SCE로 구분한 그림이며, SCP는 수요 관리, SCE는 공급 관리라고 칭하였다.

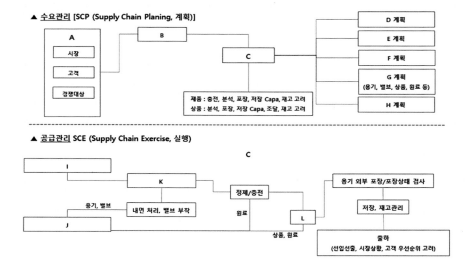

**S&OP [ = (수요관리 + 공급관리)],**

※ 개발 관리까지 포함될 필요성이 있으나 미 포함 (신제품 기획, R&D)


다음은 수요 관리에서 통합 계획 수립 및 운영을 위한 SCP 계통도를 나타낸다. 통합 계획은 수요 계획(Demand)에 재고 운영 계획을 반영한 후, 차이 수량에 대해 생산, 품질, 구매, 물류 등의 기능들과 지속적, 반복적 공급 가능성 이야기가 오가야만 수립 가능하며, 이를 기반으로 생산, 분석, 조달, 물류 등 기능별 실행 계획이 수립된다. 통합 계획이 수립되고, 통합 계획을 기반으로 기능별 실행 계획이 수립되면, 기능별 계획들은 제대로 연계될 가능성이 크다. 반면에 통합 계획 없이, 영업의 수요 계획을 기반으로 기능별로 계획을 수립한다면, 기능별 계획들이 제대로 연계될 가능성은 낮으며, 실행 또한 다양한 병목 현상으로 인해 제대로 연계되지 않을 것이다. 왜냐하면, 기능별 Capa는 동일하지 않을 것이고, 기능별로 조직을 운영하는 입장 또한 다를 것이기 때문이다. 그리고 앞에서 언급한 것처럼 특수가스 산업의 경우 안정적 수요 및 주문 특성을 가지고 있지만, 신규 고객이나 기존 고객의 신규 사업장에 초기 진입(장착)한 경우와 고객 사정으로 인해 설비 가동이 Fluctuation 되는 경우에는, 예측을 계획으로 변경하기 어려운 상황에 직면하게 된다. 따라서 수요 관리에 있어 반드시 "수요 예측과 수요 계획을 구분해야 하고, 예측을 계획으로 변화시켜야 한다."라고 이야기하기보다는, 융통성을 가지고 진행할 필요가 있다. 즉, '수요 예측이 때로는 수요 계획이 될 수도 있다'라는 뜻이다.

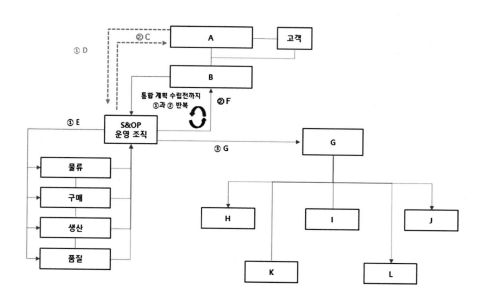

다음은 월 단위 S&OP 사이클을 나타낸 그림이다. 경험상 월 단위 S&OP 프로세스에서 가장 병목 구간이라고 판단되는 곳은, 통합 계획을 수립하고 Pre S&OP까지 진행하는 구간이었다. 다음과 같이 생각하고, 글로 쓰고 말로 하기는 쉽지만, 실제 실행은 어렵다.

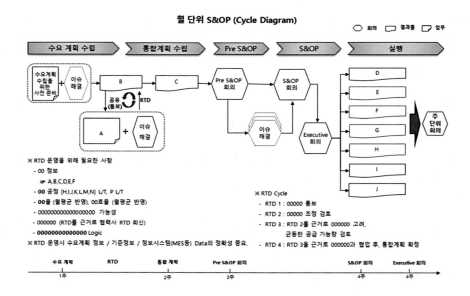

다음은 월 단위 S&OP 진행 순서를 나타낸 그림이다. 회의 소요 시간까지 명시했지만, 희망 사항이다. '회의가 많고 시간이 길면 부정적이고, 회의가 적고 시간이 짧으면 긍정적이다'라는 것이 일반적이지만, 조직이 처한 수준과 상황에 따라 회의 시간이 길어질 수도, 회의를 많이 해야 할 수도 있다.

**월 단위 S&OP 회의 진행 순서**

| 순서 | Agenda | 주기 | 목표 소요시간 |
|---|---|---|---|
| 지시사항 및 이슈 점검 | 지시사항 Review 및 후속조치 결과<br>미해결 (누적) 이슈 토의, 경영진 의사결정 필요한 긴급 발생 이슈 논의 | 월 | 15분 |
| B | C | 월 | 15분 |
| D | E<br>(통합계획 반영 완료) | 월 | 30분 |
| KPI 토의 | KPI(계획 준수율, …) 측정 결과 → 차질 원인 분석/대책 (팀/개인)<br>F | 월 | 30분 |
| 회의결과 및 정리 | 회의 내용 요약 및 강평 | 월 | 15분 |

다음은 월 단위 S&OP에서 사용하는 양식의 '예'이다.

| 구분 | | | 1월 | 2월 | 3월 | 4월 | 5월 | 6월 | 7월 | 8월 | 9월 | 10월 | 11월 | 12월 | 총계 | 사업계획 |
|---|---|---|---|---|---|---|---|---|---|---|---|---|---|---|---|---|
| 판매 (Sales) | A | | | | | | | | | | | | | | | |
| | B | | | | | | | | | | | | | | | |
| | C | | | | | | | | | | | | | | | |
| | F | D | | | | | | | | | | | | | | |
| | | E | | | | | | | | | | | | | | |
| 운영 (Opera-tion) | G | | | | | | | | | | | | | | | |
| | H | | | | | | | | | | | | | | | |
| | K | I | | | | | | | | | | | | | | |
| | | J | | | | | | | | | | | | | | |
| 재고 (Inven-tory) | L | | | | | | | | | | | | | | | |
| | M | | | | | | | | | | | | | | | |
| | N | | | | | | | | | | | | | | | |
| 용기 | O | | | | | | | | | | | | | | | |
| | P | | | | | | | | | | | | | | | |
| | Q | | | | | | | | | | | | | | | |
| 밸브 | R | | | | | | | | | | | | | | | |
| | S | | | | | | | | | | | | | | | |
| | T | | | | | | | | | | | | | | | |

Family: PH3
Volume: PH3/N2
용기 사이즈 / 물량 단위: 47L / BT

목표 재고(밸브별 재고 통합) 수량:
고객:
Make to Stock

수요 이슈(고객 동향 포함):

공급 이슈:

| | | Family:<br>Volume:<br>용기 사이즈 / 물량 단위: | | | | | | 목표 재고(밸브별 재고 통합) 수량:<br>고객:<br>Make to Order | | | | | | | |
|---|---|---|---|---|---|---|---|---|---|---|---|---|---|---|---|
| 구분 | | 1<br>월 | 2<br>월 | 3<br>월 | 4<br>월 | 5<br>월 | 6<br>월 | 7<br>월 | 8<br>월 | 9<br>월 | 10<br>월 | 11<br>월 | 12<br>월 | 총<br>계 | 사업<br>계획 |
| 주문<br>(Booking) | A | | | | | | | | | | | | | | |
| | B | | | | | | | | | | | | | | |
| | C | | | | | | | | | | | | | | |
| | F / D | | | | | | | | | | | | | | |
| | F / E | | | | | | | | | | | | | | |
| 제조/물류<br>(Production<br>Shipments) | G | | | | | | | | | | | | | | |
| | H | | | | | | | | | | | | | | |
| | K / I | | | | | | | | | | | | | | |
| | K / J | | | | | | | | | | | | | | |
| 용기 | L | | | | | | | | | | | | | | |
| | M | | | | | | | | | | | | | | |
| | N | | | | | | | | | | | | | | |
| 밸브 | O | | | | | | | | | | | | | | |
| | P | | | | | | | | | | | | | | |
| | Q | | | | | | | | | | | | | | |
| 수요 이슈(고객 동향 포함): | | | | | | | | 공급 이슈: | | | | | | | |

다음은 월 단위 S&OP에서 점검하는 KPI(Key Performance Indicator) 관련 내용이다.

| 구분 | KPI | 정의 | 효과 | 주관 부서 | | 기준 데이터 | 비고 |
|---|---|---|---|---|---|---|---|
| KPI | A | O | Capa 및 용기 투자 검토 | 정 | 부 | 통합 계획 | ISO Tube, Tank Lorry, ISO Tank 등의 투자 제외 |
| | | | | ● | ● | | |
| | B | P | 주 단위 Operation | 정 | 부 | ● | ● |
| | | | | ● | ● | | |
| | C | R | L/T 단축을 통해, 공정 능력 및 고객 대응력 향상(완제품 재고 감소) | 정 | 부 | ● | ● |
| | | | | ● | ● | | |
| | D | K | 공간 효율 및 용기 회전율 향상 | 정 | 부 | ● | ● |
| | | | | ● | ● | | |
| | E | Q | 품질 불량에 의한 Loss 감소, 용기 회전율 향상 | ● | | ● | ● |
| | F | L | 출하, 배차 효율화 | ● | | ● | ● |
| | G | T | 고객 대응력 확보 | ● | | ● | ● |
| | H | M | 최소의 용기로 최대 수량 납품 | ● | ● | ● | ● |
| | I | Z | 계획 대비 실행 향상 | ● | | ● | ● |
| | J | N | 계획 대비 실행 향상 | ● | | MRP | ● |

다음은 주 단위 자원 운영 회의 사이클을 나타낸 그림이다. 주 단위 자원 운영 회의를 진행하면서 주의할 사항은, 일주일 만에 처음 만난 것처럼 업무 요청하고 누가 어떻게 할 것인지 등의 R&R을 정하는 내용 위주로 회의가 진행되어서는 안 되고, R&R 이슈가 없는 상태에서 진행된 업무들의 후속 조치 결과와 후속 조치 과정에서 불가피하게 추가로 발생한 이슈를 토의하는 방향으로 회의가 진행되어야 한다. 만약 그렇지 못하다면, 구성원들의 비즈니스 리듬이 제대로 정립 및 유지되고 있지 않음을 암시한다.

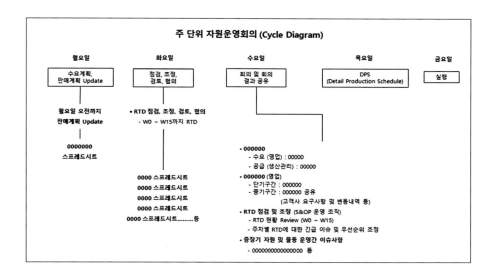

다음은 S&OP 시스템 구축 과정을 에베레스트산을 등반하는 것에 비유하여 나타낸 그림인데, 실제 생산 계획만 공식적으로 유지되고 있는 상태에서 S&OP 시스템 구축을 위해 Step by Step으로 나아갔던 행적과 향후 S&OP에서 정보 시스템 적용 영역을 넓히기 위해 나아가야 할 방향을 나타내고 있다.

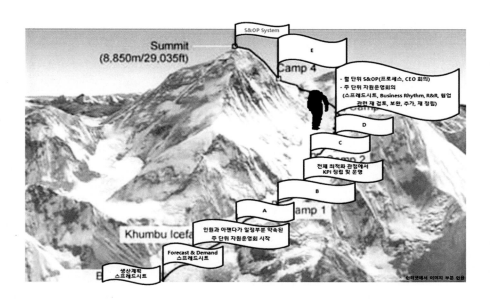

안정적인 수요가 형성되어 있는 상태에서 생산 계획만 수면 위로 부각되어 장기간 유지된 경우, S&OP 프로세스를 구축하기 위한 다양한 스프레드시트와 비즈니스 리듬을 검토하는 과정에서, 생산 관리 조직이 운영해 온 기존 방식과 마찰이 발생한다. 기업이 제품을 고객에 납품하기 위해서는, 생산 계획만 필요한 것이 아니라, 수요 계획(예측), 원료 준비 계획, 용기 및 밸브 준비 계획, 전처리 계획, 검사(분석, 외관), 외관 포장 계획, 재고 운영 계획, 출하 및 운송 계획 등이 필요하다. 그런데 이러한 계획들이 부재한 상태라면, 그동안 Supply Chain은 오로지 생산을 중심으로 한 네트워크 안에서 Push 방식으로 유지될 수밖에 없었기에 새롭게 시도되는 변화에 다소 불편함을 느끼는 것은 당연하다. 예를 들어 새로운 스프레드시트를 정립하는 과정 중, 통합 계획의 경우, Volume 단위로 수립이 필요한데 생산 관리 입장에서 운영해온 스프레드시트는 MIX 단위이다. 생산 관리에서는 그동안 영업의 수요를 보고 알아서 생산 계획을 수립해 왔는데, 중간에 통합 계획이 추가되면, '굳이 생산 계획을 수립하는 과정에서 한 단계가 추가될 필요가 있는가?'에 의문을 가지게 되며 비효율적이라고 생각하게 된다. 하지만 잘 이해해야 할 것은, 그동안 '타 계획들이 부재한 상태'이다 보니 생산 계획이 주가 되어 마치 생산 계획이 기업 전체를 좌우하는 계획처럼 간주되고 운영되어 온 것일 뿐, 생산은 설비와 인력의 효율을 높임과 동시에 납품 가능한 품질의 가스를 생산하고, 각종 안전·환경사고를 예방하는 데 존재의 이유가 있다. 그렇기에 생산 계획은 기업의 다른 계획을 수립함에 있어 전략적 수준에서 기반이 되는 계획이 아니라 '전술적 행동(실행)들이 내포된 하나의 계획'일 뿐이다. 이러한 관점에서 분석 계획, 출하 계획, 운송 계획, 전처리 계획, 재검사 계획 등도 마찬가지이다. 따라서 부분 최적화 관점이 아닌 전체 최적화 관점에서 프로세스 간 병목 현상을 최소화하고, 각 계획 간, 그리고 계획과 실행 간의 유기적 연계를 위해서는, 영업의 수요 관리 입장과 공급 관리 각 조직의 입장이 모두 반영됨은 물론, 판매 계획, 생산 계획, 분석 계획, 출하 계획, 운송 계획 등에 기반이 되는 통합 계획 수립이 필요하고, 통합 계획은 사업 계획과 연계되어야 한다. 판생, 생판 회의에서 프로세스 형태의 S&OP로 변경하기 어려운 이유들은 많지만, 그중에서 세 가지만 예를 들어 보면, 첫째, 기존 Push 방식에서 통합 계획의 등장은 비효율적인 프로세스로 간주되기 때문이다. 둘째, '독립적'에 가까운 상태로 유지되어 왔던 기능별 스프레드시트와 비즈니스 리듬을, '유기적'에 가까운 상태로 변화시키는 과정이 어렵기 때문이다. 셋째, 지구상에 현존하는 모든 기업이 효율성, 경제성 등의 용어에 매우 민감한 상태인데, "담당자별, 팀별로 알아서 해 오고 있는 내용인데 굳이 회의에서 공유해야 하는가?", "효율성 측면에서 불필요하지 않은가?" 등의 이야기가 발생하면 여론에 의해 현실적으로 추진하기 어렵기 때문이다. 이러한 점들을 극복하기 위해서는 우선 S&OP의 본질과 S&OP 프로세스에 대해 정말 반복적이고 디테일한 교육을 진행해야 하고, S&OP 프로세스 운영에 필요한 스프레드시트를 정립한 후, 스프레드시트 기반의 비즈니스 리듬을 통해 존재의 이유와 R&R을 재정립하며, 필요시 인원과 조직의 통폐합 또한 검토해야 한다. 하지만 여러분도 알다시피, 사람 사는 세상에서 R&R, 조직, 사람 관련 이슈는 항상 불편하다. 그렇다고 마냥 손 놓고 방치할 수도 없다. 왜냐하면, 애매모호한 상태로 장시간 흘러가면 경계선상과 경계선 사이에서 다양한 이슈들이 끊임없이 발생하고, 이 과정에서 하부 담당자들의 불신과 매너리즘이 증가하며, 결국 조직 운영 방식은 '개구리가 찬물에서 삶아지는 방식'과 유사하게 비효율적, 비생산적, 비유기적 상태로 굳어져 버리기 때문이다. 이때 현실적으로 가장 좋은 방법은 경영진 또는 인사 조직이 적극적으로 개입하는 것이다. 하지만 이 또한 쉬운 일은 아니다. 왜냐하면, 경영진과 인사 조직이 올바른 방향과 속도로 의사결정을 할 수 있도록 최대한 객관적으로 뒷받침해 주어야 하고, 최대한 객관적으로 뒷받침을 하더라도 경영진과 인사 조직 또한 사람이고 개인의 처세 또한 무시할 수 없기에 '어떤 방향과 속도로 어떻게 나아갈지'는 알 수 없기 때문이다. 여러분도 느껴 보았겠지만, '나와 같이 생각하고 행동하도록 상대방을 이해시키는 것'이 쉬운 일인가? 게다가 사람마다 인생을 살아가는 가치관과 처한 상황이 다르고, '자신에게 피해가 가지 않는 수준에서 적절하게 처세하는 것'이 보편적인 현실이다 보니, 좀처럼 속도를 내지 못하거나 엉뚱한 방향으로 흘러가는 경우가 많다.

제 **4** 장

# 산포와 분산을 줄여라

프로세스에서 산포와 분산이 많으면 결과가 일정하지 않고 들쑥날쑥하게 되기에, "산포와 분산을 줄여야 한다."라는 말을 많이 들어 보았을 것이다.

- ■ 산포(散布)
- - 흩어져 퍼지거나 흩어 퍼뜨림
- ■ 분산(分散)
- - 갈라져 흩어짐

일반적으로 산포와 분산을 줄이기 위해서는, 프로세스를 놓고 근본적으로 검토한 후에, 표준화·단순화를 거쳐 시스템화하는 것이 가장 좋으나, 현실은 생각처럼 쉽지 않으며 그 사유는 개략적으로 다음과 같다. 산포와 분산 이슈로 프로세스를 표준화·단순화하려면, 우선 프로세스의 AS-IS를 보고, 표준화·단순화는 잘되어 있는데 실제 실행 규칙을 따르지 않아서 이슈가 발생한 것인지, 아니면 실행 규칙은 제대로 따르고 있는데, 표준화·단순화가 잘못되어 이슈가 있는 것인지에 대해 검토해야 한다. 규칙을 잘 따르지 않은 거라면, 교육 훈련과 평가 체계를 강화하는 방식으로 진행하면 되지만, 표준화·단순화가 잘못되었다면, 표준화·단순화가 제대로 반영된 TO-BE를 도출해 내야한다. 만약 TO-BE를 도출함에 있어 프로세스가 여러 부서에 또는 여러 사람에 걸쳐 있다면, 자료를 준비하고 협업 회의를 시작해야 하는데, 프로세스를 바라보는 시각에서 주관부서가 명확하지 않으면, 누가 자료를 준비하고 Start 할 것인지부터 이슈가 되어 시작부터 난항을 겪게 된다. 그리고 프로세스에 걸쳐있는 부서나 사람이 매너리즘에 빠져 있어 변화되는 상황이 그리 달갑지 않다면 시작해도 속도가 나지 않는다. 게다가 직급과 계급의 한계는 정치적 그리고 소통 이슈를 발생시켜 추진을 어렵게 만들기도 한다. 즉, 개선을 위한 교육 훈련과 평가체계가 반영된 지속적 실행은 그다음 이야기이다. '협업 회의를 시작하고 내용을 정립하는 것부터 어려울 수 있다'라는 것이다. 본인의 경험에 비추어 보면, **대부분의 구성원은, 자신이 소속된 부서, 그 부서 안에서도 제한된 특정 분야에서 문제를 찾아 개선하는 데 익숙해져 있고, 본인이 해 오던 일의 범위를 벗어나 AS-IS를 검토하는 것부터 부담스러워 했기에, 보다 변화된 TO-BE 도출을 기대하긴 어려웠다.** 따라서 프로세스 개선 노력이 진행된 경우는, 진정으로 프로세스를 개선하여 표준화·단순화하고 싶어 하는 사람이, AS-IS, TO-BE를 다 분석해서 자료를 만들고, 이 자료를 근거로 회의를 소집해서 발표하는 형식이 주를 이루었다. 그런데 발표 시 긍정적인 목소리가 아니라 말로만 훈수를 두는 사람들이 증가하게 되면 회의는 난잡하게 되고, 다시 검토 후에 회의를 진행하자는 결론으로 연계되기도 하였다. 이러한 경우 발표하는 구성원 입장에서는 의지가 꺾일 수밖에 없다. 왜냐하면, 프로세스 개선은 본인이 매일 해야 할 일 외에도 추가적인 노력을 통해서 혁신적 업무를 진행한 것인데, 달갑지 않은 소리를 듣게 되면 상대적인 박탈감에 사로잡히기 때문이다. 따라서 프로세스 관련 이슈들은 최고 경영자 직속으로 프로세스 혁신 조직을 구축 후 자체 진행하거나, 외부 컨설턴트의 도움을 받는 방법이 현실적이다. 단, 여기서 강조하고 싶은 것은, 프로세스 혁신 조직이나 구성원들이 갖추어지지 않은 상태에서 외부 컨설턴트만 활용하는 것은 지양해야 한다는 점이다. 왜냐하면, 각 분야 또는 부서별 구성원들에게 현업을 지속하면서 컨설턴트와 추가 업무를 진행하게 하는 것은 현실적으로 '보여 주기 방식'에 가깝기 때문이다.

　지금부터 이야기하는 내용들은 산포와 분산에 영향을 미치기에 개선을 추진했던 내용들이다. 산포와 분산에 직간접적으로 영향을 미치는 요인들은 정말 많지만, 본서에서는 Logistics Management에 관련되고, 본인이 진행했던 분야 중에서도 일부 내용만 선정하여 이야기하고자 한다. 다음의 사례에서 보면 알겠지만, 산포와 분산의 감소는 프로세스를 안정시켜 주고, 경제성과 효율성에 많은 긍정적인 영향을 미친다.

# 4.1 용기 실물과 데이터 일치

여러분이 소대장이라고 생각해 보자. 소대에 인원이 몇 명인지도 모르고, 인원이 어디에 있는지도 모르고, 소대원들이 화기와 탄약을 얼마나 보유하고 싸우는지도 모른다면, 과연 전투를 할 수 있겠는가? 전투를 준비하고 실행함에 있어 가장 기본이 되는 것은, 인원과 장비, 탄약, 식량 등의 가용자원을 얼마나 보유하고 있는지를 우선 파악하는 것이다. 이것에 따라, 추가로 인원, 장비, 탄약, 식량을 공급받을 것인지, 받지 않을 것인지를 판단하여, 상급 및 인접 부대와 연계한, 혹은 단독적인 전투 계획을 상세하게 수립할 수 있다. 예를 들어, 기업 내에 원료를 보관하는 탱크가 있다고 치자. 아마도 보관 탱크를 가지고 있는 대부분의 기업은 일정한 점검 주기를 정립하고, 정례화된 일자 및 시간에 얼마의 원료가 보관되어 있는지를 체크할 것이기에, 설비에 고장이 없다면 보관 탱크에 담겨 있는 원료가 얼마나 있는지는 어렵지 않게 알 수 있다. 그런데, 수만 BT 이상의 용기를 보유 및 운영하는 가스 산업에서는 몇 BT 용기를 보유하고 있는지에 대해, 대략 몇 BT, 또는 한 몇 BT 정도의 수준으로 이야기할 뿐, 명확한 데이터로 이야기하지 못하는 경우를 종종 볼 수 있다. 용기는 가스를 고객에게 이동하는 역할을 한다. 그런데 실시간 용기 상태별 수량을 잘 모른다면, 과연 다양한 고객의 수요에 부합하는 공급 계획을 적기에 수립할 수 있을까? 그리고, 신규 고객을 확보함에 있어서 적기 대응 계획을 제시할 수 있을까? 왜 용기에 대해서는 이렇게 관대한 것일까? 앞에서도 이야기하였지만, 용기가 증가할수록 투자 비용 외에도 여러 가지 추가 비용이 발생한다. 이러한 비용은 굳이 발생하지 않아도 되는 낭비이며, 기업을 운영하는 Owner 입장에서는 당연히 아깝게 버리는 비용이다. 그리고 용기가 증가할수록 안전·환경 이슈 또한 증가한다. 이러한 현상에 대해서는 여러 가지 원인이 있겠지만, 본인은 수만 BT 이상의 용기를 보유 및 운영하고 있을 지라도, 용기보다는 가스에 대한 인식이 높고, 용기와 관련된 업무들은 열심히 해도 타 분야에 비해 겉으로 잘 드러나지 않으며, 용기 관련 업무들이 주로 3D(Dirty, Difficult, Dangerous)에 해당하기에, '인식의 폭이 넓게 확대되지 않았기 때문'이라고 판단한다. 다음은 실제로 있었던 일이다. 사무직 인원 중에는 현장을 모르고 탁상공론으로 이야기하는 구성원들을 자주 볼 수 있었기에, 본인은 사무직이 채용되면 일정 시간 동안 현장 경험을 습득하도록 스케줄에 반영하는 편이다. 그런데 당황스럽게도 채용된 사무직 직원을 현장에 보냈더니 몇 시간 뒤 바로 그만두었고, 미안한 마음을 포함해 여러 가지 복잡한 심경이 교차했다. 본인의 취지는 조직 구조상 사무직군이 관리자를 할 가능성이 크기에, 현장을 제대로 알지 못하면서 '말로만 아는 척' 이야기하는 '정치 관리자'가 되지 않았으면 하는 취지에서 진행한 것인데, 해당 직원이 이 부분을 잘 이해해 주지 못하여 아쉬웠다. 이처럼 용기 관련 분야 업무들은 보편적으로 그리 달갑게 받아들여지는 분위기가 아니다. 따라서 용기 관련 분야 업무들은 전담 운영 부서를 구축하고 세세하게 관리하지 않으면, 올바른 방향과 속도로 관리 프로세스를 구축하기 어려운 것이 현실이다.

다시 본론으로 돌아와서, 고객 납품, 고객으로부터 회수, 내부 물류 등을 통해 매일 X,XXX BT 수준의 용기가 움직이고 있다면, '용기를 상태별, 위치별로 체크하는 것'은 정말 어려운 일이기에, 만약, 수작업, 또는 반 수작업에 의존하고 있다면 하루라도 빨리 정보 시스템을 구축해야 하고, 정보 시스템을 구축한 상태라면 실제 실행(체크)이 잘되도록 해야 한다. 하지만, 정보 시스템이 구축되어 있더라도 용기 체크 관련 업무들이 잘 실행되게 하기는 쉽지 않다. 예를 들어, 용기는 부피가 크고 중량물인 데다가 안전·환경 규제가 있다 보니, 컨베이어 벨트가 적용된 물류 장비나 시설을 구축하기가 쉽지 않다. 즉, 용기별 바코드 스캔을 위해서는 몸을 움직여서 이동해야 한다. 본인도 실제로 해 보니 정말 귀찮고 번거로웠다. 이러한 점을 고려하여 정보 시스템을 통해 용기를 관리하려면, 공정 시작 종료 데이터만 생성되어서는 안 되고, 위치별 IN - OUT 데이터까지 생성되어야 한다. 만약 위치 데이터 관리가 간과되면, 용기를 회수할 때부터 체크를 하지 않을 가능성이 상존하고, 이러한 현상이 지속된다면, 용기의 과부족, 용기의 정체 상태 등을 파악하는 데 많은 제한이 따를 뿐만 아니라 적정 용기 운영 수량을 판단하고 정립함에 있어서도 많은 부정적인 영향을 받을 수밖에 없다. 실제로 상당 기간 동안 회수되는 시점에서 명확하게 체크하지 않은 결과, 용기 데이터와 실물이 어느 정도 일치하는지를 알 수 없었고, 이로 인해 용기 재물조사를 1년 6개월 동안 시행한 적이 있다. 재물조사 방식은 회수 용기가 사내에 도착하자마자 체크하는 것이었으며, 재물조사 기간 중 체크하는 구성원들은 바뀌지 않았고, 동일한 교육과 수준을 유지하는 상태였다. 1년 6개월 동안 체크한 결과, 정보 시스템에 등록은 되어 있는데 실물이 확인되지 않은 용기는 전체 자산의 25% 수준이었다. 분명 출하 시 정보 시스템에 등록하여 고객에게 납품된 흔적은 있는데, 1년 6개월 동안 재물조사 과정에서 실물을 확인할 수 없는 용기들이 상당 부분 존재하였다. 도대체 이 용기들은 어디에 있다는 것인가? 정보 시스템에 문제가 있다는 것인지? 그리고 "용기 재물조사를 1년 6개월 했다."라고 언급했는데, 용기 데이터를 관리함에 있어서 주의할 점은, 수만 BT 이상 용기를 운영하면서 틀어진 데이터를 바로잡기 위해서는 '많은 시간과 노력이 소요된다'라는 것이다. 고객에게 납품된 용기는 일정한 기간(시간) 간격으로 회수되지만, 일정하지 않은 기간(시간) 간격으로 회수되기도 한다. 그래서 정보 시스템상의 용기 번호와 실물을 하나하나 대조하는 작업은 최소 1년에서 2년 정도 소요된다. 여기까지는 실제 운영되는 수량이 몇 BT 인지만 파악하는 것이다. 이것이 우선 밑바탕이 되어야 하지만, 실제로 운영되는 수량이 몇 BT 인지를 벗어나, 총 수명주기 관리 체계 관점에서 용기 관리를 위한 데이터와 실물 일치 작업은 더 복잡하고 해야 할 일이 많다. 총 수명주기 관리 체계 관점에서 용기 실물과 데이터를 일치하는 작업은 실제 용기를 보고(용기 표면 정보 확인, 용기 캡을 열고 밸브 정보 확인 등), 다시 정보 시스템을 보고 하나하나 대조해 봐야 하는데, 작업 시간이 정말 많이 소요된다. 그렇다고 실물과 비교해서 잘 못된 데이터를 찾았다고 할지라도 무작정 수정할 수도 없다. 예를 들어, 상당 기간 잘못된 Logic을 적용하여 충전기한을 입력한 경우, 잘못을 인지한 후, 모든 용기의 충전기한을 일시에 수정하게 되면, 갑자기 충전할 수 없는 용기들이 대량 발생한다. 이를 해결하기 위해서는 모두 재검사를 받아야 하는데, 재검사 기간 중에는 운영 용기가 부족하게 된다. 게다가 충전기한 데이터를 갑자기 수정하면 현재 고객이 사용 중인 용기들 중, 충전할 수 없는 용기에 충전해서 납품한 경우도 발생한다. 그리고 원본 성적서를 통해 수정해야 하는 데이터인데 원본 성적서가 존재하지 않는다면, 향후 재검사를 통해 발행받는 재검사 성적서로 조치를 해야 하기에 시간을 가지고 점진적으로 해야 하는 경우도 발생한다. 혹자는 왜 이렇게까지 데이터와 실물이 일치함에 있어서 단순히 수량뿐만 아니라 "세세한 부분들까지 같이 관리해야 한다."라고 이야기하는지 궁금해할 수 있다. **가스 용기는 단순히 몇 BT의 수량이 있는지를 안다고 해서 매끄럽게 관리되지 않는다.** 충전기한이 도래하면 재검사를 받아야 하고, 용기 외부 각인과 성적서가 일치하지 않으면 수출입과정에서 밀수품으로 오해받게 된다. 그리고 정보가 맞지 않는 용기가 고객에게 납품되었는데, 혹 고객에서 Leak 등으로 인한 문제 발생 시에 용기 정보가 맞지 않는다는 것이 뒤늦게 드러나게 되면, 고객의 불신은 증가하게 된다. 게다가 규격이 상이한 밸브가 조달될 수도 있는 등, 용기 수량뿐만 아니라 세세한 정보들까지 Package 하여 관리하지 않으면, 용기 관리 프로세스에 산포와 분산이 너무 많이 발생하게 된다. 그렇다면, 총 수명주기 관리 체계 관점에서 용기 데이터와 실물을 일치시키려면 어떻게 해야 하는가? 그 방향을 다음의 표로 개략적으로 나타내었다.

| 구분 | | Example 용기 재물조사 시 조치 | 데이터 수정 | | | |
|---|---|---|---|---|---|---|
| | | | X를 통해 조치 | Z를 통해 조치 | Y를 통해 조치 | |
| 1 | 용기 번호(정보 시스템) | NK-G100 | o | | | |
| 2 | A | A | | | o | |
| 3 | 용기 각인 | H2/N2 | o | | o | |
| 4 | B | B | | o | | |
| 5 | G | G | | | o | |
| 6 | 용기 사이즈 | 440L | o | | | |
| 7 | C | C | o | | | |
| 8 | 검사 규격 | GS/DOT | o | | | |
| 9 | D | D | o | | | |
| 10 | 검사 일자 | 2017-04-17 | | | o | |
| 11 | E | | | | | o |
| 12 | 용기 제작 일자 | 2012-05-10 | | o | o | |
| 13 | 고객사 | Wuxi | | | o | |
| 14 | F | F | | | | |

상기 표 중에 용기 번호(정보 시스템) 관련 이야기를 잠시 하면, 용기 번호에 신뢰성이 낮아진 상태라면, 회수 용기를 대상으로 인내심을 가지고, 직접 실물을 보고 후속 조치하는 방법밖에는 없다. 단, 정말로 인내심이 요구되는 작업이기에, 이 작업을 진행하는 인원들은 소수로 한정하고, 똑같은 교육을 반복적으로 진행하여 한 사람이 작업한 것과 같은 결과가 나타나도록 해야 한다. 게다가 회수된 용기 하나하나를 실물과 대조하는 작업은 모든 과업이 종료된 이후(평일 야간, 주말)에 진행해야 하므로, 충분한 배려와 보상 또한 뒷받침되어야 한다. 그리고 기존 구성원들에게서 반발이 있을 수 있다. 왜냐하면, 시대가 시대인 만큼, 용기가 얼마나 있는지 전혀 파악하지 않고 조직을 운영하는 곳은 없을 것이다. 실제 효과는 낮으나 행사 차원의 형식적인 수준에서

라도 진행은 하고 있다. 따라서 본인들이 6개월 또는 1년 단위로 재물조사를 진행해 왔는데, 갑자기 못 믿겠다며 '방법을 변경하여 재물조사를 하겠다'라는 것을 대단히 불편해한다. 하지만, 연 1~2회 공장 가동을 중지하고 하루나 이틀 정도 진행하는 방식은 '데이터는 있는데 실물이 없는 용기'에 대해서는 확인이 불가하다. 실물과 데이터 간 100% 일치 여부를 명확하게 말할 수 없다고 하면서, 전반기 한 번, 후반기 한 번 공장 가동을 중지하고 사업장 내의 용기를 확인한 후, "사업장 내에 없는 용기는 모두 고객에게 있다."라고 이야기하는 방식의 재물조사는, 어찌 보면 '보여 주기 방식'이나 '행사' 등에 가깝다. 그리고 이러한 방식의 재물조사는 한번 틀어진 용기 데이터를 근본적으로 일치시킬 수가 없다. 왜냐하면, 용기 번호만 확인하는 방식이기에 수량의 일치는 어떨지 몰라도 관련된 모든 정보까지 일치될 수 있도록 진행하는 것은 불가능하기 때문이다. 가스 용기는 유독물을 충전해야 하는 특성으로 인해, 법규를 충족하려면 용기 번호와 연계된 부가 정보들까지 제대로 관리되어야 한다. 그리고 용기 번호와 연계된 부가 정보들이 제대로 관리되면, 부가 정보들의 가시화로 인해 다른 분야 업무들에 긍정적 효과가 나타난다. 따라서 이러한 점을 고려하지 않고 용기 번호만 확인하는 재물조사는, 총 수명주기 관리 체계와 연계되지 않을 뿐만 아니라, 용기와 연관된 타 분야 업무에 별 도움이 되지 않는다.

다음의 표는 용기 데이터 정확성이 낮아진 상태에서, 데이터와 실물을 일치시키기 위한 재물조사 시 '반드시 확인해야 하는 분야'와, '어떠한 방법으로 확인해야 하는지', 그리고 이러한 것들이 제대로 후속 조치가 이루어지면 '어떤 긍정적 효과가 발생하는지'에 대해 나타낸 표이다.

| 순번 | 확인 분야 | 확인 방법 | 긍정적 효과 |
|---|---|---|---|
| 1 | 용기 번호 (정보 시스템) | 용기 XXXXXX를 통해 실제 각인과 정보 시스템 용기 번호 비교 | 용기 번호 중복 여부, 실제 회전하고 있는 수량 확인 가능 |
| 2 | A | A | 법규 준수(「고압가스 안전 관리법」, 「관세법」 등) 예) 수출입 시 이슈 제거(용기 외관 각인, 성적서, COA 일치) |
| 3 | 용기 각인 | 각인별, 사이즈별, 검사 규격별, 밸브 Type별 용기를 구분 정렬해 놓고 In, Out시 나타나는 정보 시스템 데이터와 비교. 만약 비교 과정에서 정보가 상이하여 혼란을 초래한 경우에는… | 정보 시스템 신뢰성 향상 |
| 4 | B | B | 자산 수량 확인 → 용기 Balancing의 기초 |
| 5 | 제품, 상품 용기 구분 | 용기 각인을 가스 품목과 비교 | 공급사에 충전을 요청해야 하는 상품 용기 가시화(적시, 적량 충전 요청 가능) |
| 6 | 용기 사이즈 | 용기 실제 사이즈와 In, Out 시 나타나는 정보로 비교하고, 만약 비교 과정에서 혼란을 초래하는 경우에는… | Z |
| 7 | C | C | 밸브 운영 수량 기준을 제공 |
| 8 | 검사 규격 | L | L |
| 9 | D | D | - 용기 운영 수량 검토 시 기초 정보 제공<br>- 내부 공정 진행 시 기초 정보 제공 |
| 10 | 검사 일자 | K | X |
| 11 | 충전기한 | 용기 제작 일자 각인과 검사 일자 각인을 확인 | 용기 운영 수량 검토 시 기초 정보 제공. 특히 가스 충전 가능 여부를 판단하는 데 있어서 중요함(충전기한 자동 산정 Logic 운영). |

| 12 | E | E | Y |
|----|------|----------------------------------------------------|---|
| 13 | 고객 | 용기 회수 시 부착된 스티커 정보, XXXX<br>작업 시 나타나는 정보를 비교 | W |
| 14 | F | F | S |

그리고 용기는 실시간 위치까지 Visibility가 가능한 시스템을 구축해야 한다. 그래야 프로세스를 개선할 수 있는 기반이 마련된다. 정말 우스운 이야기지만, 실제 있었던 사례를 이야기하면, 영업직원이 제품 확보 이슈로 공급 프로세스의 구성원에게 물었다. "정보 시스템에는 용기가 있는 것 같은데, 가스를 충전할 용기가 없다고 하는 것이 이해가 되지 않습니다." 그러자 공급 관리 프로세스에 있는 구성원이 다음과 같이 이야기를 하였다. "그렇다면 당신이 용기가 어디에 있는지 찾아서 알려주세요." 여러분이 보기에는 어떠한가? 실제 이런 일이 발생했을까 하는 의문이 들기도 하겠지만, '실제로 자주 발생했던 이야기'이다. 그리고 5만 BT 이상의 용기를 보유하고 있는 가스 공급 기업의 Owner로부터 직접 들었던 이야기이다. "용기가 있다고 하는데 실제 충전 가능한 용기가 없어 생산이 잘 안 되고, 용기가 없다고 하는데 충전 가능한 용기가 있어 생산이 되기도 합니다. 이러한 현상이 왜 발생하나요?"

# 4.2 용기 관련 법규의 이해와 준수

어떤 업종이든 사업과정에서 법규를 준수해야 하는 것은 당연한 일이다. 그런데 여러분이 생각하기에, 법규 준수가 산포, 분산과 어떤 관계가 있는지 의아할 수도 있다. 간단히 이야기하면, 가스 산업의 경우 위험한 비즈니스로 분류되어 준수해야 할 법규가 타 업종에 비해 적지 않은 편이기에, 법규를 위반하게 되면 다양한 변수가 발생하여 용기 운영이 쉽지 않고 제한되는 상황으로 연계된다. 따라서 용기와 관련하여 다양한 산포와 분산이 발생하지 않도록 관련 법규의 이해와 준수가 필요하다. 다음의 표는 법규에 있는 용기 관련 분야, 그중에서도 일부분만 나열해 보았다.

| 제3조 | ◎ '용기(容器)'란 고압가스를 충전(充塡)하기 위한 것(부속품을 포함한다)으로서 이동할 수 있는 것을 말한다. |
|---|---|
| 제2조 | ◎ '충전 용기'란 고압가스의 충전 질량 또는 충전 압력의 2분의 1 이상이 충전되어 있는 상태의 용기를 말한다.<br>◎ '잔가스 용기'란 고압가스의 충전 질량 또는 충전 압력의 2분의 1 미만이 충전되어 있는 상태의 용기를 말한다.<br>◎ '용접 용기'란 동판 및 경판을 각각 성형하고 용접하여 제조한 용기를 말한다.<br>◎ '이음매 없는 용기'란 동판 및 경판을 일체(一體)로 성형하여 이음매가 없이 제조한 용기를 말한다. |
| 제19조 | ◎ 법 제11조 제5항에 따른 안전관리규정의 실시기록(전산보조기억장치에 입력된 경우에는 그 입력된 자료를 말한다)은 5년간 보존하여야 한다. |
| 제23조 | ◎ 고압가스 제조자는 법 제13조 제2항에 따라 별표 18에 따른 기준에 따라 용기의 안전 점검을 하여야 한다.<br>◎ 고압가스 제조자는 제1항의 점검 결과 부적합한 용기를 발견하였을 때는 점검기준에 맞게 수선·보수를 하는 등 용기를 안전하게 유지·관리하여야 한다.<br>◎ 고압가스 제조자 및 고압가스 판매자는 법 제13조 제4항에 따라 별표 18에 따른 기준에 따라 용기를 안전하게 유지·관리하여야 한다.<br>◎ 고압가스 제조자 또는 고압가스 판매자가 용기에 가연성가스 또는 독성가스를 충전하거나 용기에 충전된 가연성가스 또는 독성가스를 판매하는 경우에는 |

| 제23조 | ◎ 법 제13조 제5항에 따라 그 충전·판매 기록을 작성(전산보조기억장치에 입력하는 경우를 포함한다)하여야 한다. |
|---|---|
| 제39조 | ◎ 법 제17조 제2항에 따라 재검사를 받아야 하는 용기 등의 재검사기간은 별표 20과 같다. |
| 제41조 | ◎ 법 제11조의 2에 따른 제조 또는 수입한 용기 등에 대한 표시방법은 별표 24와 같다.<br>◎ 법 제17조 제4항에 따른 합격 용기 등에 대한 각인 또는 표시방법은 별표 25와 같다.<br>◎ 법 제17조 제1항 단서 및 영 제15조 제1항에 따라 검사의 전부가 생략되는 용기 등에 대하여는 시장·군수 또는 구청장이 정하는 바에 따라 자체검사표시를 하여야 한다. |

그동안 다양한 법규 위반 사례를 검토해 본 결과, 고의적이기보다는 업무과 정에서 대수롭지 않게 생각하고 간과하거나, 책임 있고 명확한 의사결정이 없 는 상태에서 하위 담당자들의 임기응변식 조치로 인해 발생하였음을 알 수 있었다. 앞에서도 언급했지만, 법규에 위배된 것을 인지한 이후 다시 법규를 준수하기 위해 바로잡는 과정은 정말 오랜 시간이 소요되었다. 왜냐하면 용 기는 고객별 일정 기간(시간)을 가지고 지속 회전하는데, 용기가 회전되어 돌 아오는 기간에 차이(1주에서 몇 개월, 1년 등)가 발생하기 때문이다. 앞에서도 언 급했지만, 특히 충전 일자 관련 문제의 경우, 문제를 인식하고 일시에 데이터 를 수정하게 되면, 대량으로 충전 불가능한 용기들이 발생하고 이는 운영 용 기 부족으로 이어져 고객 납품에 차질을 빚게 된다. 설상가상으로 재검사 협 력사 Capa마저 부족하다면, 문제는 더 장기화된다. **따라서 모든 일을 시작함 에 있어 법규와 원칙을 지키는 것이 어떻게 보면 당장은 불편할 수 있어도, 궁극적으로는 프로세스를 안정화시켜 중·장기적 납품 안정성을 보장하게 만 든다.** 그리고 법규를 위반하지 않도록 운영하는 것도 중요하지만, 법규를 정 말 명확하게 이해하고 적용하는 것도 중요하다. 왜냐하면 법규를 명확하게 이해하지 못한 상태에서 실행한 결과, 이를 바로잡는 데 정말 많은 시간이 소 요되었기 때문이다. 하지만 법규를 잘못 이해하는 것이 가스 공급 기업만의 잘못은 아니라고 본다. 왜냐하면 다소 오해의 소지가 발생할 가능성이 있는 법규 내용을 본 적도 있기 때문이다.

# 4.3 계획 수립 및 연계, 계획 대비 실행 점검

> ■ 프로세스
> - 작업 현장에서 생산과정에 따라 작업자가 몇 개의 작업장소를 차례로 옮겨가면서 작업할 때, 그 작업 내용과 상호관계를 순서에 따라 조사함으로써, 작업을 합리적이고 효율적으로 할 수 있도록 하는 것을 말한다.

프로세스에 대한 많은 용어 정의가 있지만, 상기 프로세스에 대한 정의는 산업안전대사전에 있는 용어 정의를 인용하였다. 본인이 '프로세스'에 대한 정의를 언급한 이유는, "프로세스는 계획과 실행으로 이루어진다."라는 것을 이야기하고 싶기 때문이다. 가스 공급 기업이 고객에게 가스를 제공하기 위해 유지해야 하는 대표적 프로세스에는, 수요 관리, 용기 회수, 전처리(잔류가스 처리, 배기), 충전, 검사(내부, 외부), 포장, 보관 및 분류, 하역 및 운송 등이 있다. 이 각각의 프로세스는 다시 Sub 프로세스로 세부 분류되며, Sub 프로세스는 다시 Task와 Activity 등으로 세부 분류된다. 이러한 프로세스, Sub 프로세스, Task와 Activity는 크고 작은 계획과 실행으로 거미줄처럼 엮여 있다. 이 대목에서 여러분에게 질문하고 싶다. "계획이 먼저인가, 실행이 먼저인가?", "계획 낳고 실행 낳았나, 실행 낳고 계획 낳았나?"에 대해 여러분은 어떻게 생각하는가? 이에 대해 본인은 계획이 실행에 영향을 주는 것은 당연하고, 실행을 통해 계획을 다시 변경하기도 하므로, '닭이 먼저냐, 달걀이 먼저냐?'로 생각하고자 한다. 단, 명확하게 이야기할 수 있는 것은 "프로세스에 계획이 없어서는 안 된다."라는 것이다. 따라서 계획들이 제대로 수립되어 있지 않고, 혹 수립되어 있더라도 보여 주기 방식의 수준에서 연계되고 있는데 실행이 제대로 이루어지기를 바란다면 정말 지나친 욕심이다. 예를 들어, 기업 내 유일하게 생산 계획만 CEO가 관심을 갖는 수준으로 수면 위에 있었고, 생산 계획 R&R이 있는 조직의 경영인이 다음 달 생산 계획을 매월 말에 CEO에게 보고하고 전사 내에 공유하는 것이 정례화되어 있었다. 그런데 CEO에게 보고한 이후 실제로 직접 일을 하는 생산 계획 담당자는 CEO에게 보고한 월 단위 생산 계획을 매일 변경하였다. 왜냐하면 생산 계획에 영향을 주는 변수들이 매일 발생하였기 때문이다. 그런데 이러한 현상은 너무도 당연한 것이다. 피상적으로 보아도 다른 계획들이 제대로 수립, 연계, 운영되지 않고 있는데, 어떻게 앞으로 '1개월 생산 계획을 확정할 수 있다'라는 것인가? 가스 공급 기업의 대표 프로세스가 수요 관리, 용기 회수, 전처리(잔류가스 처리, 배기), 충전, 검사(내부, 외부), 포장, 보관 및 분류, 하역 및 운송 등이라고 앞에서도 언급했는데, 생산 계획은 Max로 봐도 전처리, 충전 프로세스까지만 Cover한다. 즉, 한마디로 이야기하면, 생산 계획만 운영하면서 고객에 적기, 적소, 적량의 가스 공급, 그리고 경제성, 효율성, 효과성을 추구한다는 것 자체가 어불성설이다. 그런데 상당 기간 동안 생산 계획만을 기준으로 고객과 연관된 이슈들에 대해 임시방편적으로 해결하고자 노력할 뿐, 근본적으로 검토하려고 하지는 않았다 다음은 가스 공급 기업에서 유지해야 하는 계획들과 계획들 간의 연계를 나타내는 그림이다. 용기·상품·원료·밸브 조달, 재검사 계획 등은, 공급사, 제작사 등과 일정 수준 이상의 SCM 또한 유지하고 있어야만 제대로 된 계획 수립이 가능하다.

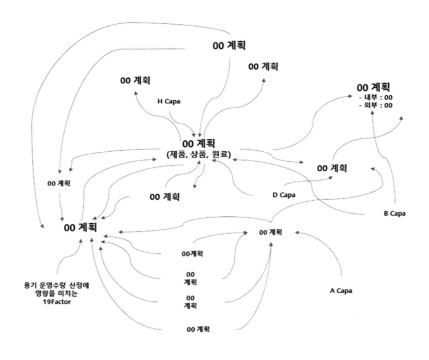

통합 계획은 수요를 Main으로, 용기, 밸브, 완제품 재고 보유 수준, 생산(충전), 검사(분석) Capa등이 Sub로 검토되어 수립되며, 판매, 생산, 검사(가스, 외관), 출하(외관 포장 포함), 조달 계획 수립의 근간이 된다. 통합 계획을 수립함에 있어 일반적인 업종에서는 수요, 재고 수준, 생산, 품질, 출하 Capa 등이 필요하겠지만, 수만 BT 용기를 운영하는 다품종 수요·공급 형태의 특수가스 산업에서는, 가스 충전을 가능하게 하는 자재이며 물류를 일으키는 주체인 용기에 대한 조달 및 운영 계획도 반드시 필요하다. 왜냐하면 용기가 없다면 가스 충전을 할 수 없기 때문이다. 생산 계획은 통합 계획을 Main으로, 전처리 계획을 Sub로 검토하여 수립되며, 검사(가스, 외관) 계획은 통합 계획을 Main으로, 생산(충전) 계획, 상품 조달, 상품 출하, 원료 조달 계획을 Sub로 검토하여 수립하게 된다. 상기에 있는 도식을 보면 알겠지만, 각 계획은 다양하게 연계된다. 이러한 점에서 수요 예측, 수요 계획, 판매 계획을 제외한 모든 계획은, 가급적 R&R을 통합하여 통합된 기능에서 수립할 필요가 있으며, **이렇게 되면 인력 운영 측면에서도 효율적이다.** 예를 들어 용기 운영 계획을 수립하는 구성원은, 수요 예측 및 계획, 통합 계획, 전체공정 Capa, All L/T(Inbound 및 Outbound상에 존재하는 모든 프로세스), 조달 계획, 재검사 계획, 밸브 운영, 상품 운영, 원료 운영, 용기 회수 등을 잘 이해해야 하고, 통합 계획을 수립하는 구성원은 수요 예측 및 계획, 용기 운영 계획, 생산(충전) 및 검사공정 Capa, 재고, 상품 운영 등을 잘 이해해야 하며, 생산(충전) 계획을 수립하는 구성원은, 전처리와 생산(충전) 공정 Capa 등을 잘 이해해야 하고, 검사(분석) 계획을 수립하는 구성원은 생산(충전), 원료 운영, 상품 운영 등을 잘 이해해야 한다. 그리고 출하, 운송 계획을 수립하는 구성원은 판매 계획, 검사 계획, 재고 계획 등을 잘 이해하여야 하며, 재검사 계획을 수립하는 구성원은, 용기 운영, 전처리 계획, 밸브 운영, 운송 등을 잘 이해해야 하고, 전처리 계획을 수립하는 구성원은, 용기 운영, 밸브 운영, 조달 계획, 회수, 잔류가스 처리, 재검사 계획 등을 잘 이해해야 한다. 즉, 계획을 수립하는 구성원들 간에 이해해야 하는 분야가 상당 부분 중첩되며, 계획 간 연계성으로 인해, 구성원 상호 간에 유기적으로 반응해야 하고 많은 공감대 또한 형성되어 있어야 한다. 그런데 각각 따로 떨어져 있으면 아무리 프로세스로 연결되어 있다고 하더라도, 사람이 하는 일이기에 현실에서는 기능 간 경계선에 의해 회의 날짜를 별도로 지정하고 별도 협의를 해야 하는 상황이 발생할 수밖에 없다. 즉, 통합된 기능 안에 있다면 담당자 간에 실시간 유기적으로 해결이 가능한 일들도 기능 간에 서로 분리됨으로써 소통, 협의, 합의라는 명목하에 진행해야 하는 단계가 추가되고, 기능을 대표하는 상급자들 간에 원활한 의사 결정이 되기 전까지는 실행 또한 지연된다. 이러한 형태의 조직 운영과 유지는 올바른 방향이더라도 속도의 저하를 가져오게 되고, 굳이 분업화하지 않아도 되는 분야에 구성원들이 각각 운영됨으로 인해 인력 운영 효율 또한 떨어지게 된다. 즉, 조직을 운영함에 있어 **흑백 논리로 통합 및 분권을 따지기보다는 업종과 규모, 환경, 조직문화 등에 따라 조직에 가장 적합한 방식을 찾아야 한다.**

그리고 제품과 상품에 의한 매출이 모두 발생하고 있다면, 수요·공급(S&OP 프로세스) 관점에서 볼 때, 제조공정에 포함된 계획 중, 검사(가스, 외관) 계획의 중요도를 잊어서는 안 된다. 왜냐하면, 검사(분석, 외관) 계획은 상품, 원료, 제품을 모두 취급하는 계획이기 때문에 업무 범위는 생산 계획 못지않기 때문이다. 따라서 검사(분석, 외관) 계획의 중요성이 생산 계획의 중요성에 비해 상대적으로 간과되는 일이 없도록 해야 한다. 그리고 '생산 계획이 중심이 된 공급 프로세스를 기반으로 ERP를 구축 및 운영하고 있다'라는 것은, 전체 최적화 관점이 아닌 재무나 구매의 입장, 필요시 영업 입장에서 운영되는 반쪽짜리 ERP에 가깝다. 왜냐하면, '계획을 수립하지 못한다'라는 것은 기본적인 Capa와 L/T의 가시성이 저조하다는 것이고, 이는 'MRP부터 어렵다'라는 것을 의미하기 때문이다. 실제 각 계획을 수작업을 통해 만들어 보면 각 계획이 필요로 하는 데이터를 표준화해야 하는 필요성부터 부각되기에, 이러한 부분들이 검토 및 반영되지 않은 상태에서 'ERP가 구축 및 운영되고 있다'라는 것은, '겉으로 보이는 것과 실제 운영은 다르다'라는 것을 암시한다. ERP를 구축하기 위해서는 일반적으로 AS-IS 분석을 통해 요구사항을 정의하고, PI 과제를 선정한 이후, TO-BE 정의를 통해 PI를 완료하게 된다. 그리고 데이터 표준화를 위해 기준 정보체계를 수립하며, 프로그램 Addon List를 가지고 Addon 개발(I/F 포함)을 진행한 후, 기준 정보 Upload, Data Cleansing 등의 Migration을 진행하게 된다. 그 이후로 통합 테스트를 거쳐 구축을 종료하게 되는데, 각종 계획이 없었던 상태에서 정리된 TO-BE 관점의 PI는 AS-IS와 상당한 차이가 있고, 어찌 보면 '탁상 공론적인 수준'에서 정리된 것이기에, 정보 시스템이 구축되어도 현실과의 많은 차이로 인해 혼란이 발생한다. 어떤 기능에서는 새로 구축된 ERP 코드를 기준으로 일을 하는 것이 편할 수 있고, 어떤 기능에서는 기존에 운영하던 코드가 편할 수도 있기에, 각자 입장에서 차이를 좁히지 못하고, ERP는 ERP대로, ERP를 제외한 타 정보 시스템은 정보 시스템대로, 엑셀 시트는 엑셀 시트대로 운영된다. 결국, 겉으로 보면 '자동화·현대화를 추구한 것'처럼 보이고, 이로 인해 효율성은 더 좋아졌을 거로 생각하지만, 소요되는 인력과 업무는 줄어들지 않고, **전체 최적화 관점에서 볼 때 불필요한 업무는 증가한다.**

# 4.4 스키드 표준화·단순화

일반적으로 가스 산업에서 사용하고 있는 스키드에 대한 사전적 정의는 없다. 따라서 본서에서는 스키드에 대해 다음과 같이 정의한다.

> ■ 스키드
> - 440L, 930L 용기를 고정 및 이동시키기 위해, 하부에 바퀴를 장착한 강철 재질의 받침대

가스 산업에서는 용기 사이즈별로 이동하는 방식이 다르다. 47L 사이즈의 용기는 한 번에 많은 용기를 이동시키기 위해 크래들(수 개 이상의 용기를 담을 수 있는 강철 재질의 상자)을 활용하며, 440L와 930L 사이즈의 용기는 스키드에 결박하여 이동한다. 그리고 930L를 초과하는 사이즈 용기는 트레일러 차량에 고정하여 이동한다. 아래에 있는 그림은 440L와 930L 사이즈의 용기를 이동시키는 스키드를 나타낸다. 스키드를 구성하는 세부 명칭은 본체, 서포트, 삼각대, 내진패드, 바퀴, 핸들러 삽입을 위한 홀 등이 있으나, 공식적 또는 사전적으로 정의된 명칭은 아니다. 아마도 가스 공급 기업마다 다를 수 있다. 본체는 가로, 세로 방향의 4개의 각관 구조물을 뜻하며, 서포트는 용기와 스키드 사이에서 높이를 조절할 수 있도록 탈부착 가능한 부분품, 삼각대는 용기와 스키드 사이에서 앞뒤 길이를 조절할 수 있도록 탈부착 가능한 부분품, 내진패드는 고객이 가스를 사용하는 과정에서 스키드 고정을 목적으로 부착된 부분품이다. 만약 스키드 바퀴에 움직이지 않게 고정하는 기능이 있고 이 기능이 정말 잘 유지된다면 내진패드는 필요 없다. 그리고 거리가 먼 곳을 이동

할 때는 지게차를 활용하지만, 가스 공급 장치에 탈부착은 수작업으로 해야한다. 홀은 U자 형태의 파이프를 삽입하여 용기가 움직일 수 있도록 도와주는 역할이다.

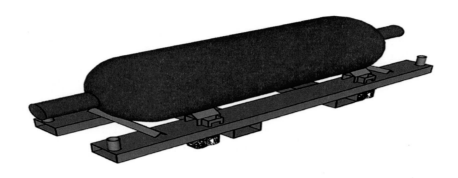

그리고 이러한 스키드의 규격을 결정하는 것은 현실적으로는 고객이다. 왜냐하면, 고객이 자신의 가스 공급 장치 규격을 통보하면 고객의 요구대로 따라가는 것이 일반적이기 때문인데, 고객이 다양해질수록 다양한 규격의 스키드를 보유해야 한다는 단점이 발생한다. 다양한 규격의 스키드를 보유하고 운영하는 것은 가스 공급 기업 입장에서 볼 때 경제성과 효율성이 매우 낮다. 따라서 440L, 930L 사이즈의 용기를 이용한 사업을 진행할 때는, 우선 내부적으로 표준 스키드를 정립한 이후, 표준 스키드에 맞게 고객이 공급 장치를 구축 또는 변경할 수 있도록 노력해야 한다. 어떻게 보면 많은 수량의 440L와 930L 사이즈 용기를 운영하는 경우, 고객의 가스 공급 장치를 표준 스키드 규격에 맞게 변경하는 데 들어가는 노력과 비용이 다양한 규격의 스키드를 보유 및 운영하는 데 들어가는 노력과 비용보다 경제적이고 효과적이다. 그렇다면, 다양한 규격의 스키드를 보유하면 어떤 문제가 발생하는 것일까? 간단히 예를 들어 보면, A 가스를 필요로 하는 고객 B와 C가 있다. 그리고 같은 날짜에 B 고객은 10BT, C 고객은 15BT 납품을 요청하였다. 그래서 A 가스 충전이 가능한 440L 용기를 선별하여 총 25BT를 제조 후, 물류센터로 이동시켰다. 그런데, 물류센터에서 고객사별로 납품을 준비하기 위해 스티커 포장을 하는 과정에서, C 고객에게는 납품이 불가함을 확인하였다. 사유는 스키드 규격이 맞지 않기 때문이다. B 고객과 C 고객은 A 가스에 대한 용기는 공통 사용이 가능한데, 고객별 가스 공급 장치 규격이 상이하여 스키드는 공통 사용이 불가능하기 때문이다. 이와 같은 문제가 발생하지 않으려면, 영업의 수요, 용기 회수, 잔류가스 처리, 배기, 충전, 분석에 이르기까지 모든 과정에서 스키드도 구분해서 이야기해야 한다. 어느 한 과정에서 스키드를 누락하게 되면, 즉 물류센터에 재고는 있는데 납품 가능한 재고는 없는 상황이 발생한다. 다음은 다양한 스키드를 보유하게 되면 어떤 문제가 발생하는지 종합적으로 나타내는 그림이다. 설상가상으로 밸브까지 다양하게 보유하게 되면 더 복잡해진다.

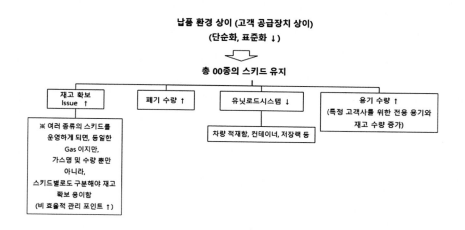

다양한 규격의 스키드 운영은 재고 확보에 있어 더 다양한 산포와 분산을 가져온다. 예를 들어, 440L 사이즈 용기에 NH3 가스를 충전하여 납품하는 제품이 있다. 이 제품의 경우, 용기 사이즈와 가스 품명은 동일한데, 농도와 순도, 밸브 종류, 충전량에 따라 세분화된다(다음의 표는 밸브가 동일한 경우이나, 현실적으로는 밸브 종류 또한 단순화하기 어렵다) 그리고 스키드에 의해서 또다시 세분화된다. 즉, 농도와 순도에 따라 1차로 구분해야 하고, 밸브에 따라서 2차로 구분해야 하고, 충전량에 따라 3차로 구분해야 하고, 스키드에 따라 4차로 구분해야 하는 경우가 발생한다.

| 용기 사이즈 | 가스품명 | 순도 | 밸브 | 충전량 |
|---|---|---|---|---|
| 440L | NH3 | 99.9995 | DISS720 | 207kg |
| | | 99.99995 | | 230kg |

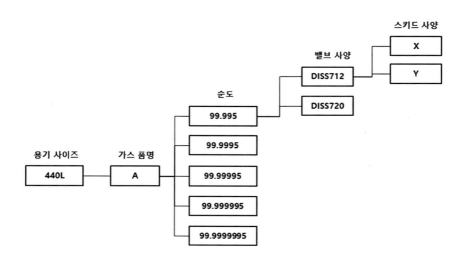

이중, 농도와 순도, 밸브, 충전량은 대부분 고객에 의해 어쩔 수 없이 결정되는 경우가 잦아 고객과 협의가 되지 않는 한 표준화·단순화를 진행하기가 쉽지 않지만, 스키드는 가스 공급 기업에서 어떻게 노력하느냐에 따라 표준화·단순화가 상당 부분 가능하다.

그리고 다양한 스키드 규격을 유지하게 되면 스키드 폐기 수량도 증가한다. 스키드 1개당 단가가 약 100만 원 수준이기에, 폐기하는 것도 경제성을 고려했을 때 간과할 부분은 아니다. **용기는 운영과정에서 밸런싱(Balancing)을 진행한다.** 가스 산업에서 밸런싱은 자산으로 운영하는 용기 중 초과 및 잉여 수량을 실시간 판단하여, 신규 용기 조달 소요 발생 시 신규 조달을 최대한 억제하는 업무 분야이다. 따라서 경제성과 효율성을 극대화하기 위해서는 용기 밸런싱을 진행할 수밖에 없는데, 이때 스키드가 맞지 않으면 밸런싱을 진행할 수 없다. 예를 들어, A 가스를 B 고객과 C 고객에게 납품해 왔는데, C

고객과는 조만간 거래가 중단될 예정이다. 그리고 D 고객이 추가되었는데, D 고객에게도 기존에 B 고객과 C 고객에게 납품했던 A 가스를 납품하게 되었다. 이러한 경우 우선 D 고객에게 소요되는 용기 운영 수량을 검토 후, C 고객을 위해 운영했던 용기 수량과 비교해 보는 것이다. 만약 D 고객과 C 고객의 용기 운영 수량이 유사하다면, D 고객을 위한 용기는 신규로 조달할 필요가 없기에 당연히 경제성, 효율성, 적응성이 높아진다. 그런데, 스키드가 다르면 이야기가 달라진다. 즉, 용기는 있으나, 용기에 가스를 충전하여 납품할 수 없다. 이런 경우, D 고객에게 맞는 스키드를 추가로 구매하여 교체 후 납품해야 한다. 그리고 기존에 장착된 스키드는 교체 후 폐기될 가능성이 크다. 물론 나중을 위해 보유하고 있어도 되겠지만, C 고객 공급 장치와 같은 규격의 고객을 찾기가 쉽지 않으며, 스키드를 장기간 녹 발생 없이 관리하는 것 자체도 또 다른 일이 될 수 있기 때문이다. 특히 스키드 관련 업무 분야가 수면위로 부각되어 있지 않은 경우, 폐기될 확률은 매우 높다. 실제 경험에 비추어 이야기해 보면, 고객별 공급 장치 규격의 상이함은 스키드의 가로, 세로, 높이 규격에 영향을 미쳤고, 이로 인해 가로, 세로, 높이가 상이한 여러 규격의 스키드를 운영하게 되었다. 이러한 상황에서, 스키드의 가로, 세로, 높이 규격 중에 가로와 세로 규격은 같은데, 높이만 상이하여 납품이 불가한 적이 있었다. 이럴 경우, 가로, 세로 규격을 변경하려면 본체를 절단하거나 추가 용접을 해야 하기에, 폐기하는 것이 낫다. 왜냐하면, 절단 및 용접에 총 소요되는 비용이 스키드를 새로 구매하는 비용과 비슷하기 때문이다. 그런데, 높이만 다른 것은, 개당 몇만 원 하는 서포트 4개를 추가로 제작하여 교체하기만하면 납품이 가능하다. 그런데 스키드 관련 업무가 제대로 정립되어 있지 않은 조직은 이러한 노력을 하지 않고 스키드를 그냥 폐기했다. 왜냐하면, 스키드의 서포트를 교체하려면 크레인을 이용하여 1t에 가까운 용기를 스키드에서 분리한 후 서포트를 재장착하고 다시 용기를 스키드에 올려놓고 결박 후에 수평을 맞추는 작업을 해야 하는데, 이 과정이 생각보다 매우 위험하고 어렵기 때문이다. 어떻게 보면 충전, 분석, 보관, 분류, 외관 포장하는 작업들에 비해, 스키드를 교체하는 작업이 더 3D(Difficult, Dirty, Dangerous)에 가깝다.

이렇게 서포트 높이 때문에 버려지는 스키드를 근절하고자, 서포트를 별도로 추가 제작하여 운영하였더니, 1년간 약 1.3억 원의 스키드 신규 구매 예산을 절감할 수 있었다. 서포트 제작에 소요된 비용은 500만 원 미만이었다. 그리고 다양한 스키드 규격은 유닛로드 시스템 구축을 어렵게 하고, 특정 고객 대상 전용으로 스키드를 운영하다 보면 특정 고객을 대상으로 용기 또한 운영해야 하기에, 전체 운영 용기 수량이 증가한다. 다음의 표는 가스 공급 기업에서 스키드의 표준화·단순화를 실제로 추진한 내용이다. 해당 기업은 가로, 세로, 높이 규격이 다른 총 12종의 스키드를 보유하고 있었다. 따라서 우선, 해당 기업의 표준 스키드 개념과 규격(가로, 세로, 높이 조절 범위)을 정립한 이후, 단순화를 추진하였다. 그 결과 총 12종의 스키드를 3종으로 단순화할 수 있었다. 아쉽지만 본체 규격이 너무 상이한 고객의 경우에는 이 방법이 불가하였다. 하지만, 스키드를 단순화한 결과, 경제성과 효율성, 적응성 측면에서 많은 이득을 보았으며, 신규 고객 확보 시 해당 기업의 스키드 규격을 고객에게 사전에 제시하는 방향으로 프로세스를 정립 및 운영할 수 있다.

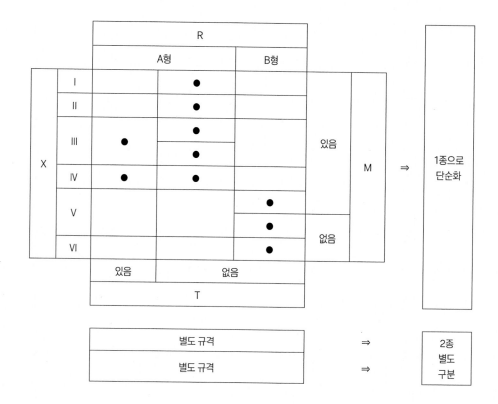

# 4.5 스키드 바퀴의 내구성, 편리성 향상

스키드 바퀴의 성능을 개선하는 것도 산포와 분산을 줄이는 것 중에 하나다. 바퀴를 개선하는 것이 어떻게 산포와 분산을 줄이는 것인지 궁금할 수 있지만, 정말 중요하다. 스키드 바퀴는 사람으로 치자면 발이다. 여러분의 발에 문제가 있다면 어떻게 될까? 일어서는 것부터 문제가 있기에 일상생활에서 많은 어려움을 겪게 될 것이다. 이와 마찬가지로 스키드 바퀴에 문제가 있으면 스키드가 움직일 수 없기에 많은 문제가 발생한다. 하지만, 대부분 스키드 바퀴에 대해 별로 중요하게 생각하지 않는 것이 일반적인데, 어떻게 보면 아예 관심이 없다는 표현이 더 정확할 수도 있다. 스키드 바퀴는 상판, 몸체, 스토퍼, 바퀴, 바퀴 회전축, 베어링으로 구성되어 하나의 세트로 되어 있으며, 바퀴와 관련된 용어는 바퀴를 개선하면서 자체적으로 정립하였다. 스키드 바퀴 사용 시 발생하는 문제점은, 몸체 파손, 바퀴 오염, 베어링에 문제가 있어 바퀴가 움직이지 않음, 스토퍼 기능 저하 등이다. 바퀴 오염을 제외한 다른 문제의 해결을 위해서는 바퀴 세트를 통째로 스키드에서 떼어내고 신규 바퀴 세트를 부착해야만 한다. 그런데 이 과정에서 많은 시간이 소요된다. 왜냐하면, 스키드 바퀴 세트(스키드 바퀴)는 볼트와 너트를 이용해 스키드 하부에 부착하는데, 1t의 용기를 지탱한 상태에서 지게차로 하역 및 이동 간에는 지면과 잦은 충돌을 하게 되고, 이러한 과정이 오래 지속되면 볼트와 너트가 잘 풀리지 않는 상태로 되어 있는 경우가 대부분이기 때문이다. 실제로 볼트와 너트가 잘 풀리지 않는 경우, 스키드에서 바퀴 4개를 탈부착하는 데 소요되는 시간은 4시간 정도였다.

| 스키드 바퀴 교체 작업<br>(2인 1조 실시) | 바퀴 1개 교체 시<br>소요 시간 | 바퀴 4개 교체 시<br>(스키드 1개) 소요 시간 |
|---|---|---|
| 볼트 및 너트 파손 시<br>(볼트 절단 후 진행) | 1시간 | 4시간 |
| 볼트 및 너트 미파손 시 | 15분 | 1시간 |

스키드 바퀴에 있는 스토퍼는 가스 충전 시나 고객이 사용할 때에 스키드의 움직임을 방지하기 위해 구성되어 있는데, 안전·환경 측면에서 매우 중요한 역할을 한다. 그런데 기존 스토퍼의 경우, 바퀴가 움직이지 않게 조작하려면 몸을 최대한 구부려서 힘들게 손으로 여러 번 돌려야 했다. 이러한 이유로 어떤 고객의 경우에는 바퀴가 아닌 스키드에 스토퍼를 별도로 부착해 줄 것을 요청하여, 바퀴 옆에 별도로 스토퍼를 부착한 경우도 있었다. 이러한 경우 스키드에 바퀴 따로, 스토퍼 따로 부착해야 하는 불편함, 추가 비용, 관리 포인트 등이 증가한다. 그러므로 근본적으로 바퀴에 부착된 스토퍼를 고객이 만족할 만한 수준으로 개선하면 되는데, 이러한 노력을 하기보다는 바퀴는 바퀴대로 부착하고 스토퍼는 스토퍼대로 부착하였다. 다음 사진은 고객의 요구에 의해 스키드에 스토퍼를 별도로 부착한 사진이다.

그리고 바퀴에 부착된 스토퍼의 경우, 바퀴에 가해지는 진동과 충격으로 인해 제대로 작동되지 않는 경우가 잦았는데, 이는 고스란히 반품으로 이어졌고, 그럴 경우 바퀴를 교체한 후 다시 납품해야만 했다. 이러한 현상들은 고스란히 업무 효율성 저하와 인건비의 상승, 고객의 신뢰 저하 등으로 연계되었기에, 내구성과 편리성이 향상된 바퀴의 필요성을 끄집어내어 같이 연구 개발을 진행할 협력사를 선정하였다. 선정된 협력사는 스키드 바퀴에 대해 잘 알지 못하였기에, 우리는 협력사에 아이디어를 제공하였고, 협력사는 아이디어를 반영해서 바퀴를 제작했다. 그리고 우리와 협력사는 그렇게 만들어진 바퀴를 가지고 혹독한 환경하에서 시험 평가를 진행하였다. 이러한 반복 과정이 5개월 동안 진행되었고, 5개월 후에 기존 바퀴를 운영하면서 발생했던 문제점들이 모두 사라지는 바퀴(바퀴 SET)를 제작할 수 있었다. 실제로 이 바퀴를 도입하여 운영한 결과, 1년 동안 상판, 몸체, 스토퍼, 바퀴, 바퀴 회전축, 베어링으로 구성된 바퀴 SET 중, 지면과 직접 마찰을 일으켜 시간이 지나면 어쩔 수 없이 닳아지는 소모품(바퀴)의 교체를 제외하고는 단 1건의 문제도 발생하지 않았다.

■ 00년 00월부터 스키드 구형 바퀴(기존에 사용 중인 바퀴)가 파손되면, 신형 바퀴(연구 개발 후 개선한 바퀴)로 교체(부착)하였고, 현재까지(1년 경과) 신형 바퀴로 교체한 수량은 2,562개다. 1년간 스키드에 부착된 신형 바퀴 2,562개 중, 구조 결함(내구성 이슈)으로 교체(제거)된 수량은 없었다(1년간 구형 바퀴 파손 수량은 2,562개). 또한, 신형 바퀴는 내구성과 편리성이 향상되었음에도 불구하고 구형 바퀴에 비해 조달단가는 낮아졌고, 유지·보수 소요가 거의 없다 보니 용기의 적응성은 높아졌으며, 바퀴 교체 비용과 인력 유지비용은 낮아졌다. 그리고 신형 바퀴를 스키드에 부착하여 고객에게 납품한 결과, 고객의 만족도와 신뢰도가 향상되었다. 따라서 신형 바퀴의 도입(상용화)은, 산포와 분산은 줄이고 SCM에서 '여러 가지 긍정적인 영향을 미치고 있다'라는 것이 객관적으로 확인되었다.

다음은 스키드 바퀴를 개선하기 위해 시험 평가를 했던 과정이다.

| O 시험 | M 연구원<br>(공인인증기관) | A | Y |
|---|---|---|---|
| P 시험 | N 연구원<br>(공인인증기관) | B | D |
| Q Test | 가스 공급 기업 | C | 0,000회를<br>목표로 진행 |
|  | 바퀴 제작 협력사 |  |  |

# 4.6 밸브 종류 단순화 및 폐기 경우의 수 감소

먼 미래에는 어떨지 모르겠지만, 현재까지 경험한 바로는 다품종 그리고 수만 BT 이상의 용기를 운영하는 가스 공급 기업 입장에서 밸브의 표준화를 추진하는 것은 불가능에 가까웠다. 왜냐하면, 밸브를 제작하는 기업에서는 매출을 높이기 위해 지속해서 성능과 재질이 개선된 다양한 신제품을 시장에 출시하고 있고, 용기에 따라 밸브 사이즈가 구분되고 가스 성질에 따라 밸브의 재질이 구분되며, 고객이 여러 가지 이유로 밸브 사양을 결정하는 경우 또한 잦기 때문이다. 밸브가 다양해지면 동일한 농도와 순도의 가스, 동일한 용기임에도 불구하고 제품과 상품 품목이 세분화되기에 정말 많은 관리 포인트가 발생한다. 그래서 가스 공급 기업 입장에서는 고객과 연계하여 밸브 단순화를 위한 노력을 지속해야 한다. 다음은 가스 공급 기업에서 운영하는 밸브를 나타낸 표이다. 해당 기업에서는 110종의 밸브를 운영하고 있으며, 표의 내용에서 Seat 재질과 ERP Code 등은 생략하였다.

| NO | 재질 | Series | Outlet | Inlet | 안전변 | | | 압력<br>구분 | 제품명 | 제<br>조<br>사 |
|---|---|---|---|---|---|---|---|---|---|---|
| 1 | | D200 | Jis20mm-R | 29Φ<br>(V2) | CG1 | KS | CG1 | LG | N2O | |
| 7 | | D200 | CGA320 | 29Φ<br>(V2) | CG1, 4, 5 | KS | KS | PG | CF4 | |
| 12 | | D200 | CGA350 | 3/4 | CG1 | KS | CG1 | LG | CO2 | |
| 17 | | D200 | CGA580 | 3/4 | CG1, 4, 5 | KS | CG5 | PG | N2 | A<br>사 |
| 24 | Brass | D200 | CGA660 | 29Φ<br>(V2) | CG1, 4 | KS | CG1 | LG | CHF3 | |
| 26 | | D200 | Jis20mm-R | V2 DIP | CG1 | KS | KS | LG | CO2 | |
| 27 | | H-D200 | Jis20mm-R | 29Φ<br>(V2) | CG1 | KS | CG5 | LG | SF6 | B<br>사 |
| 28 | | H-D200 | Jis20mm-R | 29Φ<br>(V2) | CG1 | KS | CG1 | LG | CO2 | |
| 39 | | D304 | CGA330 | 29Φ<br>(V2) | CG4, 5 | KS | CG5 | PG | BF3 | |
| 44 | | D200 | CGA350 | 3/4 | CG1, 4, 5 | KS | CG5 | PG | N2 | |
| 48 | | D304 | CGA350 | 29Φ<br>(V2) | CG2, 4 | KS | CG4 | LG | BCL3/N2 | |
| 49 | | D200 | CGA580 | 29Φ<br>(V2) | CG1, 4, 5 | KS | CG5 | PG | 1.2%He/N2 | |
| 56 | | D300 | CGA660 | 29Φ<br>(V2) | CG1 | KS | CG4 | LG | BCL3 | A<br>사 |
| 57 | Sus | D304 | Diss724 | 29Φ<br>(V2) | CG4 | KS | CG4 | LG | C3H6 | |
| 58 | | D304 | Diss724 | 29Φ<br>(V2) | CG1 | KS | CG1 | LG | C2H4 | |
| 60 | | D304 | Diss724 | 29Φ<br>(V2) | CG5 | KS | CG5 | PG | CH4,<br>4%H2/<br>N2 등 | |
| 72 | | D304 | Diss716 | 29Φ<br>(V2) | CG1 | KS | CG1 | LG | CO2,SF6 | |
| 100 | | N-D304 | Diss724 | 29Φ<br>(V2) | CG5 | KS | CG5 | PG | CH4, H2/<br>N2, H2/<br>He 등 | C<br>사 |

| NO | 재질 | Series | Outlet | Inlet | 안전변 | | | 압력 구분 | 제품명 | 제조사 |
|---|---|---|---|---|---|---|---|---|---|---|
| 101 | Sus | H-D304 | Diss724 | 29Φ (V2) | CG5 | KS | CG5 | PG | CH4, H2/ N2, H2/ He 등 | B 사 |
| 102 | | H-D331 | Diss720 | 1 DIP | CG2,4 | KS | CG4 | LG | NH3 (Indicator) | |
| 110 | | D304 | CGA330 | 29Φ (V2) | CG4 | KS | CG4 | LG | 4.5%HCl/ 0.9%H2/ Ne, 5%HCl/ 1%H2/Ne | A 사 |

그리고 가스 공급 기업마다 다르겠지만, 용기에 장착된 밸브 교체 시점을 명확하게 알 수는 없기에, 자체적으로 용기 회전 기준을 정립한 후에 정립한 회전 횟수 도래 시에는 밸브에 문제가 없더라도 밸브를 제거하고 새 밸브를 장착한다. 왜냐하면, 밸브 문제로 가스 누출이 발생하면 심각한 상황으로 연계되기 때문이다. 이러한 경우(정립한 회전 횟수 도래 여부)는 정보 시스템을 통해 쉽게 예측 가능하기에 용기 및 밸브 운영 계획과 연계한다면 SCM에서 문제가 되지 않는다. 하지만, 문제는 다음과 같은 상황들이다. 다음 표에 있는 내용들은 밸브를 용기에서 제거해야 하는 상황으로 연계되며, 대부분 사전에 예측하기가 어렵다(실제 현장에서 사용하는 용어를 그대로 기재했다). 따라서 이러한 상황이 발생하지 않도록 예방 프로세스를 구축하든가, 혹시 그 방법이 제한된다면 이러한 상황이 발생하더라도 수요·공급에 영향을 미치지 않게 조기에 후속 조치가 가능한 프로세스를 구축하는 것이 필요하다. 다음 표에 있는 내용들은 예측이 제한되기에 밸브 부족과 용기 정체 기간(시간)을 장기화시킨다. 예를 들어서, 밸브가 부족하게 되면 밸브가 입고되어 용기에 장착될 때까지 용기를 사용할 수 없으며, 밸브를 보유하고 있더라도 잔류가스를 처리하는 프로세스에 부담을 가중시킴은 물론, 후속 조치가 완료될 때까지 용기 또한 사용할 수 없다. 그렇다면 "용기와 밸브를 사전에 많이 보유하고 있으면 되지 않느냐?"라고 반문할 수도 있는데, 이러한 방향으로 경영한다면 굳이 SCM을 고민할 필요가 없다. 만약 기업의 모든 분야에 Mass 개념이 깊게 자리 잡

고 있고, 이러한 방향으로 지속해서 경영한다면 생존할 확률은 매우 낮아진다. Mass 개념이 자리 잡은 기업 구성원들이 생각하고 행동하는 방식은, On Time 개념이 자리 잡은 기업 구성원들이 생각하고 행동하는 방식과 다르다. 그리고 On Time 개념이 자리 잡은 기업 구성원들이 생각하고 행동하는 방식은, Sense&Respond 개념이 자리 잡은 기업 구성원들이 생각하고 행동하는 방식과 다르다. 어찌 보면 **구성원들이 생각하고 행동하는 방식이 다르다**라는 것은, **'구축된 프로세스의 상태와 수준에(양과 질) 차이가 있다'**라는 것을 의미하고, **'앞으로 구축할 프로세스 상태와 수준에(양과 질) 차이가 있다'**라는 것 또한 의미한다. 여러분이 보기에, 현재, 그리고 미래에는 Mass, On Time, Sense&Respond 중에서 어떤 것이 더 적합한 개념이라고 생각하는가?

| | | | |
|---|---|---|---|
| 1 | 나사산 마모 | 10 | Z |
| 2 | J | 11 | E |
| 3 | 나사산 찍힘 | 12 | 가압 Test 불량 |
| 4 | A | 13 | F |
| 5 | Outlet 오염 | 14 | Neck Ring 불량 |
| 6 | B | 15 | G |
| 7 | C | 16 | Y |
| 8 | Neck Leak | 17 | H |
| 9 | D | 18 | I |

# 4.7 용기 번호 중복 이슈 해결

고압가스를 충전하는 용기의 외관에는 일반적으로 다음과 같은 내용이 표시되어야 한다.

- 용기제조업자의 명칭 또는 약호
- 충전하는 가스의 명칭
- 용기의 번호
- 내용적(기초: V, 단위: L)
- 초저온 용기 외의 용기는 밸브 및 부속품(분리할 수 있는 것에 한해서)을 포함하지 아니한 용기의 질량(기호: W, 단위: kg)
- 아세틸렌가스 충전 용기는 5)의 질량에 용기의 다공물질·용제 및 밸브의 질량을 합한 질량(기호: TW, 단위: kg)
- 내압 시험에 합격한 연월
- 내압 시험 압력(기호: TP, 단위: MPa)
※ 초저온 용기 및 액화천연가스 자동차용 용기는 제외함
- 최고충전압력(기호: FP, 단위: MPa) – 압축가스를 충전하는 용기
※ 초저온 용기 및 액화천연가스 자동차용 용기에 한정함
- 내용적이 500L를 초과하는 용기에는 동판의 두께(기호: t, 단위: mm)
- 충전량(g)
※ 납붙임 또는 접합 용기에 한정함

용기가 제작된 이후 용기 외부에 각인되는 용기 번호는 원본 성적서에 기록되는데, 어찌 보면 사람의 주민등록번호와 같다. 그런데 동일한 용기 제작 협력사에서 오랜 기간 용기를 조달하게 되면 용기 번호가 중복되는 사례가 발생한다. 왜냐하면, 용기 번호 체계에 대한 별도의 규정은 없으나, 일반적으로

용기 제작 협력사의 용기 번호 체계가 무한대로 있지 않고, 한정된 구간에서 용기 번호를 부여하고 있기 때문이다. 예를 들어 0000번부터 9999번까지 용기 번호를 유지하는 제작 협력사에서 용기를 꾸준히 조달받게 되면, 2018년에 조달된 용기 번호(예: 4567번)와 그 이전에 조달되어 운영 중인 용기 번호(예: 4567번)가 같을 수 있다. 이렇게 되면, 당연히 문제가 발생한다. 사람으로 치면 주민등록번호가 똑같은 사람 수십, 수백 명이 돌아다니는데, 문제가 발생하지 않는다면 이상한 일이 아니겠는가? 특히 용기 번호는 용기 관리에 있어 근간이 되다 보니, 용기 번호 중복 Issue가 해결되지 않는다면, 용기 물류의 기본부터 흔들리게 되고, 고객 납품 과정에서 엉뚱한 가스가 납품되는 상황이 발생할 수도 있다. 물론, 가스 품명이 각인되어 있기에, 용기 번호에 의해 고객의 라인이 오염되는 대형사고가 발생할 확률은 미비하나, 가스 공급 기업과 고객 간 연계된 업무 체계에 있어 사람 의존도가 높은 상태라면, Human Error에 의해 어떤 상황이 어떻게 발생할지는 아무도 예측할 수 없다. **만약 여러분이 회사의 오너인데, '0%의 확률이 아닌, 0.000001%의 확률이 있다'라고 한다면, 그리고 '업의 존재 자체가 위협받을 수 있다'**라면 어떻게 하겠는가? 여러분이 알아야 할 것은, 용기 번호 중복 이슈가 고객 대형사고로 연계될 확률은 '0%보다 높다'라는 것이다.

만약 용기 번호 중복 이슈가 있는데, 그 심각성이 수면 위로 떠오르지 않고, 말단 현장 작업자들이 유성 매직이나 불법 각인을 통해 임의적 조치(용기 번호 옆에 구분을 위한 숫자를 Drawing or 각인)를 하고 있다면, 그 조직은 이유가 무엇이든지 간에 제대로 된 용기 관리(용기 번호 포함) 체계가 없다고 봐야 한다. 혹자는 "정보 시스템이 구축되어 있고 바코드를 통해 용기를 이동하고 있는데 무슨 소리냐?"라고도 할 수 있다. 하지만, 우리는 흔히 "하고 있다.", "구축되어 있다."라고 말을 많이 하는데, 과연 조직이 요구하는 '올바른 방향과 속도로 결과가 나타나도록 하고 있느냐?', '구축되어 있느냐?'에 대해서는 깊이 생각해 볼 필요가 있다. 다르게 이야기하면, "100점으로 하는 것이 목표인데, 1점짜리로 하고 있느냐? 10점짜리로 하고 있느냐? 50점짜리로 하고 있느냐? 90점짜리로 하고 있느냐?"에는 분명한 차이가 있다는 것이다. 따라서 정보 시스템이 구축되어 있고 바코드를 활용하고 있는 상태에서, 용기 번호 중복 이슈가 실제로 있음에도 불구하고 수면 위로 부각되지 않는다면, 정보 시스템이 도입되었음에도 불구하고 2차 산업혁명 수준에서 일하는 것에 가까우며, 이는 용기 관리에 대해 잘 모르거나 관심 자체가 없는 것과 일맥상통한다. 이러한 경우에는 일단 제작 협력사와 논의해야겠지만, 제작 협력사와 논의를 한다고 해서 문제가 단번에 해결되지는 않는다. 이를 바로잡으려면 우선 자산으로 보유하고 있는 용기 데이터와 실물이 일치해야 한다. 만약 용기 데이터와 실물이 일치하지 않는다면, '데이터와 실물을 일치시키는 것'부터 진행해야 한다. 그리고 고객의 용기 번호 운영 자릿수에 제한이 있는 경우도 추가로 고려해야 한다. 왜냐하면, 제작 협력사와 협조하여 용기 번호 앞에 구분을 위한 제작 연도를 추가하더라도, 변경된 용기 번호가 고객이 사용하는 시스템의 번호 자릿수를 초과하면 문제가 되기 때문이다. 게다가 고객에 납품한 용기의 회수 Lead Time이 최소 1주일에서 최장 1년 이상까지도 발생하기에, 누적된 용기 번호 중복 이슈를 단기간에 바로잡는 것은 어려우며, 바로잡는 데 많은 비생산적 시간과 노력을 할애해야 하기에, 어떻게든 용기 번호가 중복되지 않도록 운영 체계를 구축하는 것이 필요하다. 그리고 다음에 나타나 있는 바와 같이 용기 번호 중복 관련 이슈들은 법적으로도 문제가 된다.

---

- 용기 표시의무 위반(「고압가스 안전 관리법」 제43조 제3항 제6호)
- 재검사 대상의 유효성(「고압가스 안전 관리법」 제40조 제7호)
- 허위신고 대상 여부(「관세법」 제276조 제2항 제4호)

---

특히 해외 수출입을 해야 하는 경우 문제가 되기 때문에, 임시방편으로 용기 번호 중복 용기들이 국내에서만 운영될 수 있도록 조치하는 경우도 있지만, 근본적인 해결책은 아니다. 본인은, '단기간이라도 임시방편으로 업무가 진행되는 것'을 매우 좋지 않게 생각한다. 물론 시간이 없고 급한 경우, '필요악'으로서 그렇게 진행해야 할 때도 있겠지만, 임시방편으로 진행된 것들은 어떤 상황에서도 올바른 방향과 속도로 지속된다는 보장이 없고, 사람이 바

꿰면 또 혼란을 야기하게 된다. 또한, 임시방편으로 진행된 업무가 증가할수록, 시스템적 사고를 통해 근본 원인을 찾아 해결하려고 노력하기보다는 대충 편하게 생각하는 분위기가 증가하게 되며, 이러한 분위기가 점차 확산되면 전혀 다른 업무들에 대해서도 유사하게 적용하려고 하는 습관이 형성되기 때문이다. 정말 아이러니한 것은 종종 다음과 같은 경우를 '경험할 수 있다'라는 것이다. 어떤 문제가 발생하여 회의를 진행하였는데, 회의 결과, 근본 원인을 도출하고 올바른 방향과 속도로 지속해서 실행 가능한 해답을 찾기가 어려웠다. 그래서 다음 회의까지 분야별로 노력해서 찾아보는 것을 전제로 "우선 임시방편적으로 이렇게 하자."라고 결론을 짓고 회의를 종료하였다. 그런데, 일정 시간이 지나서 다시 회의해 보면, 그동안 근본 원인을 도출하고 올바른 방향과 속도로 지속해서 실행 가능한 해답을 찾기 위한 노력을 했다라기 보다는, **"우선 임시방편으로 이렇게 하자"라고 했던 것만을 적극적으로 실천하고 있을 뿐이다.**

### ◎ A사의 용기 번호 중복 현황

| 구분 | | 수량(BT) | 총자산 수량에서 차지하는 비율 |
|---|---|---|---|
| 47L 이하 용기 | 용기 번호 중복 | X,XXX | 9% |
| 440L 용기 | | X,XXX | 75% |

　다음은 용기 번호가 중복되었을 때 조치하는 개략적인 방향으로, 조직별, 개인별 R&R과 구체적 행위 관련 내용은 포함되지 않았으며, 조직이 처한 상황에 따라 상이할 수도 있다.

■ 정보 시스템에 기존 용기 번호(내부에서 운영하는 번호) 외에 원본 성적서상의 용기 번호를 등록할 수 있는 항목을 추가하여, 상호 용기 번호가 Mapping 되지 않도록 조치한다. 즉, 정보 시스템은 기존에 운영되던 용기 번호와 원본 성적서상의 용기 번호(없을 시 재검사 성적서)의 2가지로 관리해야 한다.

■ 용기 번호가 중복되지 않은 용기, 용기 번호가 중복된 용기 모두
- 용기 원본 성적서를 확인하고, 원본 성적서가 있으면 원본 성적서에 있는 용기 번호를 정보 시스템에 입력한다.
- 용기 원본 성적서를 보유하고 있지 않으면, 용기 제작 협력사 혹은 용기 재검사 협력사와 함께 조치한다(재검사를 통해 용기에 각인된 용기 번호로 재검사 성적서 발행, 용기 제작 협력사에 요청하여 원본 성적서 재발행).
- 용기 제작 협력사의 협조를 받을 수 없다면(폐업), 재검사 계획을 기반으로 회수 용기를 선별하고 재검사 협력사로 이동시킬 계획을 수립한다.
※ 용기 번호가 중복되는 용기는 다음의 내용이 추가된다.
- 용기 원본 성적서를 보유하고 있지 않다면, 용기 제작 협력사 혹은 용기 재검사 협력사와 조치한다(이 계획에는, 용기 번호가 중복되는 용기를 서로 다른 가스 품명으로 각인, 변경하는 계획이 포함되어야 하며, 용기 외관에 임의적으로 조치된 용기 번호를 삭제한 후, 용기 외관에는 원본 성적서상의 용기 번호만 각인되도록 협조하는 내용도 포함된다).
- 협력사의 재검사 종료 후, 입고된 용기를 정보 시스템에 등록한다(기존 용기 번호 외, 성적서상의 용기 번호).

■ 추가로 용기 조달 시, 제작 협력사의 용기 번호를 사전에 확인하여, 정보 시스템에서 중복 여부를 확인한 후, 중복된 용기 번호가 부여되지 않도록(각인되지 않도록) 조치하는 프로세스의 구축도 필요하다.

# 4.8 KGS, SELO, DOT

KGS는 Korea Gas Safety Corporation의 약자로 가스 용기 인증을 나타낸다. 즉, 용기를 한국에서 충전하고 사용하려면 KGS 인증 없이는 안 된다. 국가별로 더 나열해 보면 SELO는 중국, DOT는 미국, TC는 캐나다, KHK는 일본, TPED는 유럽 인증이다. 예를 들어 설명하면, 가스 공급 기업 입장에서 한 가지 인증만 보유하고 있는 용기를 사용하고 있는데, 외국에 있는 고객과 비즈니스가 성립되어 수출을 하게 되었다. 그런데 수출을 준비하는 과정에서, 고객이 위치하는 해당 나라의 인증이 있어야만 수출이 가능하다는 이야기를 들었다. 이러한 경우, 가스 공급 기업 입장에서는 자산 용기에 여유가 있음에도 불구하고 추가 신규 조달을 해야 하므로 낭비도 발생하고, 어떤 용기는 국내만, 어떤 용기는 국외만, 어떤 용기는 국내외 모두 사용 가능하다 보니 관리 포인트 또한 증가한다. 게다가 내부적으로 관리 프로세스나 시스템이 제대로 구축되지 않은 경우, 가스, 용기, 밸브 모두 문제없는데, 정작 인증이 없어서 수출하지 못하는 경우도 발생한다. 즉, 재고는 있는데 고객에게 수출할 재고는 없는 것이다. 앞으로 국가별 용기 인증 관련 허가가 어떻게 변화할지는 모르겠으나, 점점 글로벌화되는 시장에서 가스 공급 기업들은 여러 인증을 보유한 제작 협력사에서 용기를 조달하는 것을 희망한다. 따라서 용기 제조 협력사들 또한 다양한 인증을 보유할 수 있도록 노력해야 한다. 결론적으로 이야기하면, '다양한 인증을 보유한 제작 협력사에서 용기를 조달하는 것' 부터가 산포와 분산을 줄이는 시작이다.

# 4.9 AEO *(Authorized Economic Operator)*

◎ **보안(保安)**

- 안전을 유지함.
- 사회의 안녕과 질서를 유지함(출처: Naver 사전).

◎ **안전(安全)**

- 위험이 생기거나 사고가 날 염려가 없는 상태. 안전한 상태란 위험 원인이 없는 상태 또는 위험 원인이 있더라도 인간이 위해를 받는 일이 없도록 대책이 세워져 있고, 그런 사실이 확인된 상태를 뜻한다. 단지, 재해나 사고가 발생하지 않고 있는 상태를 안전이라고는 할 수 없으며, 잠재 위험의 예측을 기초로 한 대책이 수립되어 있어야만 안전이라고 할 수 있다(출처: 두산백과).

◎ **환경(環境)**

- 생물을 둘러싸고 있으며 생물에게 직간접적으로 영향을 끼치는 자연적, 사회적인 조건이나 상황을 말한다. 일상용어로는 가정환경이 좋다, 나쁘다든가 사회적 환경이 원인이라는 것처럼, 인간 생활과 깊은 관계가 있는, 인간을 둘러싸는 외계(外界)를 말한다. 이렇게 인간인 경우에는 사회적·심리적·교육적인 의미를 가지는 일이 많지만, 생물 일반에 대해서는 이들 문화적 환경에 대해 자연적(自然的) 환경이 문제가 된다. 즉, 생물을 둘러싸는 외위가 환경이다(출처: 두산백과).

보안, 안전, 환경에 대해 몇몇 사전적 정의를 인용해 보았다. 사전적 정의에서 볼 수 있듯이, 보안, 안전, 환경은 사람과 매우 밀접한 관계에 있을 뿐만 아니라, 인류 문명이 발전하면 할수록 점점 더 중요하게 요구되고 있다. 어떻게 보면, 지구상의 모든 생물체 그리고 사람이 구축해 놓은 모든 조직과 프로세스는 보안, 안전, 환경으로부터 결코 자유로울 수 없다. Logistics는 사람을 포함한 모든 생물체와 사람이 만들어 놓은 모든 것에 대해 전 지구적 이동이 가능하게 하였고, 기업의 생산 지역과 소비 지역의 분리 또한 가능하도록 만들었다. 하지만, 이로 인해 Logistics는 전 지구적이라는 광범위한 영역과 지역에서 보안, 안전, 환경을 저해시키는 요인들로부터 끊임없이 위협을 받고 있으며, 결과적으로 많은 문제점 또한 발생시키고 있다. 그리고 이러한 Logistics의 문제점들은 SCM에 크고 작은 영향을 미치고 있다. 아무리 전략적, 전술적 SCM 구축 방향에 효율성, 경제성, 효과성이 기대된다고 할지라도, Logistics의 문제가 예상된다면 SCM의 이념과 가치를 실현하기 어렵다. 따라서 보안, 안전, 환경에 위배되지 않도록 Logistics 개념을 정립하고, 보안, 안전, 환경에 위배되지 않으며 지속해서 실행 가능한 Logistics Process를 구축하는 것이 중요한데, 이는 궁극적으로 AEO 인증 제도가 추구하는 방향과도 일맥상통한다. AEO(Authorized Economic Operator: 수출입 안전관리 우수공인 업체)는 수출입업체, 운송인, 창고업자, 관세사 등 무역과 관련된 업체 중 관세 당국이 법규 준수, 안전관리 수준 등에 대한 심사를 실시하여 공인한 업체를 의미한다. 본인은 AEO 인증 제도를 처음 접했을 당시 낯설지는 않았다. 왜냐하면, AEO 인증을 위해서 필요한 구성 요건들이 군의 다양한 내외부 통제와 보안 관련 시스템을 통해 경험한 분야였기 때문이다. "100% 맞다."라고 할 수는 없지만, 가스 산업의 경우 장치산업의 특성상, 제조 분야의 보안, 안전, 환경에 관한 관심과 물류 분야의 보안, 안전, 환경에 관한 관심에 차이가 있을 수 있다. 실제로 근무해 보니, 제조 분야는 높았고 물류 분야는 낮았으며, 이를 반영하듯 물류 분야의 SOP는 찾아보기 힘들었고, 그나마 있는 SOP는 SOP라고 보기 어려웠다. 이러한 관점에서 AEO 인증 제도는 가뭄의 단비와도 같았다. 왜냐하면, 물류 분야의 수준을 올리기 위해서는 현 프로세스를 분석하고 TO-BE 방향의 SOP부터 제정해야 하는데, 침체된 분위기를 끌

어울리는 데 도화선 역할이 되었기 때문이다. 하지만, 기존 구성원들의 매너리즘이 매우 강했기에 AEO 인증을 위한 과정은 밥과 반찬을 차려주고, 수저를 손에 쥐여주고, 수저 위에 밥과 반찬을 올려 주어야만 비로소 밥과 반찬을 먹는 방식과 유사하게 진행할 수밖에 없었다. 이때 가장 큰 역할을 한 구성원이 있었다. 만약 이 구성원이 없었더라면 AEO는 인증을 받지 못했을 것이다. 왜냐하면, 수저 위에 밥과 반찬을 올려 주어야만 밥과 반찬을 먹으려는 분위기에서, 구성원들에게 밥과 반찬을 먹이려면 밥과 반찬을 차려주고 수저를 손에 쥐여주어야 하는데, 이러한 준비를 혼자 할 수는 없었기 때문이다. 예를 들어서, 어떤 일에서 아무리 기획을 잘하더라도 제대로 된 실행이 뒷받침되지 않는다면 이는 무용지물이다. 결국, 우여곡절 끝에 AEO 인증을 획득했고, 현재는 모든 구성원이 AEO 인증 제도가 추구하는 방향으로 나아가려고 노력하고 있다. 가스 산업에서 AEO 인증 제도는, 첫째, 상대적으로 침체된 물류 분야 프로세스의 수준을 끌어올리는 데 도움이 된다. 둘째, 위험물을 취급하는 특성상, 보안, 안전, 환경 측면에서 많은 주의가 요구되는데, 이를 일정 부분 보완해 준다. 셋째, 가스 용기는 회전하기에 통관 및 각종 검사 면제가 주는 혜택을 무시할 수 없다. 즉, 가스 공급 기업에서 제품과 상품이 출발하여 고객에 도착하는 L/T과 고객에서 사용한 용기가 가스 공급 기업에 회수되는 L/T이 적을수록, 용기 운영 간에 적응성이 높아지고, 운영 용기의 감소로도 이어져 경제성과 효율성이 높아진다. 따라서 AEO 인증 획득은 가스 산업에서 선택이 아닌 필수이다.

제 5 장

물류센터

SUPPLY CHAIN MANAGEMENT

**일반적으로 사용하는 용어에 적합하게 구성원들은 생각하고 행동함은 물론, 용어에 적합하게 조직이 구축되고 R&R이 형성되기에, 용기 물동량이 많은 시설을 물류센터로 칭할 것인지, 아니면 창고로 칭할 것인지에 대해서는 반드시 고민해야 한다.** 물류센터는 '단순 보관 기능을 벗어나 정보 시스템을 적극적으로 활용한 유통 서비스 기능이 확장된 개념'이고, 창고는 '물건의 멸실, 또는 훼손을 방지하기 위한 보관 시설 또는 보관 장소의 개념'이기에 물류센터와 창고가 의미하는 바는 다르다. 따라서 수만 BT 이상의 용기를 운영하는 가스 공급 기업에서, 가스 물동량이 많은 시설을 단순 창고로 칭하고, 창고 개념 수준의 시설을 구축 및 운영하고 있으면서, 재고뿐만 아니라 용기와 관련하여 다양한 이슈가 발생하지 않기를 바라는 것은 정말 어불성설이다. 따라서 수만 BT 이상의 용기를 운영하는 가스 공급 기업에서는 반드시 물류센터로 개념을 정립하고 이에 적합한 시설을 구축하여 운영할 필요가 있다. 지금부터 왜 수만 BT 이상의 용기를 운영하는 가스 공급 기업에서는 창고가 아닌 물류센터라고 칭해야 하는지, 그리고 물류센터는 어떠한 개념으로 구축해야 하는지에 관해 이야기해 보겠다.

# 5.1 물류센터 구축 필요성 검토

장치산업인 가스 산업에서 물류센터 구축의 필요성을 검토하는 과정은 그리 쉽지 않다. 왜냐하면, 가스를 보관하는 시설과 장소는 법적 규제 사항인 가스 감지기, 전기 및 소방 설비, 방호벽 외에는 크게 부각 받지 못하고 있는 것이 현실이기에, 단순 창고 인식 수준에서 벗어나지 못하고 있기 때문이다. 이러한 현실은 법규를 준수하지 못하고 있음에도 불구하고 특별한 이슈 없이 지나가는 것만 봐도 잘 알 수 있다. 법규에는 가스 보관 및 운반 시에 대기 온도가 40℃를 넘어가지 않도록 명시되어 있다. 하지만 현실적으로 냉장 시설이나 냉장 운송 차량 적용을 고민하는 경우는 드물다. 그리고 장치산업의 특성상 제조 과정에서의 효율성, 경제성, 효과성에는 많은 관심이 있지만, 상대적으로 용기를 보관, 분류, 하역하는 과정에서의 효율성, 경제성, 효과성에는 관심이 덜한 편이다. 게다가 공동 물류를 추진하지 않는 한, 겉으로 보기에도 생산 설비보다 생산성이 현저하게 낮은 가스 보관시설에, 법규 준수를 위한 전기 및 소방 시설, 방호벽 구축에 큰 비용이 소요되니, 현실적으로 썩 달갑지 않은 것도 있다. 그리고 가스 보관시설의 경우 아직까지 자동화·현대화와는 거리가 멀고, 자동화·현대화 관련 Reference도 없기에 안전·환경 관점을 제외한 운영 관련 관점에서는 크게 고민하지 않는 것이 일반적이다. 이러한 사유들로 인해 '보관 면적이 부족하다'라는 이슈만으로 물류센터를 추진하기는 어렵다. 다음은 보관 공간이 부족해서 문제가 있다는 것을 준비한 내용 중의 하나이다. 여러 문제점의 원인이 보관 공간 부족으로 인해서 발생했다는 것과 보관 공간이 부족하니 물류센터를 지어야 한다고 이야기하였으나, 보관 공간 부족 이슈만으로 단기간에 관심을 집중시켜 의사 결정이 도출되도록 하기는 쉽지 않았다.

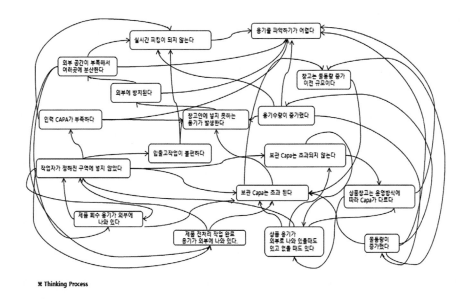

※ Thinking Process

 따라서 가스 산업에서 물류센터를 건설 및 운영하고 싶다면, 단순히 보관 창고의 공간 부족보다는 왜 물류센터라고 칭해야 하고, 왜 물류센터를 지어야 하는지에 대해 다양한 검토가 필요하다. 수만 BT의 용기를 운영하는 가스 공급 기업은 고객에 납품하는 제품·상품의 정보와 실물의 흐름, 고객으로부터 회수되는 용기의 정보와 실물의 흐름, 재검사 대상 용기의 선별과 관련된 정보와 실물의 흐름, 재검사 대상 용기를 재검사 협력사로 보내야 하는 정보와 실물의 흐름, 고객으로부터 반품되는 용기의 정보와 실물의 흐름, 신규 조달 용기의 입고 관련 정보와 실물의 흐름, 충전을 위해 제조 사업장으로 공급하는 용기의 정보와 실물의 흐름, 폐기되는 용기의 정보와 실물의 흐름, 유지·보수 대상 용기의 정보와 실물의 흐름 등이 발생한다. 개략적으로만 보아도 단순 보관 개념의 창고 및 보관 프로세스만 가지고는 한계가 있어 보이지 않는가? 따라서 가스 공급 기업이 수만 BT 이상의 용기를 운영해야 하는 상황이라면, 단순 보관 창고가 아닌 물류센터로의 개념 전환이 필요하다. 그리고 이러한 개념이 우여곡절 끝에 하나의 시스템으로 완벽하게 자리 잡는다면, 가스 공급 기업의 또 다른 경쟁력이 된다. 수만 BT를 운영하는 가스 공급 기업에서는, 용기에 충전된 가스 품질만 중요한 것이 아니라, 고객이 원하는 시점에 원하는 수량의 용기를 공급하는 것도 중요하며, 용기 외관으로 인해 고객의 사업장이 오염되거나 불편을 겪지 않도록 용기 외관 품질을 관리하는 것도 중요하다.

## 5.2 PC *(Process Center)* & DC *(Distribution Center)*

일반적인 물류센터는 제조 사업장에서 만들어진 완성품을 보관, 분류, 출하, 운송하는 개념으로 운영되고 있으며, 이로 인해 많은 물류센터 중 DC(Distribution Center)가 차지하는 비중은 높다. 하지만, 제품과 상품을 취급하고 수만 BT 용기를 운영하는 가스 공급 기업 물류센터는 DC+PC 개념의 형태로 운영되어야 하며, 가스가 충전된 용기(제품, 상품, 고객으로부터 회수된 용기, 재검사 대상 용기, 유지·보수 대상 용기 등)와 가스가 충전되지 않은 용기(신규 조달 용기, 잔류가스 처리 완료 용기 등), 즉 가스 및 밸브 불량 용기를 제외한 모든 상태의 용기를 취급할 수 있도록 개념이 정립되어야 한다.

◎ **LC(Logistics Center)**
- 유통과 제조 기능을 모두 보유한 거점 시설(생산, 유통 통합).

◎ **TC(Transfer Center)**
- 분류 중심의 거점 시설.

◎ **DC(Distribution Center)**
- 보관, 재고 관리, 분류 기능이 있는 거점 시설.

◎ **SC[Stock(Storage) Center]**
- 보관 중심 거점 시설.

◎ **PC(Process Center)**
- 유통가공, 포장 기능 위주의 거점 시설.

| 가스 물류 센터 | 운송 기능 | A | 분류 기능 | B | 하역 기능 | C | D | E (상품 취급 시) | 외관 검사 기능 (가스 누출 및 중량 체크 등을 제조 사업장에서 미실시하는 경우) |
|---|---|---|---|---|---|---|---|---|---|
| 용기 (가스 있음) | 0 | 0 | 0 | 0 | 0 | 0 | | 0 | 0 |
| 용기 (가스 없음) | 0 | 0 | 0 | | 0 | 0 | 0 | | 0 (상품 충전 의뢰) |

　제품 가스를 고객에게 공급하기 위해서는, 용기에 가스를 충전해야 하고, 충전된 가스를 검사(분석, 외관 검사)한 결과 문제가 없어야 한다. 이 과정은 제조 공정에 포함되며, 이 공정을 거치게 되면 완성품으로서 자격을 얻게 된다. 이 완성품들이 물류센터에 입고되면, 물류센터에서는 용기 외관에 스티커를 붙인 후, 포장 상태를 검사한다. 그런데 여러 이유로 인해, 1차 외관 검사를 제조 공정에서 하지 않고 물류센터에 입고 후 진행하는 경우도 있다. 취급 품목이 위험한 가스이기 때문에, 언제든, '가스가 누출될 수 있다'라는 가능성을 가지고 이야기한다면, 물류센터에서 외관 검사를 할 수도 있다. 다만, 이러한 방식의 물류센터 운영은 SCM 측면에서 바람직하지 않다. 예를 들어, 물류센터에서 1차 외관 검사 결과 이슈가 발생하면 제조 사업장으로 다시 보내야 한다. 그나마 중량 이슈의 경우 제조 사업장으로 보내는 데 큰 문제가 없지만, 가스 누출의 경우 문제가 심각해진다. 설상가상으로 누출된 가스가 보관 공간을 오염시키면 2차, 3차 피해로 이어지게 된다. 게다가 물류센터에 입고된 재고는 1차 외관 검사가 종료되기 전까지 완성품으로 볼 수 없으므로, S&OP 프로세스에 혼란을 가져올 수 있다. 만약 물류센터에서 1차 외관 검사를 해야 하는 방향으로 정해진다면, 외관 검사만을 위한 별도 공간을 반드시 구축해야 한다. 그렇지 않으면, 많은 양의 가스를 보관하고 있는 공간에서 가스 누출 검사(Leak Test)를 해야 하는데, 긍정적이지 않다. 왜냐하면, 첫째, 입

고된 용기들에 대해 즉시 Leak Test를 한다는 보장이 없다. 둘째, 보관구역은 보관을 목적으로 하는 것이지, 가스 누출 여부를 검사하는 공간이 아니다. 셋째, 가스가 누출된다면 넓은 보관 구역 전체를 오염시킬 수 있다. 하지만 대부분 이 부분들에 대해 그리 중요하게 생각하지 않고 간과하기 쉽다. 따라서 물류센터 운영을 위한 개념 정립 시, 보관소에서는 보관만 하고 외관 검사는 별도로 지정된 공간에서 진행할 수 있도록 패러다임을 전환해야 한다. 가스 공급 기업이 제품은 물론 상품도 공급한다면, 물류센터에 상품 분석이 가능한 시설을 구축하는 것이 매우 긍정적이다. 왜냐하면, 상품은 Vendor 기업에서 제조 후 유통된 것이지만, 가스 공급 기업 입장에서는 고객에게 납품 전에 한 번 더 검사(분석, 외관 검사)를 해야만 하고, 검사만 종료되면 물류센터에서 즉시 고객 납품이 가능하기 때문이다. 만약 물류센터에 분석 시설이 없다면, 상품을 하역 및 분류한 이후, 상품에 적합한 분석 시설이 있는 제조 사업장으로 용기를 옮겨 분석을 마치고, 다시 물류센터로 이동시켜야 한다. 기업 환경에 따라 다르겠지만, 상품 용기가 왕복하는 과정에서 보관 장소도 따로 필요하고, '당일 이동된 수량을 모두 분석을 마칠 수 있다'라는 가능성도 없기에, 결론적으로는 물류 흐름이 복잡해지고 비효율적이며, 적응성도 낮아지고, 낭비 또한 발생할 가능성이 크다.

그리고 가스 산업에서는 고객의 수요를 충족하기 위한 완성품 재고도 중요하지만, 가스를 충전할 수 있는 용기를 계획적으로 준비하는 것도 매우 중요하다. 왜냐하면, 회수 용기 또는 신규 조달 용기가 제때 준비되지 않으면 가스를 충전하여 고객에 공급할 수 없기 때문이다. 따라서 완성품(제품과 상품) 외에도 회수 용기, 재검사(대상, 완료) 용기, 신규 조달 용기 등도 같이 취급되도록 구축해야 한다. 이에 추가로 물류센터에서 회수 용기, 재검사(대상, 완료) 용기, 신규 조달 용기를 복합적으로 취급하게 된다면, 전처리(내면 처리, 잔류가스 처리, 배기 등) 공정 또한 같이 구축되는 것이 바람직하다. 왜냐하면, 회수 용기, 재검사(대상, 완료) 용기, 신규 조달 용기들을 충전 가능한 상태로 전환하기 위해서는 전처리 공정이 필요하기 때문이다. 예를 들어, 고객으로부터 회수된 용기 중 이슈가 없는 용기들이 충전 가능한 상태로 전환되기 위해서는 잔류가스 처리 및 배기 공정을 거쳐야 하며, 이슈가 있는 용기들은 잔류가스 처리, 밸브 탈부착 및 내면 처리, 배기 공정을 거쳐야 한다. 재검사(대상, 완료) 용기와 신규 조달 용기들은 가스 공급 기업마다 협력사와 어떻게 계약을 했느냐에 따라 상이하겠지만, 충전 가능한 상태로 입고되지 않는다면, 밸브 탈부착 및 내면 처리 그리고 전처리 과정을 거쳐야만 한다. 최근의 트렌드는 중·장기적으로, 가스 공급 기업 입장에서 내부 경제성 및 효율성을 극대화하기 위해, 내면 처리 시설을 자체 보유하려고 노력하는 편이다. 이러한 트렌드라면, 재검사 완료 용기와 신규 조달 용기들은 충전 가능한 상태로 입고되지 않을 가능성이 크다.

게다가 일반적으로 가스 산업 제조 사업장에서는 용기를 많이 보유하고 있을 필요가 없다. 용기를 많이 보유할수록 사업장이 복잡해지고, 앞부분에서도 언급한 것처럼 용기는 각종 문제점을 숨기는 역할을 하기에, 용기가 많을수록 제조 사업장에서 발생하는 각종 프로세스상의 이슈들을 잘 보이지 않게 만든다. 따라서 물류센터에서는 용기 공급 계획을 수립한 후 충전 가능한 상태로 전환시켜 보관하고 있으면서, 생산 계획에 따라 제조 사업장에 용기를 공급하면 된다. 즉, 제조 사업장에서는 생산 계획에 따라 소요되는 용기만 제때 공급받아 고객이 원하는 품질의 제품을 만들면 된다. 따라서 제조 사업장의 충전 대기 용기 보관소는 Mass 개념이 아닌 Cross Docking 개념으로 운영되는 것이 바람직하다.

또한, 물류센터는 고객으로부터 회수된 용기를 보관하고 제조 사업장에 용기를 공급하기 때문에, 용기 외관과 스키드 등에 문제 발생 시에 후속 조치 및 유지·보수가 가능한 시설을 구축하는 것도 중요하다. 예를 들어 440L 사이즈 용기의 경우, 스키드에 문제가 있으면 이동에 문제가 있기에 충전이 제한된다. 그리고 용기 외관에 이슈가 있는 용기들을 제조 사업장으로 이동시킬 경우, 제조 사업장의 내부 또한 오염된다. 특수가스를 충전하고 분석하는 시설이 깨끗하지 않다고 생각해 보자. 여러분이 고객이라면 어떠한 생각이 들겠는가? 따라서 용기 외관을 클리닝하고 스키드를 유지·보수하는 시설을 같이 구축하는 것이 필요하다. 결론적으로 가스 산업 물류센터는 가스가 충전된 용기에 대해서는 운송, 보관, 분류, 포장, 하역, 정보 기능이, 가스가 충전되지 않는 용기에 대해서는 운송, 보관, 분류, 하역, 정보, 유지·보수 기능을 보유하고 있는 것이 긍정적이다. 그리고 가스를 공급하는 기업이 제품뿐만 아니라 상품까지 취급한다면 물류센터에 분석 기능이 추가되어야 하고, 제조 공정에서 1차 외관 검사를 진행하지 않는 경우에는 1차 외관 검사 기능까지 보유해야 하는데, 이 부분은 앞에서 언급한 것처럼 SCM 관점에서는 바람직하지 않다.

# 5.3 물류센터 운영 목표

가스 산업 물류센터의 운영 목표는, 크게 안전·환경 사고 '0', 서비스 수준 향상, 비용 절감으로 구분할 수 있다.

| 물류센터 운영 목표 | 후속 조치 | |
|---|---|---|
| 안전·환경 사고 '0' | 3정 5S | |
| | My Machine&My Area | |
| | SOP(Standard Operation Procedure) | |
| | 법, 규정 SOP 관련 교육 훈련 시행(정례화) | |
| 서비스 수준 향상 (고객, 협력사, 해당 기업 내부) | 고객 | A |
| | 고객, 협력사 | B |
| | 고객, 해당 기업 내부 | C |
| | 고객, 협력사 | D |
| | 고객, 해당 기업 내부 | E |
| | 고객 | F |
| 비용 절감 | H | |
| | 프로세스 간소화 | |
| | G | |
| | I | |
| | J | |
| | K | |
| | 정보 시스템, 설비, 장비 과잉 투자 억제 | |

상기 물류센터 건설 및 운영 목표 중에서 '**위탁 관리 및 고객에게 공동 배송**' 내용에 관해 이야기해 보겠다. 가스 용기를 보관하고, 분류하며, 출하하는 시설을 인허가받는 것은 타 업종과 비교해 볼 때 어렵다. 즉, 가스 용기 관련 창고나 물류센터에 대해 인허가를 받기는 쉽지 않다. 그리고 일반적으로 고객은 협력사 다원화 방침에 따라서 다양한 기업으로부터 가스를 공급받고 있는데, 가스를 공급하는 기업에서 고객과 사전에 약속된 하역 시간을 지키지 않으면, 고객은 불편함을 겪게 된다. 예를 들어 월요일 오전 9시에는 A 기업이 하역을 하고, 오전 10시에는 B기업이 하역을 하고, 오전 11시에는 C 기업이 하역을 하게 되어 있는데, 만약 B 기업의 사정으로 인해서 10시에 하역하지 못하면, C 기업은 11시 하역이 제한되기에 B 기업의 하역 시간은 오후로 미뤄질 수밖에 없다. 이로 인해 고객은 예정되지 않은 시간에 하역해야 하는 불편함이 생기고 B 기업도 불편함이 발생한다. 또한, B 기업의 사정에 의해 완제품 하역이 지연되면 B 기업의 회수 용기 하역도 지연되고, 회수 용기가 지연 도착함으로 인해 B 기업 내부 회수 용기 보관 창고 관계자, 내부 물류 관계자, 전처리 및 충전 관계자들까지 좋지 않은 영향을 받게 된다. 그리고 고객에 납품 시에는 다양한 이유로 차량 용적률은 낮은 편이다. 상기의 내용을 종합해 보면, 가스를 보관, 분류, 하역하는 용도의 창고 또는 물류센터에 대한 인허가 과정은 어렵고 일반적으로 고객은 다양한 가스를 필요로 하기에, 하루에 여러 번 가스 공급 기업들로부터 가스를 받아야 하는 번거로움이 있고, 가스 공급 기업이 고객과 약속된 시간을 제때 지키지 못하면 고객과 가스 공급 기업 모두에게 불편함이 발생한다. 그리고 다품종을 공급하는 기업에서는 하역 횟수가 잦고 하역 시간이 상이할 뿐, 1대의 운송 차량이 동일한 고객의 여러 사업장에 제품과 상품을 공급하는 경우가 잦아 그나마 용적률이 높은 편이나, 일반적으로 930L 이하 용기들의 적재함 용적률은 낮은 편이다. 따라서 930L 이하 용기들의 적재함 용적률을 높이려면, 이층 버스와 같이 패러다임을 전환해야 한다. 하지만, 현실적으로 이는 쉽지 않다. 왜냐하면, 화물차량에 2단으로 적재할 수 없다고 법과 규정에 명시된 것도 없고, 실제 연구와 노력을 축적해 본 결과 현실적으로 불가능한 것도 아니지만, 가스 공급 기업, 정부, 고객을 대상으로 가스 용기에 대한 하역 패러다임을 단기간에 전환하는 것은 어려웠기 때문이다. 어떻게 보면 "구더기가 무서워 장 못 담근다."라는 속담이 잘 어울리는 대목이다. 여러분이 본서를 읽고 있는 오늘도, 전국적으로는 용적률 낮은 다양한 가스 차량들이 움직이고 있고 사고 발생 가능성은 상존하고 있다. 이러한 관점에서 볼 때, 다양한 규모의 가스 공급 기업에 물류를 각각 맡기기보다는 가스 공동 물류가 실현될 수 있도록 정부와 대기업 차원에서 많은 연구와 노력을 진행할 필요가 있다.

■ 제조 사업장에서 발생하는 사고는, 사업장 전체 폐쇄로 이어질 수 있으므로, 물류시설 폐쇄 위험을 최소화하고 고객에게 적응성 있는 대처가 가능하기 위해서는, 제조 사업장과 분리된 지역에 보관, 출하, 운송 관련 공간과 시설의 구축이 필요하다. 그러나 가스를 공급하는 기업 중에서 소규모 기업의 경우 제조 사업장을 벗어나서 큰 비용을 들여 관련 공간과 시설을 구축하기는 현실적으로 쉽지 않다.

■ 위험 물질의 특성상, 위험 물질 보관, 분류, 출하 시설의 경우, 정부 허가가 쉽지 않으며, 점차 증가하는 주거 및 상업지역으로 인해 도로 이용이 용이하고 재정적으로 부담이 적은 장소 또한 찾기가 쉽지 않다.

■ 가스 물류의 경우, 제조업에 비해 자동화·현대화 속도가 늦은 편이며, 프로세스 개념을 적용하기에 애매한 부분이 많아 관리 사각지대에 놓일 가능성이 매우 크다.

■ 고객에게 납품 및 회수를 위한 운송 시에는 차량 용적률이 높지 않다. 따라서 용적률을 높이는 방법은 공동 물류화이다. 또한 용적률이 낮은 차량들이 각각 움직이는 것은 탄소 배출량 증가, 효율성 저하 등을 초래하기도 하지만, '다양한 사고 발생 가능성도 증가할 수 있다'라는 것을 암시한다.

■ 고객이 공급받는 가스는 다양하기에, 고객의 입장에서 가장 좋은 것은 약국에서 약을 받는 것과 같은 프로세스로 변화하는 것이다. 약국과 제약 기업은 다품종 소량 수요·공급 형태이기에, 제약기업은 약국이 주문한 품목을 Package화해서 공급하는 편이며, 더 나아가 타 제약기업의 약까지도 Package화하여 공동 배송을 진행한다. 예를 들면, 약국에서 A사, B사, C사 약이 필요한데, 이때 약국은 A사, B사, C사에 모두 주문하지 않는다. A사, B사, C사 중에, 공동 물류센터를 운영하는 제약기업에 요청을 하고, 공동 물류센터에서는 여러 기업의 약들을 Package화하여 공급하게 된다. 공동 물류센터에서는, 약국의 수요 대비 재고를 검토하고, 기준보다 보유 수준이 낮아진 품목들을 보충해 달라고 여러 제약 기업에게 요청하게 된다.

■ 상기의 관점을 고려 시, 우후죽순으로 소규모 가스 보관 시설을 늘리기보다는 통합 관리 시스템을 구축하는 것이 안전하고 체계적일 수 있으며, 가스 공동 물류는 또 다른 'Business Model'이 될 것이다.

# 5.4 물류센터 검토

### 5.4.1 관련 법규

물류센터 건설 및 운영을 위해서는 가장 최우선으로 관련 법규부터 검토해야 한다. 왜냐하면, 가스 산업 물류센터는 위험한 물질을 취급하여 타 업종에 비해 따져야 할 법 규제가 많기 때문이다.

| 구분 | 근거 | 항목 |
|---|---|---|
| 「학교보건법」 (2016. 9. 3 시행) | 「학교보건법 시행령」 제3조 제1항 | 학교환경위생 정화구역 |
| 「고압가스 관련 검사업무 처리지침」 (2015.12.31 개정) | 「가스법령 고시지침」 제3절 제5조 | 용기 보관실에서 보관할 수 있는 고압가스 용적 산정 및 안전거리 산정 방법 |
| 용기에 의한 고압가스 판매의 시설·기술·검사 기준 (2015.07.03) | 2.1. 배치 기준 | 2.1.2 보호시설과의 거리 |
| | | 2.1.3 화기와의 거리 |
| | 2.3 저장설비 기준 | 2.3.1 저장설비 자료 |
| | | 2.3.2 저장설비 구조 |
| | | 2.3.3 저장설비 설치 |
| | 2.7 사고 예방 설비 기준 | 2.7.2 가스 누출경보 및 자동 차단 장치 설치 |
| | | 2.7.3 전기방폭설비 설치 |
| | | 2.7.4 환기설비 설치 |
| | 2.8 피해 저감 설비 기준 | 2.8.2 방호벽 설치 |
| | | 2.8.4 제독설비 설치 |
| | | 2.8.5 중화·이송설비 설치 |
| | 2.9 부대설비 기준 | 2.9.1 계측설비 설치 |
| | | 2.9.4 운영시설물 설치 |

| | | |
|---|---|---|
| 용기에 의한 고압가스 판매의 시설·기술·검사 기준 (2015.07.03) | 2.10 표시 기준 | 2.10.1 경계 표시 |
| | | 2.10.2 경계책 |
| | 3.1 안전유지 기준 | 3.1.2 저장설비 유지 관리 |
| | 3.3 점검 기준 | 3.3.3 저장설비 점검 |
| 고압가스 운반 차량의 시설·기술 기준 (2014.12.10) | 2.1 고압가스 운반 차량 (시설 기준) | 2.1.1 독성가스 용기 운반 차량 |
| | | 2.1.2 독성가스 외 용기 운반 차량 |
| | 2.2 차량에 고정된 탱크 운반 차량 (시설 기준) | 2.2.1 탱크 설치 |
| | | 2.2.2 경계 표지 설치 |
| | | 2.2.3 응급조치 장비 비치 |
| | 2.3 차량에 고정된 2개 이상을 서로 연결한 이음매 없는 용기의 운반 차량 (시설 기준) | 2.3.1 용기 설치 |
| | | 2.3.2 경계 표지 설치 |
| | | 2.3.3 응급조치 장비 비치 |
| | 3.1 고압가스 운반 차량 (기술 기준) | 3.1.1 독성가스 용기 운반 차량 |
| | | 3.1.2 독성가스 외 용기 운반 차량 |
| | | 3.1.3 운반책임자 동승 기준 |
| | 3.2 차량에 고정된 탱크 운반 차량 (기술 기준) | 3.2.1 이입 및 이송 작업 |
| | | 3.2.2 운행 |
| | | 3.2.3 운반책임자 동승 |
| | | 3.2.4 재해 발생 및 확대방지 조치 |
| | 3.3 차량에 고정된 용기 운반 차량 | 3.3 차량에 고정된 용기 운반 차량 |

## 5.4.2 전략적 관점에서 先 시스템 後 Operation 방향 정립

신규 물류센터를 운영함에 있어서 조기 안정화, Rule과 시스템 기반의 실행 역량 확보는 매우 중요하다. 따라서 전략적 수준에서 先 시스템 後 Operation을 위한 방향을 정립해야 한다.

| 구분 | 목표 | 대상 | 비고 |
|---|---|---|---|
| 기준 정보 검토 | ◎ 물류센터 운영을 위한 기준 정보 수립 및 유지·관리 체계 수립 | ◎ 기업 기준 정보(제품, 원료, 용기, 설비, 고객사, 협력사 등 Code 정보) | ◎ 가스 기준 정보 및 Code 체계 분석 |
| | | ◎ 물류 기준 정보(공정 기준, Capa, L/T, 작업 시간 등 계획 기준 정보) | |
| 프로세스 정립 | ◎ 물류센터 프로세스 및 운영 기준 정립 | ◎ 물류센터 표준 프로세스<br>- 포장 프로세스<br>- 보관 및 분류 프로세스<br>- 출하 프로세스<br>- 하역 및 운송 프로세스<br>- 회수 프로세스<br>- 제조 사업장에 공급하는 프로세스<br>- 재검사, 폐기 프로세스<br>- 유지·보수 프로세스 | ◎ 가스 업무 운영 프로세스 및 운영 기준 분석<br>◎ 업무 연계성 검증 |
| | | ◎ 업무 운영 프로세스<br>- 내부 물류<br>- 회계, 결산 프로세스 | ◎ 가스 업무 운영 프로세스 및 운영 기준 분석<br>◎ 업무 연계성 검증 |
| 표준체계 수립 | ◎ 업무별 운영 기준 및 표준체계 명확화 | ◎ 작업 표준<br>- 공정별 작업 표준 수립 | |
| | | ◎ 설비 표준<br>- 설비별 운영 기준, 유지·관리 체계 | |
| | | ◎ 외관 품질 표준<br>- 관리 기준 | |
| | | ◎ 안전·환경 표준<br>- 환경안전 관리 및 점검 기준 | |
| 시스템 구축 방안 수립 | ◎ 시스템 구축을 위한 구현 방안 구체화 | ◎ ERP 시스템과 연계한 재고 관리 및 물동 운영 | ◎ 기존 시스템 활용 방안 검토<br>◎ 신규 시스템 및 인프라 구축 방안 검토 |
| | | ◎ WMS 시스템 구축 방안<br>- 공정 기준 및 Gathering Point | |

| | | | |
|---|---|---|---|
| Check<br>List 수립 | ◎ 물류센터 Operation을<br>위한 필수 준비 사항 및 운영<br>역량 점검, 항목 정리 | ◎ 기준 정보 점검<br>- 운영 기준 및 업무표준 점검<br>- 공정별 관리 기준 및 작업 표준<br>- 외관 품질 관리 기준 및 품질 표준<br>- 설비관리 기준 및 설비별 표준 | |

## 5.4.3 계획 순서

| 계획 순서 | 구분 | 비고 |
|---|---|---|
| 조건 결정 | ◎ 물류센터 역할<br>◎ 협력사, 제조 사업장<br>◎ 고객사의 위치와 수<br>◎ 물류센터 위치<br>◎ 물류센터 규모<br>◎ 취급 품목과 재고 운영 수준 | ◎ (Process+Distribution) Center<br>◎ 협력사(국내 OO개소, 국외 OO개소), 제조시설 OO개소, 고객 OO개소<br>◎ OO시 OO구 OO읍 OO리 OO번지<br>◎ 저장 수준[(일일 출고물량 기준 국내 OO일, 해외 OO일), 상품 OO일]<br>◎ OO 제조 사업장과 OO 제조 사업장의 제조 품목 반영<br>◎ 취급품목 특성(가연성, 부식성, 산화성, 독성)<br>◎ 중량, 형상, 출하량, 리드 타임<br>◎ 비용<br>◎ 안전·환경 |
| 기본 계획 | ◎ 물류센터 부지<br>◎ 시설(건물) 형식 및 규모<br>◎ 물류시설의 구조/배치 | ◎ 각종 법규 조건 검토(안전·환경, 고압가스, 위험물, 건축, 소방)<br>◎ 입고, 포장, 분류, 저장, 출하, 하역, 운송 Process 정립<br>◎ 취급 품목 특성, 내외부 작업 및 물류 흐름을 조합하여 시설과 설비 배치<br>◎ 비용 관점 검토, 결정<br>※ 인허가: OO시청, OO소방서, OO교육 지원청 |
| 상세 계획 | ◎ 용기 Size(입고, 보관, 포장, 분류, 출하, 하역)<br>◎ 장비, 설비, 보조기기 사양<br>◎ 정보 시스템 RFP<br>◎ 시설, 설비, 작업 레이아웃 | ◎ 내외부로 다양한 Handling을 위한 용기 Size 및 형상<br>◎ Handling을 위한 설비, 보조기기 결정<br>◎ 운송 차량 사양과 하역 계획<br>◎ 시설, 설비, 작업을 Mix 후 Drawing한 상태에서 레이아웃<br>◎ 사무 및 정보처리 |
| 운영 요령 결정 | ◎ 작업 기준과 관리 방법 결정<br>◎ 인원 소요 결정<br>◎ 정보 시스템 개발 및 이행방법 결정<br>◎ 각종 SOP 제정(정립)<br>◎ 장비, 설비, 보조기기 발주 | ◎ 작업 기준과 관리 방법 결정(4M, 육하원칙, 비즈니스 리듬)<br>◎ 주 인원(T/O)과 보조 인원 결정<br>◎ 장비, 설비, 보조기기 발주 및 유지·보수 계획(4M, 육하원칙, 비즈니스 리듬)<br>◎ SOP 제정(정립): (필요시 제조시설, 협력사, 고객과 연계)<br>◎ 정보 시스템 개발 및 테스트 |

# 5.5 회수 용기 클리닝 및
## 스키드 유지·보수 시설

용기를 무한정 신규 조달하지 않는 한, 고객에게 납품하기 위해서는 회수 용기를 이용하여야 한다. 그런데 용기의 경우 장시간 사용하다 보면, 녹과 불순물로 외관이 오염되기 쉽고, 스키드에 문제가 있는 경우도 종종 발생한다. 특히, 스티커 접착물질에 의한 외관 오염은 매우 심각하다. 매일 스티커를 제거하는 것도 일이지만, 스티커 내부에 붙어 있는 접착제는 잘 제거되지 않으며, 이를 제거하는 과정에서 용기 도장이 벗겨져 녹 발생으로 이어진다. 용기 외관에 발생한 녹과 불순물은 가스 공급 기업의 제조 사업장을 오염시킬 뿐만 아니라 고객의 사업장까지도 오염시키게 되고, 스키드에 문제가 있는 경우 용기 이동이 불가하여 충전 자체가 불가능하게 된다. 따라서 용기가 회수되면 이러한 이슈들이 없는 상태에서 제조 사업장에 용기를 공급할 수 있도록 물류센터 운영 개념을 정립하고 구축해야 한다. 다음은 물류센터에 회수 용기 클리닝 및 스키드 유지·보수 시설을 구축하기 위해 용어 개념을 정립한 표이다.

| 구분 | | 사전적 정의 | 업무를 진행하면서 정립한 정의 |
|---|---|---|---|
| 용기<br>(930L<br>이하<br>사이즈) | Cleaning | ◎ 표면의 유지<br>◎ 오염물을 제거하는 것 | ◎ 스티커 제거 및 스티커 제거제를<br>사용하여 이물질을 없애는 것 |
| | 도장 | ◎ 도료를 칠하거나 바름<br>◎ 부식을 막고 모양을<br>내기 위함 | ◎ 용기 외부 전체에 도료를 칠하는 것 |
| | Touch Up | ◎ 끝손질의 의미<br>◎ 보통 도료의 도장 누락<br>부분이나 손상 부분을 보수<br>도장하는 것을 말함 | ◎ 용기 일부분에 도료를 칠하는 것 |
| | 녹 제거 | ◎ 금속의 표면에 생기는 부식 생성물(腐蝕生成物)을 제거하는 것<br>(47L 용기 바닥의 경우, 별도 기준 필요함) | |
| 스키드<br>(930L<br>이하<br>사이즈) | 본체 보수<br>(외부 협력사 정비) | 없음 | ◎ 본체 강관, 핸들러 봉, 볼트, 너트 보수 |
| | 바퀴 교체 | | ◎ 전체 및 부분 교체 |
| | 녹 제거<br>(도장, Touch Up 포함) | ◎ 금속의 표면에 생기는 부식 생성물(腐蝕生成物)을 제거하는 것 | |
| | 결박 밸트 교체 | 없음 | ◎ 스키드를 고정하는 벨트의 전체 및<br>부분 교체 |

다음의 그림은 용기 외관에 스크래치, 오염물과 녹이 발생하는 예다.

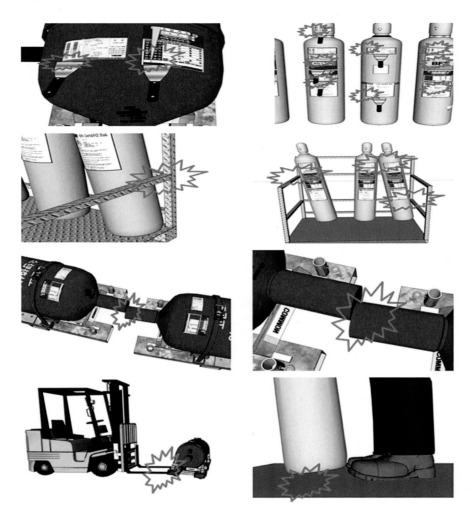

　그리고 다음은 스티커 접착 물질로 인해 더러워진 용기 표면과 각종 스크래치로 인해 녹이 발생한 실제 사진이다. 설상가상으로 스티커 접착 물질은 시중에서 판매하는 제거제로도 잘 닦이지 않는다.

　수만 BT 이상의 용기를 운영하면서 수작업에만 의존하여 용기 외관 이슈를 관리하는 것은 한계가 있다. 따라서 수작업에서 현대화·자동화로 점진적으로 옮겨가야 하며, 작업 시 용기 외관이 손상되지 않는 방법 또한 찾아 적용해야 한다. 한 가지만 예를 들면, 수작업으로 스크래퍼(Scraper)를 이용하여 용기 표면의 스티커를 제거(상기 표에서는 Cleaning으로 정의)하는 방식은, 용기 도장을 손상시켜 녹을 발생시킴은 물론, 용기에 붙은 스티커 접착 물질도 깨끗하게 제거할 수 없고 작업 시간도 많이 소요된다. 즉, 이러한 작업방식은 녹을 발생시키고, 용기 외관도 깨끗하게 할 수 없고, 인력도 많이 소요되어 경제성, 효율성이 매우 떨어진다. 게다가 스티커를 제거하는 작업은 근골격계에 좋지 않은 영향을 미치기에 작업자에게도 긍정적이지 않다. 그래서 오랜 시간 검토한 끝에 스티커 제거 시 용기 외관 도장에 손상을 입히지 않으면서, 스티커 접착 물질은 쉽게 제거되고, 현대화·자동화가 일부 반영되어 인력 운영에 효율이 있는 방법을 찾아 현실에 적용하였다. 그리고 다음의 표는

Cleaning 및 Touch Up 작업 시, 기존의 수작업 방식에서 패러다임을 전환한 결과, 실제로 경제성과 효율성이 향상된 결과를 나타낸 예다.

| 구분<br>(1일 회수 물량)<br>〇〇방식 | | | AS-IS<br>(기존 작업 방식)<br>〇〇방식 | TO-BE | | 비고 |
|---|---|---|---|---|---|---|
| Cleaning,<br>Touch<br>Up | 47L<br>(XXXBT) | 인원<br>소요 | 8명 | 4명 | 4명 | TO-BE 방식<br>적용 결과 50%<br>효율 발생 |
| | 440L<br>(XXBT) | | 4명 | 2명 | 2명 | |
| 총계 | | | 12명 | 6명 | 6명 | |

하지만, 개선한 작업 방식이 100% 만족할 만한 수준은 아니다. 전 세계적으로 용기 외관 관리 분야는 수작업에 의존할 뿐, 자동화·현대화와 관련하여 이렇다 할 레퍼런스가 없다 보니 앞으로도 연구를 통해 지속해서 개선해야 할 여지가 많다. 여러분이 고객이라면 같은 품명의 가스를 공급받는 입장에서, 더러운 용기를 공급하는 기업을 택하겠는가? 아니면 깨끗한 용기를 공급하는 기업을 택하겠는가? 가전제품의 경우, 품질은 기본이고 하나에서 열까지 마케팅이 중요한 역할을 하기에, 외관과 각종 이슈 발생 시 서비스는 물론이거니와 심지어 포장 박스까지도 신경 쓴다. 이러한 관점에서 수만 BT 이상 용기를 운영하는 가스 공급 기업이 반드시 알아야 할 것은 '용기 외관의 품질도 품질이다'라는 점이다. 왜냐하면 고객 입장에서는 가스 품질만 중요한 것이 아니라 용기 품질, 밸브 품질, 용기 외관 품질까지 모두 중요하기 때문이다. 게다가 용기 외관 품질 저하는 심각한 안전·환경 문제로도 이어진다. 왜냐하면 가스 누출(Leak)이 발생할 수 있기 때문인데, 지면과 충격·마찰이 발생할 수밖에 없는 용기 바닥의 경우, 도장이 쉽게 훼손되고 녹에 의한 부식이 발생하여 실제로 가스가 누출(Leak)되는 경우가 발생했다.

## 5.6 고객으로부터 회수, 재검사(대상, 완료), 신규 조달 용기의 보관·분류

가스 산업 물류센터는 고객에게 납품할 재고를 확보하고 관리하는 것도 중요하지만, 충전 가능한 용기들을 준비하는 것도 매우 중요하며, 고객이 사용한 용기를 회수하는 것, 재검사 대상 용기를 협력사에 보내고 다시 회수하는 것, 신규 조달 용기를 제작 협력사로부터 공급받는 것 등이 충전을 위한 용기 준비 과정에 해당한다. 게다가 폐기 대상 용기 또한 취급해야 하므로, 물류센터는 가스가 충전된 제품과 상품 용기, 고객으로부터 회수된 용기, 재검사 대상 또는 완료 용기, 신규 조달 용기, 폐기 대상 용기들을 관리해야 하기에, 가스 공급 기업 용기 물류의 허브(Hub) 역할을 한다. 보통 '가스가 충전된 제품과 상품의 재고만 관리하면 되지 않나?'라고 생각할 수도 있지만, 회수 용기, 재검사 대상 용기, 신규 용기들의 재고 또한 잘 관리하지 않으면 충전이 제한되고 궁극적으로는 고객 납품에 문제가 발생하기에 간단히 생각할 분야가 아니다. 그리고 용기 물류 허브 역할을 하다 보니, 조금만 방심하면 용기 관련 데이터가 꼬여 버린다. 그래서 용기를 취급할 수 있는 공간과 시설의 구축도 중요하지만, 이 분야의 업무 또한 제대로 정립하여 운영해야 한다. 만약 겉만 번지르르하고 실제 업무에 디테일이 없다면, 문제를 인지한 시점부터 1년 이상의 시간과 노력을 투자해 용기 재물조사를 해야 할 수도 있다. 그리고 회수 용기, 재검사 대상, 폐기 대상 용기를 수집하고 관리하는 것은 Reverse Logistics에 해당한다. 일반적으로 Reverse Logistics는 Green Logistics와도 연계되며. 크게 ① 반품, ② 폐기, ③ 회수, ④ 재활용 분야로 구성되고, ① 불확실성, ② 고비용, ③ 다양한 Step 및 구성원과의 연계, ④ 시간성, ⑤ 관심 부족으로 추적 및 가시성 확보 어려움, ⑥ 정보 시스템 구축 및 활용도가 낮음 등의 특성이 나타나는데, 가스 산업 또한 분위기가 유사하다.

다음은 용기 물류 허브(Hub)에서 해야 할 업무에 대해 개략적으로 예를 들어 보겠다. 이렇게까지 업무 관련 '예'를 언급하는 사유는, 수만 BT 용기를 운영하는 가스 공급 기업에서 '용기 물류 허브(Hub)'를 어떠한 수준으로 어떻게 관리하느냐'는 정말 중요하기 때문이다. 용기 물류 허브(Hub)를 제대로 관리하지 못해 꼬여버린 데이터를 정상화하려면 정말 큰 노력과 시간이 필요했기에, 수만 BT 이상의 용기를 운영하는 가스 공급 기업에서 용기 관련 적응성, 효율성, 경제성, 효과성을 극대화하고 싶다면, 본인이 강조하는 내용을 절대 간과하지 않기를 바란다.

### ◎ 해외 고객 공급 불가 용기 이슈 조치

■ 각 나라의 인증(KGS, DOT, SELO 등)에 문제가 없더라도 해외 고객에 공급을 위해서는, COA, 용기 외관 각인, 용기 성적서가 모두 일치해야 하는데, 용기 성적서에 사인이 누락되어 있거나, 용기 번호 중복 이슈, 성적서 미보유 등으로 해외 고객에게 공급 불가한 용기들이 발생한다. 이러한 용기들의 경우 정보 시스템에 팝업이 발생하도록 설정하여, 선별 후, 재검사를 진행하고, 재검사가 완료된 이후에는 데이터 후속 조치를 취한다(상세 업무 내용 생략).

### ◎ 외부 협력사 잔류가스 처리

■ 잔류가스 처리 대상 용기 List 작성, 외부 협력사 가능 일정 확인
■ 정보 시스템 처리
■ 외부 협력사로 용기 반출
■ 외부 협력사에서 용기 입고 후 분류(상세 업무 내용 생략)

### ◎ 용기 신규 등록 처리

■ 신규 조달된 자산 용기, 타 경쟁사로부터 매입한 용기, 타사(경쟁사, 공급사) 소유 용기
- 용기 입고 전 확인: 입고 예정 List 확인, 용기 번호 중복 여부 확인, 성적서 확인
- 입고 후 확인: 1차 용기 가등록, 성적서와 실물 확인, 검사 후 이상 없는 용기에 한해서 2차 정식 등록, 성적서 등록(상세 업무 내용 생략)

## ◎ Vendor 소유 용기(원료, 상품)

- 용기 등록 여부 확인 및 등록(Vendor에서 어떤 번호의 용기로 공급할지 알 수 없음)
- 가스 사용 후, 충전의뢰 가능 여부 검사, 필요시 후속 조치
- 충전 의뢰 및 데이터 정리(상세 업무 내용 생략)

## ◎ 성적서 관리

- 성적서는 용기 관리에 있어서 매우 중요하다. 그런데 현실에서는 중요성이 많이 부각되어 있지 않은 편이다. 성적서 관리 업무에는 기본적으로 성적서를 등록하는 업무 외에도 성적서에 담당자 사인이 되어 있는지 여부, 재검사 성적서의 경우 실제 용기 번호와 일치하는지 여부, 성적서에 기록된 내압 시험 일자와 정보 시스템에 입력된 검사 일자의 일치 여부, 수출 기준 변경 발생 시 성적서 수정 가능 여부 등이 있다. 성적서를 관리하는 데 있어서 주의할 사항은, 성적서 관리를 구매팀에서 하는 경우 잘 안될 수도 있다는 점이다. 왜냐하면, 성적서는 사전에 구매팀으로 전달되고, 용기 실물은 나중에 물류센터로 입고되는데, 이러한 과정에서 성적서의 내용과 실제 용기가 일치하는지를 확인하는 작업이 경계선상에서 누락되거나 모호하게 진행될 가능성이 크기 때문이다. 이렇게 되면 구매팀에서는 용기 실물이 언제 들어 왔는지 잘 알지 못하고, 용기 실물과 성적서가 일치되는지에도 관심이 낮아지게 된다. 물류센터 또한 마찬가지이다. 용기가 입고되면 성적서와 일치되는지를 확인하기보다는 용기 외관의 각인을 보고 정보 시스템에 등록하기만 한다. 각자 해야 할 일을 안 한 것은 아니다. 다만, 성적서와 용기 실물이 일치되는지 여부를 확인하지 않았기 때문에 향후 용기 운영 시 이슈 발생 가능성이 상존한다. 따라서 성적서는 용기 실물을 취급하는 부서에서 관리하는 것이 효과적이다. 그리고 성적서를 관리할 수 있는 정보 시스템을 구축하지 않았다면, 하루라도 빨리 정보 시스템을 구축하기 바란다. 수만 BT 이상의 용기를 운영하는데, 종이 성적서를 그대로 유지하는 것은 대단히 비효율적이고 비생산적이다. 1장의 용기 성적서에는 용기 1BT만 기록되어 있는 것이 아니다. 동일 사이즈, 동일 각인 용기의 경우, 수십, 수백 개의 용기 번호가 같이 등록되어 있기도 하다. 따라서 용기 이슈 발생 시 해당 용기 번호가 등록된 성적서를 찾는 것은, 백사장에서 모래알 찾기와 유사하다. 정말 몇 명이 며칠을 성적서와 씨름해야 하는 경우도 발생한다(상세 업무 내용 생략).

상기 내용 외에도, 각종 예산 관리, 용기 매각, 폐기 업무 등의 업무 또한 해야 한다. 종합해 보면, 가스 산업 물류센터에는 고객으로부터 용기를 회수하고 회수된 용기를 적기·적량 제조 사업장에 공급하기 위한 보관·적정 수량 관

리, 고객에 공급할 제품과 상품의 보관·포장·분류·하역 관리, 재검사(대상, 완료), 신규 조달 용기의 등록·보관·분류·하역 관리, 용기와 스키드의 클리닝·유지·보수 관리 등 다양한 프로세스가 공존하기에, 물류센터는 용기 물류의 허브 역할을 한다. 따라서 이러한 프로세스들에 대한 중요성이 부각되지 않으면 가장 기본적인 데이터 관리부터 무너지기 시작하므로, 총 수명주기 관리 체계 관점에서 용기 관리가 제대로 될 리가 없다.

# 5.7 재고

다음 표에 있는 내용은 재고 기준을 검토하는 과정에서 한 번쯤은 접해 보고 고민해 본 공식과 개념들이며, 그중에서 일부만 나열해 보았다.

> ■ $Z^* \sqrt{L^*}\sigma$, $Z^* \sqrt{(Lbar^*\sigma d^2 + dbar^{2*}\sigma l^2)}$, $\sqrt{(2Co^*D/Ch)}$, $Za \times \sqrt{(LT^*\sigma\_d^2 + d^2{}^*\sigma\_LT^2)}$ ASL, OST, PROLT, ALT, PLT, DLT, SO, RP, SL, OL, EOQ, 지수평활법, 이동 평균법, 회귀 분석법, 산술 평균법, 기타 등등

본인은, 식품, 피복, 유류, 가스, 수리 부속, 장비 등의 업을 경험하면서, 조직이 지향하는 Mass(군의 비축과 치장 개념 포함) 기반 하에서, 또는 On Time 기반 하에서 조직 수준에 의해 어쩔 수 없이 고도의 SCM이 요구되지 않은 상태 또는 고도의 SCM이 요구되는 상태에서 상기 내용들의 적용과 활용을 검토해 보았다. 그 결과 공통적으로 이야기할 수 있는 것은, 있는 그대로 실무(현업)에 적용할 수는 없고, 상기 내용들을 일정 수준 적용하고 활용하기 위해서는 업의 특성과 처한 특수한 환경, 그리고 수요·공급 관련 데이터들 (Accuracy, On Time)의 신뢰성과 가시성을 높여야만 했다는 것이다. 제품과 상품을 취급하는 특수가스 산업에서는, B2B 특성상 안정적인 수요를 형성하고 제조 공정이 비교적 단순한 관계로 재고 기준을 설정하는 것이 그리 어렵지 않다. 다만, "가스 용기는 2M 이상 적재할 수 없다."라는 규제로 인해, 제품과 상품의 보관 과정에서 많은 공간과 시설이 필요하고 이는 비용 부담으로 연계되므로, 실시간 수요·공급을 고려하여 고객 납품에 문제가 없는 방향에서 재고는 최소화하는 개념을 정립하는 것이 필요하다. 어떻게 보면, 각

종 공식과 개념에 얽매이기보다는 이러한 공식과 개념은 참고 사항일 뿐이고 Sense&Respond가 유지될 수 있는 프로세스와 시스템, 그리고 조직문화를 유지하는 것이 '더 의미가 있다'라고 할 수 있다.

제 **6** 장

# Episode

SUPPLY CHAIN MANAGEMENT

# Episode 1. PI에 대한 추가 생각

앞에서 SCM에 관해 기술한 내용 중, "SCM이 프로세스를 통해 현실에 보인다."라고 기술한 내용이 있다. 상기의 내용은 나아가 "SCM 수준을 좌우하는 것은 프로세스"라는 문장과도 일맥상통한다. 따라서 SCM 수준을 높이려면 프로세스의 수준, 즉 프로세스 경쟁력을 높여야 하는데, 일반적으로 이를 위해 필요한 것은 PI(Process Innovation) 활동이다. PI 활동에 대해 간략하게 이야기하면, 현재 프로세스를 분석하여 TO-BE 프로세스로 설계 및 변경하고, TO-BE 프로세스의 산포를 줄이는 데 도움이 되는 정보 시스템을 구축하고, TO-BE 프로세스와 정보 시스템이 조화를 이룰 수 있도록 조직을 개편 또는 구축하고, 전체 최적화 관점에서 KPI, 평가체계와 인력 양성에 대해 지속해서 검토하고 실행하는 것이다. PI 활동을 위해 현재 프로세스를 분석하고 TO-BE 프로세스로 설계 및 변경하는 것은 아주 번거로운 과정이다. **우선 구성원들을 이해시키고 공감대를 형성해야 한다. 왜냐하면 기존부터 근무해 온 구성원들은 본인들이 하는 일들에 대해서 '왜 이렇게 일을 해야 하는지'에 대해 별다른 느낌을 갖지 못하고, 기존에 배운 대로, 해 오던 대로 일을 하고 있을 가능성이 매우 크기 때문이다.** 즉, 매너리즘에 갇혀 쳇바퀴 돌듯이 일하고 있을 가능성이 매우 크다. PI를 진행하는 방법은 크게, 기업 자체적으로 진행하는 방법과 외부 컨설턴트의 도움을 받는 것이다. 기업에서 자체적으로 PI를 진행한다면 거의 잘 되지 않을 것이기 때문에, 주의해야 할 일반적인 상황은 다음과 같다. CEO가 생각한 바가 있어, CEO 주관 회의 시 CEO의 방향을 개략적으로 이야기하고 추진을 이야기하였다. 그리고 COO에게 누가 PM을 할 것인지를 정하고, 전사 각 분야에서 담당자들을 선발하여 추진 TFT를 구축하자고 하였다. 회의 종료 후, COO 주관으로 TFT 관련 회의 결과, 회사에 오랫동안 근무해 온 부장 이상의 직급 인원을 핑퐁(떠넘기기) 현상 또는 인기투표 방식을 통해 PM으로 선정하였으며, TFT에서 일해야 하는 인원은 각 분야에서 선발해 주기로 하였다. 얼마 후, COO 주관 회의를 통해 선정된 PM은, 각 분야에서 선발해 준 인원들을 소집하여 회의를 진행하였다. 이 회의에서 PM은 얼마의 주기로 정례화된 TFT 미팅을 할 것인지, 향후 미팅 시마다 어떤 인원부터 결과물을 발표할 것인지 등의 내용으로 회의를 진행하고(행사 사회자 수준), 분야별 담당자에게 다음과 같이 요청한다. "분야별로 알아서 현재 프로세스를 분석하고, TO-BE 방향을 검토해 오라."라고 말이다. 이렇게 이야기하는 것은 PI 관련 이야기를 들었거나 책을 조금이라도 읽어 본 사람은 누구나 할 수 있는 수준이지만, PM은 이 정도 수준에서 회의를 진행하고, 분야별 담당자들을 대상으로 실적 관리에 들어간다. 분야별 TFT 인원들은 본인들이 소속된 분야의 경영진이나 팀장이 참여하라고 해서 참여하게 되었다. 어떤 비전을 가지고, 왜 해야 하고, 뭘 어떻게 하라고 하는 것인지도 잘 모른다. 그렇다고 해서 현재 매일 하는 일들에 부담이 줄어든 것도 아니다. 본인들의 MBO는 TFT 업무와 상관없으며, '팀장이나 경영진도 위에서 하라고 해서 이야기하는 것'일 뿐, 별 관심이 없는 눈치이다. **'이러한 상황에서 시작된 PI TFT, 그리고 이러한 상황이 지속되는 PI TFT는 100% 실패한다.'** 100% 성공을 바라지도 않는다. 일정 수준에서 PI 효과를 보려면, 우선, 충분한 교육을 통해 공감대를 형성해야 한다. 그리고 PM은 해당 기업에 오랜 기간 근무했던 인원이 아닌, 해당 기업을 잘 모르는 인원 중에서 정말 PI에 적합한 능력을 보유하고 있는 인원을 선정해야 하며, PM은 단순 사회자 역할이 아니라 모든 분야의 결과물에 대해 Facilitator 역할은 물론, 필요시에는 각 담당자 입장에서 같이 기안하고 검토하는 역할도 해야 한다. 그리고 TFT 분야별 담당자는 조직에서 최고로 우수한 인원이 선발되어야 한다. 예를 들어 400m 계주를 함에 있어, 4명 모두 100m를 10초 이내에 들어올 수 있는 선수들로 구성해야 우승이 가능할 수 있다. 두 명은 9초 후반대의 기록을 가지고 있는데, 두 명은 12초 이내에 기록 유지가 불가능하다면, 경기 도중, 타 팀에서 넘어지고 배턴을 놓치는 일이 없는 한 이 팀이 우승할 확률은 '0'이다. 본문의 내용과 다소 거리가 있지만, 이 대목에서 추가하고 싶은 이야기는 사업을 함에 있어서 상대방이 넘어지거나, 배턴을 놓쳐서 내가 앞서나가게 된 경우가 종종 발생할 수 있다. 그런데 문제는 이 부분에 대해서 '자신이 잘해서 앞서 나가게 되었다'라고 생각하는 것이다. 아이러니하게도 이러한 상황을 자주 경험할 수 있었다. 다시 본론으로 돌아와 이야기하면, TFT에서 부여받은 일은 담당자별 MBO에 상당 부분 반영되어야 한다. 각 담당자들은 기계가 아닌 사람이다. 여러분에게 남들보다 더 일하라고 하고, 그것도 평가에 반영되지 않는 일을 더 하라고 하면 어떠한 생각이 들겠는가? 각 담당자들이 TFT 일을 할 수 있도록 여건과 평가 체계를 제대로 만들어 놓고 일을 하라고 해야 한다. 그리고 각 담당자가 소속되어 있는 팀의 팀장이나 경영진이 담당자가 TFT에서 하는 일에 관해 관심을 보여 주어야 한다. **왜냐하면, 일반적으로 '상급자가 관심 없는 일을 하급자 스스로 주관을 가지고 한다는 것' 자체가 현실적으로 쉽지 않기 때문이다.** 이러한 부분들부터 제대로 되어야만 그나마 올바른 방향과 속도로 '현재 프로세스를 분석하고, TO-BE 프로세스로 설계 및 변경할 수 있는 준비가 되었다'라고 볼 수 있다. 즉, 기업 자체적으로 PI를 하겠다고 하면, 우선 이러한 '인문학적 관점'에서 접근을 해야 한다. 왜냐하면, 사람이 하는 일이기 때문이다. 이러한 특성으로 인해, 대기업을 제외한 인력난을 겪고 있는 중견, 중소기업에서 PI를 자체적으로 실시하기는 대단히 어렵다. 그래서 중견, 중소기업을 보면 밖에서 보는 이미지와 내부적으로 운영되는 프로세스 간에는 상당한 차이가 있기도 하다. 그동안 경험으로 볼 때, 이러한 인문학적 관점이 간과된 상태에서 시작한 PI TFT의 결과의 대부분은 용두사미였으며, 이 과정에서 PM과 각 담당자 사이에 책임 떠넘기기 현상은 항상 발생했다. 몇 번 이렇게 반복하다 보면 내부에 내성만 강해져, 기존에 근무하고 있는 인원을 통해 새롭게 추진력을 얻는 것은 거의 불가능하였다.

다음은 외부 컨설턴트에게서 도움을 받는 경우이다. 컨설턴트에게서 도움을 받는 경우, 컨설턴트에게 도움을 받는다고 하지만 우선 컨설팅을 받는 기업이 컨설턴트에게 도움을 주어야 한다. 왜냐하면, 아무리 능력 있는 컨설턴트라고 해도 본인이 직접 밑바닥부터 해 보지 않은 분야의 경우, 컨설턴트가 우선 해당 업종을 제대로 이해해야 그다음에 본인이 가지고 있는 노하우와 일정 수준 이상으로 표준화된 Tool에 접목시켜 PI를 이끌어나갈 수 있기 때문이다. 그리고 컨설턴트의 의지와는 상관없이 추가 변수로 작용하는 것이 있는데, 바로 기업 구성원들의 수준이다. 예를 들어, 컨설턴트 입장에서 A 수준의 자료를 요구했는데, 컨설팅을 진행하는 기업으로부터 A 수준의 자료를 기대할 수 없는 경우에는 제아무리 유능한 컨설턴트라도 방법이 없다. 방법은 컨설턴트가 하나하나 시간을 가지고 제대로 파악하는 것뿐이다. 따라서 컨설턴트가 단기간에 방향을 설정할 수 있도록 기업이 도움을 주기 위해서는 우수한 인력을 많이 참여시켜야 한다. 하지만, 인력난을 겪지 않는 기업을 제외하고는 이를 실행하기가 쉽지 않다. 여기서 인력난을 겪지 않는 기업의 경우란 비단 '구성원의 수'에만 해당하지는 않는다. '구성원의 능력, 수준, DNA' 또한 해당된다. 여러분이 장기를 두는데, 앞뒤, 좌우 1칸씩만 움직일 수 있는 졸을 5개 보유하고 있는 것보다, 차, 포, 마, 상, 졸 5개를 보유하고 있는 것이 이길 확률이 높은 것과 같은 이치이다. 따라서 외부 컨설턴트를 활용하는 것도 우수한 인력의 참여가 필요한 점을 고려했을 때 기업 입장에서는 쉽지 않다. 따라서 많은 기업의 경우, 정보 시스템 도입 이슈를 통해 정보 시스템 구축 협력사에서 제시하는 단기간 PI에 의존하는 경우가 잦다. 하지만, Vision, Mega, Major, 프로세스, Sub 프로세스, Task, Activity 등으로 세세하게 구분되지 않고 정보 시스템 구축에 중점을 둔 제한적 범위의 단기간 PI는 구축된 정보 시스템까지 애물단지 또는 무용지물로 만들 수 있다. 정보 시스템을 도입하면서 진행하는 PI에도 AS-IS 프로세스와 TO-BE 프로세스가 포함되며, TO-BE 프로세스 중에는 정보 시스템에 맞추기 위해 어쩔 수 없이 정립된 것들도 있다. 단언컨대, 어떤 기업이든 AS-IS 프로세스와 TO-BE 프로세스 사이에는 분명히 차이가 있다. 왜냐하면, 기업의 Vision, 규모, 취급 품목, 물동량, 고객, 외부 환경 등은 실시간으로 변하기 때문이다. 만약 어떤 기업의 AS-IS 프로세스와 TO-BE 프로세스에 있어 차이가 없다면, TO-BE 프로세스를 제대로 검토 및 수립하지 못한 경우이거나, 기업이 자체적으로 수립된 Vision

을 추구하기 위해 올바른 방향과 속도로 PI를 지속해서 실천한 결과로 AS-IS 프로세스와 TO-BE 프로세스 간의 차이가 줄어든 상태일 것이다. 특히, 단기적 정보 시스템 구축 과정에서 진행한 PI에서 AS-IS 프로세스와 TO-BE 프로세스 간에 차이가 없는 경우는 실제로 차이가 없으면 좋겠지만, 대부분 TO-BE 설계를 제대로 하지 못한 경우이다. 이러한 경우, 정보 시스템은 AS-IS를 좀 더 효율적으로 하는 수준으로 구축된다. 더 안타까운 것은 AS-IS에 제대로 구축된 일과 프로세스만 있는 것이 아니기에, 잘못된 일과 프로세스까지도 정보 시스템을 활용하여 효율적으로 진행하는 결과를 낳는다는 점이다. 그리고 AS-IS 프로세스와 TO-BE 프로세스 간에 차이가 큰 경우, 구축된 정보 시스템이 조기 운영 안정화를 거쳐 정상화로 진행되기보다는, 수년 이상 운영 안정화만 반복될 가능성이 크다. 왜냐하면 AS-IS 프로세스와 TO-BE 프로세스의 차이를 극복하는 과정은 고객, 내부 구성원, 비용, R&R, 기타 등등에 영향을 받아야 하거나 반대로 영향을 주어야 하는데, 이 과정이 쉽지 않기 때문이다. 대부분의 경우, AS-IS 프로세스와 TO-BE 프로세스를 보면 "당연히 TO-BE 프로세스로 가야 한다."라고 만장일치로 이야기한다. 하지만, 책상에 앉아서 문서만 보고 이야기하는 사람들은 탁상공론 상태에서 의견 일치가 되었을 뿐, 실제로는 간과하는 것들이 많다. 실제 해 보지 않은 TO-BE 프로세스로 가는 길에는 예상되는 다양한 이슈와 예상할 수 없는 다양한 이슈들이 발생한다. 이를 극복하기 위해서는 다양한 지식, 기술, 경험, 노하우 등을 조직 내에 축적해야 하며, 이러한 축적의 과정은 구성원들의 생각하고 행동하는 방식에서 발생한 조직문화의 영향 또한 받기에 TO-BE 실현은 쉽지 않다. **'험난한 정의의 길'이라는 이야기를 들어본 적이 있을 것이다. 이상하지 않은가? 누구나 당연히 가야 한다고 생각하는 정의의 길로 가는데 왜 험난하다고 할까? 그리고 선진 기업들의 우수한 시스템이 오랜 기간 공개 및 공유되었는데, 왜 후발주자들은 그것을 따라잡기 어려운 것일까? 일반적으로 선진 기업에서 출시한 제품은 기술자의 영입, 모방과 일시적 패러다임의 전환 등을 통해, 일정 수준으로 어떻게든 따라 할 수 있을지는 몰라도, 보다 디테일하고, 보다 혁신적인 제품과 사업을 만들 수 있는, 조직 내 생각하는 방식**

**과 업무하는 방식, 즉, 선진 기업에 축적된 구성원들의 철학, 프로세스, 시스템을 단기간에 따라잡거나 내 것으로 만들기는 쉽지 않다.** 단순히 보는 것, 듣는 것, 생각하는 것과, 실제로 행동하는 것에는 차이가 있다. 이러한 관점에서 AS-IS 프로세스에서 TO-BE 프로세스로 변화하는 것은 간단하지 않으며, 상당 부분 또는 근본적으로 기업의 체질을 개선해야만 가능하다. 우리가 우리 몸의 체질을 개선하려면 어떻게 해야 하는지를 생각해 보면 이해가 빠를 것이다. 여러분이 현재 비만인 상태여서, 병원에서 20kg 정도의 살을 빼라고 권고받았다. 20kg의 살을 빼려면 어떻게 해야 하는가? 식단도 조절해야 하고, 규칙적인 운동도 해야 하고, 술과 야식을 줄이는 등 다양한 노력을 해야 한다. 즉, 생각하고 행동하는 방식을 변화시켜야 한다. 그리고 생각하고 행동하는 방식을 단기간 동안 바꾸었다고 살이 빠지는가? 인고의 노력을 지속한 끝에 살이 빠지게 되며, 그 인고의 노력 기간에 여러분의 시간과 노력과 비용 또한 투입되어야만 가능하다. 그래서 정보 시스템을 TO-BE 방향으로 구축했음에도 불구하고 단기간에 TO-BE 방향으로 활용은 어려우며, 심지어 현실은 AS-IS 수준에서 벗어나지 못해서 일정 부분은 정보 시스템으로 하고 일정 부분은 수작업을 병행하는 등 정보 시스템을 구축하기 전과 후가 별 차이가 없는 경우도 자주 발생하게 된다. 이러한 경우, 잦은 혼란이 발생되기에 안정화를 위한 회의는 증가하고, **최악의 상황에는 구축된 정보 시스템을 버리고 "새로 구축해야 한다."라는 여론이 형성되기도 한다.** 하지만, 이러한 수준과 상태에서는 어떤 시스템을 도입하더라도 결과는 유사하다. 이와 같이 PI와 관련하여 아무런 준비도, 경험도 없이, 단기간에 외부 컨설턴트를 통해 무언가 얻기를 바라는 것은 지나친 욕심이다. 그래서 기업에서는 사전에 혁신을 선도하는 조직 구축을 통해 일정 수준의 워밍업을 진행할 필요가 있다. 여러분도 잘 알겠지만, 특히 한겨울에 워밍업을 하지 않은 상태로 장비를 갑자기 가동하면, 장비의 고장은 잦고 수명은 오래가지 못한다.

# Episode 2. 영화 〈FOUNDER〉에서 느낀 프로세스와 PI

"실제 해 보지 않은 TO-BE 프로세스로 가는 길에는 예상되는 다양한 이슈와 예상할 수 없는 다양한 이슈들이 발생한다. 이를 극복하기 위해서는 다양한 지식, 기술, 경험, 노하우 등을 조직 내에 축적해야 하며…"

상기 내용은 Episode 1에서 언급한 내용이다. 그리고 정보 시스템을 구축한 후 조기 안정화를 이루지 못하는 경우 중의 하나는 "문서적으로 검토한 AS-IS와 TO-BE 관련 차이를 현실에서는 단기간에 극복하지 못하기 때문"이라고도 앞부분에서 언급하였다. 우리가 일반적으로 일을 시작할 때 TO-BE 방향으로 생각하고 진행하기는 쉽지 않다. 대부분 많은 시행착오를 거치면서 TO-BE 방향으로 나아가게 되는데, 이러한 관점에서 〈FOUNDER〉라는 영화는 본인에게 정말 많은 의미를 부여하였다. 영화의 배경 시점은 1950년대인데, 이 당시에 이미 맥도날드 형제들은 PI 활동을 사업에 접목하고 있었다. 영화 〈FOUNDER〉는 맥도날드의 탄생과 성장 과정을 보여 준다.

이 영화를 보면서 맥도날드의 창업자와 프랜차이즈로 성공한 사람이 달랐다는 것에 놀라웠고, 프랜차이즈로 성공하기 위해 맥도날드 창업자로부터 Royalty를 빼앗는 과정에서는 씁쓸하기도 하였다. 하지만, 생산과 판매에 이르는 프로세스를 체계적으로 분석한 후, 실제 작업해야 하는 구성원들의 생산성, 효율성, 편리성 등이 극대화될 수 있도록, **테니스장에 매장 규모의 배치도를 그려놓고 구성원들의 동선(動線)에 대해 시뮬레이션을 반복하는 장면**에서는 정말 큰 감동을 받았다. 〈FOUNDER〉는 프로세스와 PI의 중요성을 일깨워 주는 영화다.

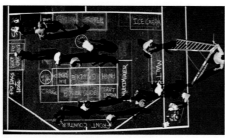

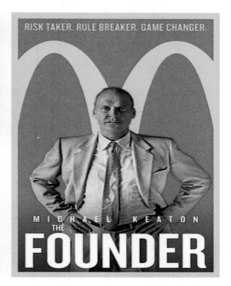

# Episode 3. 조직문화에 긍정적인 영향을 주는 SCM

여러분은 살면서 얼마나 많은 텃세를 경험해 보았는가? 본인은 3~4년에 한 번씩 지역과 R&R, 조직을 옮겨야 했기에 다양한 텃세를 경험해 본 편이다. 텃세가 많은 업종과 분야도 있었고, 상대적으로 적은 업종과 분야도 있었다. 물론, 이는 업종별, 분야별로 근무하는 '개인의 차'에 의해서도 일부 다르게 나타나지만, 업종과 분야별로 각기 다른 텃세는 존재하였고 그 정도에 차이도 있었다. 아이러니한 점은 작은 규모의 조직으로 갈수록, "가족 같은"이라는 용어를 많이 쓰기도 하는데, SCM을 함에 있어, 혹독한 인고의 시간을 보내야만 했던 곳이 많았기에 본인은 지금도 "가족 같은"이라는 말에 적지 않은 의구심을 갖는다. 왜냐하면 "가족 같은" 조직문화를 강조하는 문구는, SCM을 하는 입장에서 현실과 상당히 동떨어진 느낌을 받을 때가 많았기 때문이다. '가족'인데 기존 생각과 행동하는 방식을 답습하지 않는다고 그러는 것일까? '가족'인데 간섭해서 그런 것일까?

조직문화는 그 조직 구성원들이 생각하고 행동하는 방식으로부터 축적될 가능성이 매우 크다. 더 명확하게 이야기하면, '구성원들이 업무를 수행하면서 생각하고 행동하는 방식이 점차 굳어져서 대부분 조직문화로 자리 잡게 된다'라는 것이다. 여러분이 조직에 소속되어 있다면 여러분은 조직에서 부여한 일을 하면서 시간을 보내게 된다. 일반적으로 "일이 힘들어서 그만두는 경우보다 사람이 힘들어서 그만두는 경우가 더 많다."라는 이야기를 들어본 적이 있을 것이다. 만약 여러분이 일하는데 상대방이 내 마음과 같이 움직여 주지 않고, 상대방으로 인해 내가 하는 일이 지연되거나 문제가 되고, 상대방과 일을 하면서 잦은 마찰을 일으키게 되고, 서로 책임지지 않으려고 떠넘기고,

많은 구성원이 자신이 하는 일의 방향과 속도는 '무조건 옳다'고 믿고 있다면 어떠할까? 그리고 이러한 상황에서 잦은 갈등이 발생하고, 갈등이 좋은 방향으로 해소되지 않아 상대방에 대한 믿음이 사라진다면 어떻게 될까? 여러분이 우선 명확하게 이해해야 할 점은, 이 모든 것은 휴식 시간에 잠시 커피 한 잔 하면서, 점심시간에 식사를 하면서 발생하지 않고, 오로지 '조직이 부여한 일을 하면서 발생한다'라는 것이다. 결국, 일하면서 사람과 사람 간에 발생한 갈등들과 깨져버린 믿음은 고스란히 조직문화에 좋지 않은 영향을 미치게 되고 시간이 지날수록 더욱더 단단하게 굳어져 버린다. 이렇게 좋지 않게 굳어져 버린 조직문화를 다시 풀기 위해서 조직에서는 다양한 시도를 하게 된다. 특히, 행사 등을 통해 풀어내려고 많은 시도를 하는데, 행사를 '근본적 치료제인 것'처럼 생각하고 행동하는 것을 본인은 그리 권장하고 싶지 않다. 왜냐하면, 행사는 근본적인 해결책이 아닌 반짝 보여 주기 방식에 가까울 수도 있기 때문이다. 그렇다고 행사 자체를 부정하는 것은 아니다. 다만, 그동안 많은 행사에 참가해 보았고 많은 행사를 기획하고 개최해 보았지만, 잦은 행사가 구성원들의 근본적 생각과 행동의 변화에 큰 영향을 주지 못했던 것을 경험했기에 이야기한 것이다. 앞에서 언급한 것처럼 좋지 않은 조직문화는 대부분 업무를 수행하면서 발생한다. 따라서 업무적으로 풀어내는 것이 중요하기에, 반짝 행사 개최 후 마지막에 웃으면서 사진 한 장 찍는 것에 너무 기대하지 않았으면 한다. 왜냐하면 행사가 끝나면 다시 업무로 돌아가야 하고, 실제 업무 과정에서 많은 문제는 여전히 지속될 것이며, 설상가상으로 단기간에 해결되지 않고 지속된다면 불신으로 이어져 조직문화에 악영향을 미칠 것이기 때문이다. 즉, 구성원 서로에게 불신과 단절이 발생하지 않도록 업무적으로 풀어내는 것이 중요하며, 행사는 부가적인 조치이다. 이러한 관점에서 SCM은 조직문화를 좋은 방향으로 바로잡는 데 도움이 된다. 왜냐하면, SCM은 조직이 소멸할 때까지 올바른 방향과 속도로 지속해서 실행 가능한 프로세스가 유지되는 것을 추구하는데, 프로세스가 올바른 방향과 속도로 지속해서 실행 가능하게 된다는 것은, 구성원 서로가 하는 일들이 톱니바퀴처럼 잘 맞아 돌아간다는 것을 의미하기 때문이다. 즉, 모든 프로세스가 톱니바퀴처럼 잘 맞아 돌아갈 수 있도록, 구성원들이 생각하고 행동하는 방식을 변화시켜, **근본적인 체질을 변화시키는 것이 SCM이고 이를 위한 대표적 수단 중 하나가 PI이다. 따라서 조직에서 조직문화를 위해 구성원들을 대상으로 행사를 많이 하는 것이 중요한 것이 아니라, 업무적으로 갈등이 최소화되도록, 그리고 발생한 갈등이 단절로 연계되지 않도록 하는 것이 조직문화에 더 도움이 되므로, PI에 많은 관심과 노력을 기울여야 한다.** 구성원들을 대상으로 하는 행사가 1년에 한 번뿐이라도, 구성원들이 조직과 상대 구성원들에게 신뢰와 긍정적인 마음으로 참여한다면, 보여 주기 방식의 행사를 10번 하는 것보다 낫다. 그리고 S&OP 프로세스 또한 좋지 않은 조직문화를 바로잡는 데 있어서 좋은 Tool이다. 왜냐하면, 기업 구성원들이 하는 일은 모두 수요·공급 프로세스 안에 포함되며, S&OP는 Visibility를 기반으로 구성원들에게 올바른 방향과 속도의 R&R과 비즈니스 리듬을 정립할 수 있게 해 주는 프로세스이기 때문이다. 간단한 내용이지만, 여러분도 한번 생각해 보자. 몇 번이나 물어봐야 겨우 신뢰성 있는 데이터 확보가 가능하고, 물건을 납품하면 고객은 항상 다양한 불만을 쏟아내고, 갑자기 많은 양의 물건을 만들어 내라고 하고, 많이 만들어 내라고 해서 만들어 놓았더니 팔리지는 않고, 일정한 시점에 상대방이 내용 업그레이드를 해 주어야만 나는 그다음 일이 가능한데 항상 내용 업그레이드는 내가 독촉 메일이나 전화를 해야만 겨우 된다면 여러분의 마음속에는 어떤 생각이 들겠는가? 본인의 경험상, 단순 회의 방식이 아닌, 톱니바퀴처럼 맞아 돌아가는 프로세스에 의한 S&OP는 수요·공급 분야에 근무하는 구성원들의 불신을 상당 부분 해소시켰다. 하지만, **조직마다 구성원들이 생각하고 행동하는 방식, 수준이 상이한 상태에서 기존 업무 수행 방식들이 자리 잡고 있으므로, 톱니바퀴처럼 맞아 돌아가는 프로세스 형태로 S&OP를 구축하고 유지하기는 쉽지 않았다.**

## Episode 4. 프로세스와 PI에 대한 중요성을 깨닫게 된 계기

본인이 프로세스와 PI에 관심을 갖고 중요성을 깨닫게 된 계기는 많지만, 특히 다음의 세 경우가 가장 크게 영향을 미쳤다.

**첫째, 다양한 조직에서, 다양한 분야에 대해, 다양한 직책과 직급을 통한 경험이다.**

물론 어떤 한 분야에서 장인 정신을 가지고 오랫동안 일하는 것도 좋은 현상이라고 판단한다. 꼭 다양한 조직에서, 다양한 분야에 대해, 다양한 직책과 직급을 통해 경험하는 것이 긍정적이라고 이야기하는 것이 아니다. 다만, 한 곳에 오래 머물러 있다 보면, 조직과 일에 대해 보다 나은 철학을 깨우치지 못하고 단순히 시간만 흘러 아집과 고집, 매너리즘이 발생할 수도 있기에 '이러한 점을 경계하는 것이 필요하다'라는 차원에서 이야기한 것이다. 약 22년 간 조직 생활을 하면서 항상 내 머릿속을 떠나지 않은 것은, '도대체 SCM은 무엇인가?'였다. 직간접적으로 많은 이론을 접해 보았지만, 항상 현재 내가 하는 일과 SCM을 매칭시키기가 어려웠다. 왜냐하면, 여러분도 잘 알다시피 이론과 현실에는 괴리감이 있었기 때문이다. 그러다가 어느 순간 영화에서 본 문구가 갑자기 스치듯 지나갔다. "뜻만 기억하고 요결(要訣)은 잊어버려라." 이 문장은 중국 무협영화 〈의천도룡기〉(1994)에 나오는 대사이다. 〈의천도룡기〉에서, 사부 장삼풍이 장무기에게 태극권을 가르치면서 했던 이 대사는, 나에게 의미하는 바가 매우 컸다. 본인이 1994년에 이 영화를 처음 보았을 때는 별생각이 없었고. 그저 무술이 화려하다는 느낌을 받았다. 하지만 다양한 분야의 업무를 경험하면 할수록 장삼풍이 했던 대사들을 곱씹어 보게 되었다.

장삼풍이 바라보는 장무기는 이미 무술의 근본(根本)을 이해하고 다양한 무술을 연마한 상태였기에, 장삼풍이 긴급하게 보여 준 태극권의 몇몇 초식을 태극권의 전부인 것처럼 생각하지만 않는다면, '장무기는 스스로 무술의 근본과 연계하여 태극권을 이해하고, 더 많은 초식을 스스로 구현할 수 있다'는 것을 장삼풍은 장무기에게 깨우쳐 주려고 하였다. 즉, 이 영화는 "태극권을 포함한 각종 무술 나무들이 모여서 무림이라는 하나의 숲을 이루고 있으며, 숲을 구성하는 나무들은 생김새만 다를 뿐, 모두 같은 땅에 뿌리를 내리고 양분을 공급받고 있다."라는 것을 이야기하고 있다. 20대 초중반부터 시작한 나의 지난날들을 돌이켜 보면, '여러 조직과 보직을 옮기면서' 근본을 생각하기보다는, 상황에 따라 어떤 특정 부분이 매우 중요한 것처럼 집착하고 진행했던 기억이 있다. 즉, 숲을 보고, 숲이 어떻게 이루어졌고, 숲이 어떻게 유지되고 있는지 등 전체를 제대로 들여다보지 않은 상태에서, 특별히 눈에 띄는 큰 나무들 중에서 썩은 나무만을 중요하게 생각하고 골라내는 방식이었다. 그리고 썩은 나무만 골라내면 숲의 나무들 중에는 썩은 것이 더는 없으며, 향후 숲에는 더 이상 썩은 나무가 발생하지 않을 것처럼 생각하고 이야기하기도 하였다. 물론 썩은 나무를 제거하는 것도 중요하지만, 왜 숲에서 그 나무만 썩게 되었는지, 썩은 나무로부터 영향을 받은 나무들은 없었는지, 썩은 나무를 제거하면 나무 주위와 숲에 어떤 영향을 미치게 되는지, 썩은 나무는 그동안 숲에 어떠한 영향을 미쳐 왔는지, 또다시 썩은 나무가 발생할 가능성은 없는지, 나무가 썩지 않게 하려면 어떻게 해야 하는지 등이 더 중요함에도 불구하고 역량을 집중하여 깊게 고민하지 않았다. 그리고 이러한 방식의 사고는 근본을 제대로 알지 못한 상태에서 보여 주기 방식이나 부분 최적화 수준으로 연계되는 경우가 많아, 시간이 지나면 지날수록 예측하지 못한 다른 병목(Bottleneck)들을 유발하기도 하였다. 즉, 프로세스를 고민하고 PI를 통해 올바른 방향과 속도로 만들기보다는, 사람과 조직이 조금만 바뀌어도 올바른 방향과 속도를 보장할 수 없는 단기적 임기응변에 가까웠다. 지금까지 본인이 경험한 SCM은 조직에 따라 각기 다른 모양의 숲을 형성하고 있었다. 숲을 이루고 있는 나무의 크기와 종류도 달랐고, 썩은 나무의 수량에도 차이가 있었으며, 숲의 규모도 달랐다. 하지만, 모든 숲은 땅을 근간으로 하며, 나무들이 땅에서 양분을 공급받고 있다는 사실은 동일하였다. 이러한 의미에서 볼 때, 어떤 조직이든 다양하게 적용 가능하도록 SCM의 본질을 제대로 이해하는 것이 중요하지, 특정 기법들에 치우쳐서 SCM을 생각하는 것은 바람직하지 않다. 그리고 본인의 경험상 숲을 보지 못하거나 보려고 하지 않고 잘 보이는 썩은 나무만 제거하는 것은 상대방에게 빠른 시간 내에 뭔가 잘하고 있는 것처럼 역량이 있는 것처럼 보일 수 있다. 그리고 정말 안타깝지만 썩은 나무만 제거하는 것을 주도했던 구성원은 인정받게 되어, 승진하거나 보다 나은 직책과 조직으로 옮겨가기도 하였다. 그러나 문제는 썩은 나무만 제거됨으로 인해 추가로 발생하는 각종 이슈는 남아있는 구성원들이 모두 부담해야 했다는 점이다.

### 둘째, 전투세부시행규칙 제·개정 경험이다.

본인의 전문분야는 Logistics이었고, 전투 임무 조직과 행정 임무 조직에서 번갈아 가며 근무하였기에 다양한 조직, 분야, 사람들과 업무를 할 수밖에 없었다. 이렇게 근무하는 기간 중에 다양한 전투세부시행규칙과 마주쳐야 했다. 전투세부시행규칙은 상급 조직의 계획을 기반으로 세부적으로 풀어야 한다. 여러분도 잘 알겠지만, 상급 조직의 계획일수록 방향에 가깝다 보니 하부 조직에 비해 조금 더 개략적이다. 여러분의 소속되어 있는 기업도 마찬가지다. 비전이 있고, 그 비전을 달성하기 위한 경영 방향을 세분화하고, 각 경영 방향을 기반으로 연간 사업 계획을 수립하며, 수립된 각 사업 계획을 추진하기 위해서 분야별로 어떻게 일을 할 것인지 세세하게 정립하고, 최종적으로는 구성원 개인별 MBO를 수립하는 단계까지 이르게 된다. 이러한 관점에서 전투세부시행규칙도 상급 조직의 계획을 기반으로, 내가 지휘, 통제, 관리하는 조직이 추구해야 할 방향과 각 구성원이 해야 할 임무, 구성원들이 임무를 제대로 수행하기 위해서는 어떻게 행동해야 하는지를 정말 세세하게 검토하고 정립해야 한다. 즉, 상급 조직의 방향에 내가 지휘, 통제, 관리하는 조직 프로세스가 맞아 돌아가야 하고, 조직 프로세스에 하위 조직의 Sub 프로세스가 맞아 돌아가야 하고, Sub 프로세스에 구성원 개인별로 아주 세세한 Task, Activity까지 제대로 맞아 돌아가야 한다. 그리고 혹 발생할 수도 있는 우발 상황들까지 Thinking 프로세스를 통해 끊임없이 도출하여, 우발 상황 관련 예방 또는 후속 조치 프로세스들을 정립하고 이 프로세스들까지 톱니바퀴처럼 맞아 돌아가게 해야 했다. 여기서 이야기하고 싶은 것은, 전투세부시행규칙이 아니라, "상급 조직의 방향이나 계획을 충분히 이해하고, 내가 지휘, 통제, 관리해야 하는 조직은 무엇을 어떻게 해야 하는지에 관한 큰 개념 정립도 내가 해야 했고, 각 하위 분야 그리고 하위 분야별 담당자가 어떻게 개념을 정립하고 행동해야 하는지에 대해서도 내가 검토, 토의, 정립, 최종 교육해야 했고, 말단 계급 구성원이 해야 하는 Task, Activity까지 제대로 정립된 것인지를 육하원칙에 근거하여 세세하게 확인하는 등, 처음부터 끝까지 프로세스를 기획하고, 그 안에서 올바른 방향과 속도로 인원, 물자, 장비가 톱니바퀴 돌아가듯 돌아가게 만들고, 실제로 제대로 되는지를 끊임없이 평가하고, 미흡한 분야를 보완하고, 미흡하지 않더라도 항상 일정 수준 이상의 유지를 위해 교육 훈련을 진행했던 경험이 중요했다."라는 것이다. 처음에는 왜 내가 모든 것을 기획하고, 검토하고, 지속해서 실행 가능하도록 교육 훈련을 해야 하는지에 대해 의구심도 있었다. 왜냐하면, 처음 접했을 때의 느낌은 너무 어렵고 과중했기 때문이었다. 아마도 여러분 중에 본인과 같은 경험을 해 본 사람은 이해할 수 있을 것이다. 하지만 그 당시 부사관 업무의 대부분은 병사들과 연계되어 있었고, 기획, 조정, 통제 관련 분야들은 장교들이 해야 하는 R&R이었기 때문에 어쩔 수 없었다. 요약하면, "전투세부시행규칙을 제·개정하면서, 나의 R&R뿐만 아니라 조직의 모든 구성원 R&R까지, 내가 처음부터 끝까지 기획하고 검토한 후, 상·하·좌·우 제대로 연결되는지를 직접 확인하고, 계획과 실행이 일치하도록 지속해서 점검 및 교육 훈련하는 것을 직접 해 보았다."는 것이고, 이 경험은 20여 년간 SCM, 그리고 혁신 업무를 진행하면서 정말 많은 도움이 되었다. 왜냐하면 다양한 조직과 상황에서 맨땅에 헤딩을 해야 하는 경우가 많았기 때문이다. 그래서 SCM을 함에 있어 어떤 품목을 취급해 보았는가, 어떤 규모의 조직에서 근무를 해 보았는가도 중요할 수 있지만, 본인의 경우, **품목과 조직 규모에 상관없이, 기획부터 최종 계획 대비 실행 평가까지 모두 직접 해 보았는가**를 더 중요하게 생각한다. 즉, 작은 일, 업무, 프로젝트 하나라도 '처음부터 끝까지 해 보았는가'를 높게 인정하는 편이다. 일부 사람들을 보면 어떤 일과 분야에 경험이 있다고 이야기하는데, **중요한 것은 시간적 경력(단순히 시간이 흘러 쌓인 경력)이 아니라 '실제로 어떻게 해 보았고, 실제로 어떻게 해 왔는가?'이다.** 큰 조직에서 'SCM을 해 본 경험이 있다'라는 것을 감안하여 그보다 작은 조직에서 영입을 하는 경우가 종종 있다. 하지만 큰 조직에서 SCM에 대한 경험이 있는 사람이 이전 사람들이 구축한 프로세스와 시스템 안에서 일부분만 담당해서 일해 왔던 상태라면, 작은 조직에서 요구하는 조건에는 맞지 않는다. 왜냐하면, 일반적으로 작은 조직일수록 세부 분야별 전문가를 운영하는 것은 제한되고, 한 사람이 넓게 업무에 관여해야 하는 경우가 현실인데, 작은 조직에서 큰 조직의 경험이 있는 사람을 영입할 때는 그 사람에게 제한된 전문 분야를 맡기려고 하기보다는 '일정 수준 이상의 범위를 맡기려고 영입하는 것'이 일반적이며, 추가로 Leader 또는 관리자적 역량 또한 더 발휘해 주기를 기대하기 때문이다. 하지만, 직접 일하는 것을 보기 전까지는 검증할 방법이 없다 보니 브랜드만 믿고 영입했다가 기대에 미치지 못하는 경우가 종종 발생하기도 한다. 한옥을 예를 들어 이야기하면, **200평대 한옥의 지붕만 책임져온 사람은, 50평짜리 한옥 한 채를 혼자의 힘으로 기획하지 못할 가능성이 매우 크다.** 따라서 조직은 구성원들이 신입 때부터 작은 것 하나라도 처음부터 끝까지 해 볼 수 있도록 여건을 조성해 주고, 배려하고, 관리하는 것이 정말 중요하다. 뒤에서 이야기하겠지만, 조직 구성원들이 신입 때부터 작은 것 하나라도 처음부터 끝까지 해 봐야 조기에 결정할 수 있는 능력이 향상되고, 이는 수평적 조직문화 형성에 많은 도움이 된다.

본문과 다소 거리가 있지만, 추가로 언급하자면, 큰 조직에서 정말 능력 있는 사람을 영입해 와도 별 효과가 없는 또 다른 경우가 있는데, 내부에서 그 사람을 뒷받침해 줄 능력이 없는 경우이다. 큰 조직에서 영입된 사람은 큰 조직에서 했던 경험을 바탕으로 작은 조직에 부합된 방향은 제시할 수 있지만,

자신이 직접 업무 하나하나를 꿰뚫어 가며 디테일한 기획과 계획을 할 수는 없다. 디테일한 기획과 계획 그리고 실행으로 연계시키는 것은 작은 조직 내부에 있는 구성원의 몫이다. 따라서 **아무리 능력 있는 사람을 영입한다고 할지라도, 내부 DNA가 낮거나 큰 조직에서 온 사람 수준에서 생각하고 행동하며 뒷받침해 줄 수 있는 구성원이 존재하지 않은 상태라면 '큰 조직에서 사람을 영입하면 된다'라는 식의 생각은 그리 긍정적이지 않다.** 이러한 경우, 큰 조직에서 영입된 사람은, "구성원들의 수준이 낮아서 문제이고, 이로 인해 잘 나아갈 수 없다."라는 말만 되풀이하게 된다. 그도 그럴 것이, 큰 조직의 경우, 프로세스, 시스템, 인력 등이 작은 조직에 비해 고도화되어 있고 풍부하다. 그리고 작은 조직에 비해 상대적으로 DNA 또한 뛰어날 가능성이 매우 크다. 따라서 그 안에서는 방향만 제시해도 주도적, 유기적으로 잘 움직인다. 즉, 적기에 제대로 된 의사결정만 해주고 말로만 해도 잘 돌아간다. 따라서 작은 조직이 DNA가 낮고 능력 있는 구성원이 많지 않은 상태라면, 큰 조직에서 영입된 사람이 직장생활을 처음 할 때처럼 초심을 가지고 뛰어다니지 않는 한, 큰 조직에서 영입된 사람에 의한 효과는 그리 높지 않다. 그렇다고 큰 조직에서 영입된 사람이 직장생활을 처음 할 때처럼 뛸 수도 없다. 여러분이라면 직장생활을 처음 할 때처럼 초심을 가지고 이리저리 뛰어다닐 수 있겠는가? 한때 국민차로 유명세를 누렸던 티코를 기억할 것이다. 티코에 3,000CC 이상의 벤츠 엔진을 장착하면 어떻게 되겠는가? 대형차량처럼 생각하고 고속으로 운행하면 제어 이슈로 사고가 발생할 것이다. 왜냐하면, 벤츠 엔진과 티코의 각 구성품은 맞지 않기 때문이다. 티코의 엔진은 각 구성품에 맞게 설계되어 있고, 구성품은 엔진에 맞게 설계되어 있다. 엔진을 키우려면 차량 사이즈와 구성품 또한 적합하게 바꾸어야 한다.

### 셋째, 고기 잡는 법을 터득하는 방식으로 지원체계를 변경한 경험이다.

항상 어떤 일을 추진하는 데 있어서 다른 사람들에 비해 속도는 조금 늦었지만, 방향은 늘 정확했던 군 Leader가 있었다. 따라서 이 Leader가 진행했던 일의 결과는 늘 올바른 방향과 속도로 지속해서 실행 가능한 상태로 유지되었다. Leader는 이슈가 있는 내용에 대해 프로세스를 펼쳐 놓고, 근본 원인은 무엇인지, 그리고 근본적으로 개선을 하려면 어떻게 해야 하는지, 전체 최적화에 위배되지 않는지, 올바른 방향과 속도로 지속해서 실행 가능한 상태로 만들려면 어떻게 프로세스와 시스템을 구축해야 하는지 등에 대해 직접 고민하였다. 그리고 항상 어떤 일을 진행하기 전에 구성원들을 모아 놓고 구체적으로 설명하고, 반대로 설명한 내용을 제대로 이해했는지 구체적으로 물어보고 피드백을 받았다. 당시에는 솔직히 좀 힘들었다. 하지만 시간이 지나면 지날수록 **'올바른 방향과 속도로 나아가는 데 정말 중요한 방식이었다'** 라는 것을 새삼 깨닫고 있고, 이 방식을 구성원들에게 실천하기 위해 지속해서 노력 중이다. Leader에게 배우고 같이 생활한 지 1년이 지났을 때였다. 장비와 수리 부속 분야 Supply Chain을 변경해야 할 필요가 있었다. 군에서 지원체계를 변경한다는 것은, 전술이 아닌 전략이 변경되는 것이다. 그리고 이로 인해, 많은 하위 조직 존재의 이유와 R&R이 변경되어야만 한다. 여러분이 한번 생각해 보라. 기업에서 이러한 상황이 발생한다면, 정말 많은 반발과 이슈가 제기될 것이고, 이를 설득하기 위한 엄청난 논리와 노력이 필요할 것이다. 아마도 절대적 위치의 Owner가 아닌 이상 쉽게 진행하지 못할 것이다. 처음에는 직접 지침을 받고 추진해야 하는 본인 입장에서 어떻게 해야 할지 막막했다. 고민하던 중에, Leader가 찾아와 다음과 같이 이야기해 주었다. "국방연구원, 국방대학교 도서관, 국회도서관, 각 군 관련 부대 등등 모든 기관을 찾아다니며 자료를 수집하라."라는 것이었다. 그리고 어떠한 자료가 수집되어야 하는지도 오랜 시간에 걸쳐 설명해 주었고, 나에게서 피드백 또한 받아 내었다. 그 후로 약 1개월간 자료만 수집하러 전국을 돌아다녔다. 그리고 약 120장 정도의 자료를 수집하여 보고하였다. Leader가 이야기한 것은 "필요한 모든 데이터는 수집된 것 같다. 이 데이터를 복합적으로 검토하여 지원체계 변경을 위한 기획을 해라."였다. Leader가 원하는 기획 내용으로 만들기까지 2달이 소요되었고, Leader에게 19번 검토를 받았다. 정말 힘든 과정이었다. 중요한 것은 19번의 검토 과정에서 Leader는 방향만 알려 주었을 뿐, 답을 알려 주지 않았다. Leader와 한 번 검토 미팅을 하고 나면, 최소 며칠간

고뇌의 연속이었다. 결국, 우여곡절 끝에 120장에서 5장으로 구성된 기획 문서를 만들게 되었으며, Leader는 최종적으로 본인이 3장으로 재기획하여 상부에 보고하였고 결과적으로는 지원체계를 변경하였다. 이 과정에서 그 누구도 Leader의 이론적, 현실적 논리에 반론을 제기할 수 없었다. 그때 내가 작성했던 5장짜리 기획 문서, 그리고 Leader가 최종 3장으로 기획한 문서는 비밀문서로 취급되지는 않았기에 군에 있는 동안 늘 가지고 다녔다. 아무리 어려운 상황에 직면하더라도 이 문서를 보고 명상에 잠기면, 기본 방향과 뼈대를 찾고 아이디어를 떠올리는 데 많은 도움이 되었다. Leader는 나에게 데이터를 Search 하는 방법을 가르쳐 주었고, 나에게 시행착오를 통해 고민할 수 있는 시간을 주었고, 결과적으로는 고기 잡는 법을 가르쳐 주었다. 그리고 이러한 경험은 향후 개인적으로 공부를 하고 연구 개발 및 조달 업무를 진행하는 데 많은 도움이 되었다. 기업에 와서 많은 사람을 만났다. 특정 경영인에게서 군에서 만났던 Leader와 같은 느낌을 받았고 같이 생활하면서 많이 배울 수 있었다. 그래서 특정 경영인의 생각하고 행동하는 방식과 특정 경영인이 직접 기획한 문서 중 상당 부분을 지금도 많이 참고하고 있다. 그 특정 경영인에게 정말 고마웠던 것 중의 하나는 나의 인생 철학 중 하나인, "기안을 놓아도 되는 직급과 직책은 없다."를 몸소 실천해 주었다는 것이다. 기안의 일반적인 정의는 "사업이나 활동 계획의 초안(草案)을 만듦"이다. 따라서 이러한 의미의 기안은 사업이나 활동을 함에 있어서 방향과 속도에 많은 영향을 미치기에 정말 중요하다. 혹시 여러분은 어떤 직급, 직책부터 기안(起案)을 놓아도 된다고 생각하고 있는가? 과장?, 차장?, 부장? 임원? 다양한 생각이 있을 것으로 사료되지만, 본인 생각에는 **'기안을 놓아도 되는 직급과 직책'은 없다. 왜냐하면, 어떠한 업무나 이슈 등에 대해서 조직 구성원들이 충분히 해결해낼 능력이 있다면 직접 기안을 고민하지 않아도 되겠지만, 조직 구성원들이 충분히 해결해낼 능력이 없다면 직접 기안해야 한다.** 그런데 많은 사람이 일정 직급이 되면, 기안은 '하부 구성원이 해야만 하는 것'이라고 생각하는 경향이 있다. 물론, 하부 실무담당자가 해야 하겠지만, 업무와 이슈의 긴급성, 난이도, 경중에 따라서 누가 어떻게 기안을 해야 할지는 융통성 있게 접근해야 한다. 그리고 하부 구성원들이 기안하더라도 적기에 제대로 할 수 있도록 필요하다면 방향도 제시해 주고 일정 부분 같이 고민도 해 주어야 한다. 본인의 그동안 경험으로 비추어 볼 때, 큰 규모 조직의 부장과 작은 규모 조직의 부장은 외부로 보이는 직급은 같은 부장이지만, 내면적으로는 같은 부장이 아님을 인식해야 한다. 왜냐하면, 본인이 이전에 근무했던 조직에서는 같은 직급이었음에도 불구하고 보직 이동을 통해 큰 조직에 소속되느냐, 작은 조직에 소속되느냐에 따라 경험하게 되는 업무 범위, 업무의 다양성, 업무의 Quality 등이 상이하였고, 조직이 나에게 요구하는 수준도 극과 극이었기 때문이다. 심지어 같은 동기생이라도 규모가 작은 말단 조직에서 오랫동안 근무했던 인원과 규모가 큰 상부 조직에서 오랫동안 근무했던 인원 간에는 생각과 경험의 폭, 행동방식, 업무 수준 등에서 차이가 발생했다. 이러한 점에서 볼 때 중견, 중소기업의 부장이 대기업 부장과 같은 수준을 유지하려면 현실에 안주하기보다는 능동적으로 더 많은 업무를 접해 보면서 생각과 경험의 폭을 넓혀 가야 한다. 그런데, 겉으로 보이는 직급을 기준으로 '너나 나나 동일한 부장이다'라고 생각하며 현실에 안주하려고 하거나, '이제는 기안을 놓아도 될 것 같다'라고 생각한다면, 얼마 지나지 않아서 '우물 안 개구리'가 될 것이다. 그리고 큰 기업의 부장이라고 해서 작은 기업의 부장보다 무조건 더 뛰어나다는 것도 아니다. 실제 접해 보면 '큰 기업 브랜드에 의한 착시 현상'일 뿐 그렇지 않은 사람들도 있다. 다만 이야기하고 싶은 것은 큰 기업의 구성원일수록 보고 듣고 경험하는 것이 작은 기업 구성원에 비해 많을 수 있으니, 이러한 점을 감안하여 항상 많은 기안을 해 보려고 노력하고 현실에 안주하지 말라는 것이다.

# 총 수명주기 관점에서
# 용기 관리 R&R

보안 이슈상 모든 칸을 다 채우지는 않았다. 이 점은 양해 바란다. 다음의
표는 총 수명주기 관점에서 용기 관리 AS-IS R&R이다.

| Total Life Cycle Systems Management | 상세 업무 | R&R(AS-IS) | | | | | | | |
|---|---|---|---|---|---|---|---|---|---|
| | | A | B | C | D | E | F | G | H |
| 소요/운영 수량 관리 | 적정 수량 분석 및 의사결정 | | | | | ● | | | |
| | BSGS 장착 수량 Update | | | | ● | | | | |
| B | ● | | | ● | | | | | |
| | ● | | | ● | | | | | |
| C | ● | | | ● | | | | | |
| | ● | | | | | ● | | | |
| | ● | | | | | | ● | | |
| | ● | | | | | | | | |
| 고객 Reverse 물류 관리 | ● | | | | | | | | |
| | ● | | ● | | ● | | | | |
| E | 공급 계획 수립 (잔류가스, 배기 공정) | ● | | | | | | | |
| | ● | ● | ● | | | | | | |
| F | ● | | | ● | | | | | |
| 재검사 관리 | ● | | | | | | | | |
| H | ● | | | | ● | | | | |
| DC+PC 관리 | ● | | | | | | | | |
| J | ● | | | | | | | ● | |
| | ● | | ● | | | | | | |

| | | | | | | | | |
|---|---|---|---|---|---|---|---|---|
| K | | ● | ● | ● | ● | ● | | ● |
| L | | ● | | | | ● | | |
| | | ● | | | | ● | | |
| | | ● | | ● | | | | |
| | | ● | ● | | ● | | | |
| | | ● | | | | | | ● |
| 정보 시스템 데이터 관리 | 실물 ~데이터 일치화 관리 | | ● | ● | ● | ● | | |
| | 현황 관리 (위치, Aging 등) | | ● | ● | ● | ● | | |

AS-IS 상태에서 용기 관리는 Total Life Cycle Systems Management 관점에서 누락된 R&R도 있었고, 한 개 부서에 R&R이 정해져 있지만, 타 업무에 비해 관심 부족으로 잘 진행되지 않은 경우도 있었으며, 여러 부서에 동일한 R&R이 정해져 있어서 부서 경계선상에서 주인을 찾지 못하고 떠돌아다니기도 했다. 게다가 산업이 발달하면서 분업화가 발달하고, 시대가 바뀌고 삶의 방식에 변화가 오면서 개인주의 사상이 넓게 퍼진 여파로 인해, 한 사람, 한 부서가 할 수 있다고 판단되는 R&R도 여러 사람과 여러 부서로 나누어진 경우도 있었다. 전반적으로 볼 때 분업화할 것이 있고 통합화할 것이 있는데, AS-IS는 올바른 방황과 속도로 관리될 수 있는 상태가 아니라고 판단되었다. 그래서 우선 다음과 같이, 총 수명주기 관리 체계 관점에서 용기 관리 R&R이 부여된 조직을 미약하게나마 구축하고, 점진적으로 AS-IS R&R이 변경되도록 노력해 보았다. 그런데 이 과정에서 안타까운 현상은, 새로 구축된 용기 관리 조직이 단기간 내에 모든 R&R을 진행하는 것이 어려움에도 불구하고, 조직이 구축된 시점부터 '모두 해야 한다'라고 치부하는 경향이었다. 미흡하나마 용기 관리 조직을 우선 구축한 사유는, 누락된 R&R들과 경계선상에서 애매하게 주인을 못 찾고 있는 R&R들을 정리하면서 중기적으로 Total Life Cycle Systems Management 관점에서 용기 관리 프로세스와 시스템을 구축하기 위함인데, 이제 막 구축된 조직에 단기간에 R&R을 넘기려는 분위기를 겪으

면서 쓸쓸함을 금할 수 없었다. 어떤 프로세스와 조직을 구축하든지 간에 과도기는 필요하며, 과도기를 극복하기 위해서는 조직적인 도움이 필요하다. 이러한 관점에서 볼 때 명확한 R&R도 중요하지만, 조직 일을 함에 있어 상황을 고려하지 않고 무조건 칼로 딱 긋듯이 생각하고 행동하는 구성원이 있다면 하루라도 빨리 조직을 떠나서 '혼자만 잘하면 되는 일'을 해야 한다. 이렇게 칼로 딱 긋듯이 생각하고 행동하는 현상으로 인해, 용기 관리 조직에 소속된 인원들은 한동안 상대적인 박탈감을 느껴야만 했다. 이러한 상황에서는 관리자와 Leader의 역할이 매우 중요하다. 조직 생활을 하면서 자주 느끼는 점이지만, 관리자와 Leader의 성향에 따라 어떤 부서의 구성원들은 새로 구축된 조직이 안정화 될 때까지 도움을 주고 일정 부분 희생하였으며, 어떤 부서의 구성원들은 관리자와 Leader의 눈치를 보며 그렇게 하지 않았다. 이러한 관점에서 볼 때, 관리자와 Leader는 본인들이 생각하고 행동하는 방식이 조직에 진정으로 도움이 되고 있는지를 끊임없이 생각해야 한다. 다음의 표는 용기 관리 조직 구축과 동시에 TO-BE 관점에서 최초로 계획한 R&R 방향이다. 2019년 현재 최초 계획 대비 다소 변화는 있으며, 향후 용기 관리 조직이 어떻게 생각하고 행동하느냐에 따라 변화는 지속될 것이다. 다음 표에서 파란색(●)은 정(Principal), 검은색(●)은 부(Deputy)를 나타낸다.

| Total Life Cycle Systems Management | 상세 업무 | R&R(TO-BE) | | | | | | | |
|---|---|---|---|---|---|---|---|---|---|
| | | A | B | C | D | E | F | G | H |
| 소요/운영 수량 관리 | 적정 수량 분석 및 의사결정 | | | | ● | ● | | | |
| | BSGS 장착 수량 Update | | | | ● | ● | | | |
| B | ● | | | ● | | ● | | | |
| | ● | | | ● | | ● | | | |
| C | ● | | ● | | | | | | |
| | ● | | ● | | | | | | |
| | ● | | | ● | | | ● | | |

| | | | | | | | | | | |
|---|---|---|---|---|---|---|---|---|---|---|
| C | | ● | | | | | ● | | | |
| 고객 Reverse 물류 관리 | | ● | | | | | ● | | | |
| | | ● | | ● | | | | | | ● |
| E | 공급 계획 수립 (잔류가스, 배기 공정) | | | | | | | | | |
| | | ● | ● | ● | ● | | | | | |
| F | | ● | | ● | | | ● | | | |
| 재검사 관리 | | ● | | | | | | | | |
| H | | ● | | | | | ● | | | |
| DC+PC 관리 | | ● | | | | ● | ● | | | |
| J | | ● | | | | | ● | | ● | |
| | | ● | ● | | | | ● | | ● | |
| K | | ● | ● | ● | ● | | ● | ● | | ● |
| L | | ● | ● | | | | ● | | | |
| | | ● | ● | | | | ● | | | |
| | | ● | | | | | ● | | | |
| | | ● | ● | | ● | | ● | | | |
| | | ● | | ● | | | | ● | | ● |
| 정보 시스템 데이터 관리 | 실물~데이터 일치화 관리 | | ● | ● | ● | | ● | | ● | |
| | 현황 관리(위치, Aging 등) | | ● | ● | ● | ● | ● | | | |

# Episode 6. 용기 Balancing&용기 효율

우선 용기 Balancing에 관해 이야기하고자 한다. 용기 Balancing은 모든 사이즈의 용기에 적용된다.

| 용어 | 사전적 의미 | 업무를 진행하면서 정립한 정의 |
|------|-----------|---------------------------|
| Balancing | 평형, 균형 | 신규 또는 추가 소요 발생 시, 품목별 용기 각인을 변경하여 전체 균형을 맞추고 용기 투자를 최대한 억제하는 프로세스 |

용기 Balancing은 경제성과 효율성, 적응력을 향상시키며, 재검사 도래 대상 용기들 활용 시에는 경제성과 효율성이 극대화된다.

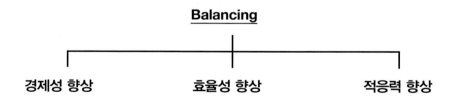

**첫째, 용기 Balancing은 경제성을 추구한다.** 예를 들어, 신규 조달 소요가 발생했는데, 조달하지 않고 기존에 보유 중인 용기로 대체 운영을 할 수 있다면, 용기 및 밸브 구매 비용이 감소하거나 '0'이 된다. 누가 봐도 당연히 경제성이 좋아짐을 알 수 있다. 하지만, 용기 및 밸브 구매 비용만 가지고 경제성을 이야기하는 것은, 빙산의 일각만 보고 이야기하는 것이다. 용기 적재 가능 높이는 국가마다 다르겠지만, 한국에서는 2㎥ 이상 높이로 적재할 수 없다. 화물을 높이 적재할 수 없다는 것은 옆으로 넓게 퍼진다는 것을 의미하고, 이렇게 된다면 용기가 증가할수록 많은 땅과 건물, 인력이 필요하게 된다. 그리고 용기는 일정 기간마다 재검사를 받아야 하는데, 재검사 비용이 47L는 수만 원, 440L는 수백만 원, 탱크로리 및 ISO Tube 등은 수천만 원에 이른다. 게다가 아직은 용기 관련 물류가 자동화·현대화와는 다소 거리가 있고, 중량물이고 부피가 크다 보니, 용기 숫자의 증가는 하역 장비와 인건비 증가에도 영향을 미친다. 즉, 종합해 보면, 용기의 증가는 여러 방면에서 경제성을 매우 낮게 만든다.

**둘째, 용기 Balancing은 효율성을 추구한다.** 지속적인 용기 Balancing은 보유 중이거나 운영 중인 용기들의 데이터와 실물을 일치시키고, 궁극적으로는 적정 운영 수량에 근접하게 만든다. 적정 운영 수량에 근접한다는 것은, '최소 용기를 가지고 최대 매출을 발생시킨다는 것'을 의미하기에, 용기 1BT 당 생산성은 향상된다.

**셋째, 용기 Balancing은 적응력을 추구한다.** 아무리 Forecast와 Demand의 정확도가 높다 하더라도, 예상하지 못한 고객의 요구는 언제든 발생한다. 그리고 이러한 상황들은 구매, 생산, 품질, 물류의 R&R과 Process에 적지 않은 부담을 주게 되는데, 이 중에서도 특히 용기와 밸브의 신규 확보는 내부적으로만 노력한다고 해서 해결되는 것이 아니다. 왜냐하면, 용기와 밸브는 주문 제작 방식이고 제작 L/T 또한 길어서, 제작 협력사의 긴밀한 협력(VMI 등)이 필요하기 때문이다. 따라서 용기 Balancing은 고객의 긴급 소요 발생 시 적응력 또한 높여줄 수도 있다.

다음은 Balancing과 연계되고 용기 회전율과 관련된 KPI(Key Performance Indicator) 중의 하나를 그래프로 나타내었다.

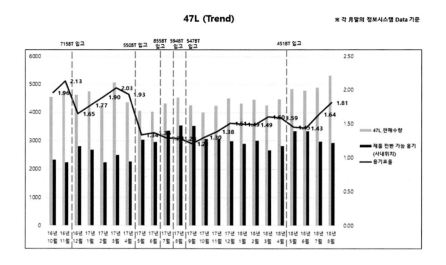

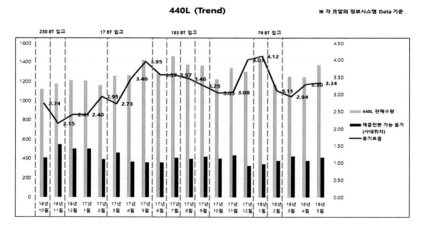

위의 그래프를 보면 신규 조달 용기 입고 후에는 용기 효율이 감소하는 것을 알 수 있다. 게다가 신규 조달 용기 입고 시점은 고객에 납품해야 하는 시점보다 1개월 정도 빠르기에, 용기 효율이 저하된 상태가 더 오랫동안 지속된다. 신규 조달 용기가 1개월 정도 빠르게 입고되는 사유는 제조와 물류 공정을 진행하는 데 소요되는 시간을 고려하는 점도 있지만, 계약 상태에 따라

가스 충전이 가능한 상태로 입고되지 않는 경우도 있기 때문이다. 용기가 제작되자마자 바로 가스를 충전할 수 있는 것이 아니다. 내부에 불순물들이 모두 제거된 상태에서 밸브가 장착되어야 하고, 용기 내부는 진공 상태를 유지해야만 충전이 가능하다. 그렇다면, '신규 조달 용기 입고 시 충전 가능한 상태로 전환하여 입고하면 되지 않겠냐?'는 생각을 할 수 있겠지만, 외부 협력사에서 충전 가능한 상태로 전환되어 입고되는 것과 내부적으로 시설 구축 후 충전 가능한 상태로 전환하는 것을 비교했을 때는 비용과 적응성 관련 이슈가 발생하므로 어떤 것이 더 낫다고 이야기할 수는 없다. 단지 신규 조달 용기의 입고는 대기 시간을 증가시켜 용기 효율에 부정적 영향을 미치므로 최대한 단기간에 용기가 운영될 수 있도록 해야 한다. 그리고 고객 납품을 위해 신규 용기를 확보하였지만, 용기 조달 L/T 고려, 최초 조달 소요 판단 시점은 수개월 전이기에 계획과 실행에 차이가 발생하여 용기 과부족 현상이 발생하기도 한다. 따라서 적기, 적소, 적량의 용기를 신규 조달하는 것도 중요하지만, 적정 운영 용기 수량을 지속 검토하여, 일정 수준 이상으로 효율이 증가할 때까지 Balancing을 진행해야만 한다.

| 구분 | 사전적 정의 | 업무를 진행하면서 정립한 정의 |
|------|-------------|------------------------------|
| 효율 | ◎ 투입과 비교된 산출의 비율로 정해진 그 비율의 값이 커질수록 효율이 높은 것으로 평가된다. | ◎ 고객에 판매된 용기 수량과 사내 제품 전환 가능 용기 수량을 비교(÷)한 숫자로, 클수록 효율이 높은 것으로 평가함. |

다음은 용기 효율 관련 내용이다. 용기 효율에 대해 자세히 설명하려면 '연관된 용어들과 계산식' 그리고 '어떻게 데이터를 분석해야 하는지'에 대해서도 모두 언급해야 하므로 본서에서는 제한적으로 언급하고자 한다. 따라서 용기 효율 관련해서는 다음과 같이 간략하게 예만 들어 보겠다.

| 구분 | | X년 Z분기 | Y년 V분기 | 증감수량 | 증감률 |
|---|---|---|---|---|---|
| 47L | 판매 수량 | 4,244 | 5,030 | +786 | +19% |
| | 사내에 위치하면서 제품으로 전환 가능한 용기 수량 | 2,482 | 2,388 | -94 | -4% |
| | 용기 효율 | 1.71 | 2.11 | +0.4 | +19% |

상기 표를 보면 X년 Z분기에 2,482BT를 가지고 고객에 4,244BT를 판매하였다. 그리고 Y년 V분기에는 X년 Z분기보다 94BT가 적은 2,388BT를 가지고도 고객에 5,030BT를 판매하였다. 이렇게 용기 효율을 증가시키기 위해서는 용기 운영 수량에 영향을 미치는 Factor를 정립하고 Factor의 Visibility, 그리고 지속적인 Balancing을 진행해야만 가능하다. 단, 선입·선출은 당연히 잘 되고 있음을 가정한다. 선입·선출 문제가 발생하면 장기간 정체된 용기들이 발생하게 되고 Balancing을 어렵게 한다. 장기간 정체된 용기들을 확인하게 되면, 실제 초과 및 잉여 용기인지, 아니면 현장에서 선입·선출이 제한되어 발생한 것인지부터 우선 검토해야 한다. 주의해야 할 것은, 장기 정체 용기가, '무조건 초과 및 잉여 용기는 아니라는 것'이다. 그리고 용기가 정체되는 현상을 파악하기 위해서는 위치 기반(IN-OUT)의 정보 시스템을 반드시 구축 및 운영해야 한다. 용기가 장기간 정체되는 이유는 크게 ① 용기의 초과 및 잉여, ② 현장 작업자의 Human Error, ③ 공간 부족으로 인한 선입·선출 제한, ④ 위치 기반의 정보 시스템 미구축으로 인한 데이터 관리 부족이다. 다음의 표는 선입·선출에 문제가 없도록 노력한 결과를 나타내며(AS-IS와 TO-BE), 표에서 보는 바와 같이 용기 정체 시간은 많이 감소하였고, 이는 용기 Balancing에 많은 도움이 되었다.

| 구분 | 사이즈 | AS-IS(BT) | | | | | | TO-BE(BT) | |
|---|---|---|---|---|---|---|---|---|---|
| | | D+1M | D+2M | D+3M | D+4M | D+5M | D+6M | D+7M | D+8M |
| 15일 이상~ 30일 미만 | 47L 이하 | 470 | 298 | 265 | 258 | 465 | 419 | 42 | 69 |
| | 440L | 28 | 21 | 19 | 38 | 45 | 53 | 11 | 9 |
| | 930L | | | 3 | 1 | | | | 1 |
| 계 | | 498 | 319 | 287 | 297 | 510 | 472 | 53 | 78 |
| 30일 이상 | 47L 이하 | 1,062 | 1,160 | 970 | 756 | 720 | 958 | 175 | 106 |
| | 440L | 39 | 43 | 11 | 17 | 41 | 49 | 11 | |
| | 930L | 14 | 4 | 8 | 6 | 7 | 3 | | |
| 계 | | 1,115 | 1,207 | 989 | 779 | 768 | 1,010 | 186 | 106 |
| 총계 | | 1,613 | 1,526 | 1,276 | 1,076 | 1,278 | 1,482 | 239 | 184 |

# Episode 7. 기업의 S&OP 운영 조직은 군의 지휘통제운영본부와 같다

S&OP를 주관하는 조직의 구성원들이나 조직의 운영 방식을 들여다보면, 간혹 거시적 관점에서 행동하고 진행하기보다는 미시적 관점에서 행동하고 진행하는 경향이 있기에, 거시적 관점에서 S&OP를 주관하는 조직이 추구해야 할 조직 운영 중점에 관해 이야기하고자 한다. 기업에서 S&OP를 주관하는 조직의 위치나 R&R을 군에 비교해 볼 때, 지휘통제본부에 해당하는 위치이며 R&R 또한 거의 유사하다. 따라서 군의 지휘통제본부 운용 중점(5가지)을 예로 들어 비교 설명해 보겠다.

| 군 지휘통제운영본부 운영 중점 | | 기업 S&OP 운영 조직 |
|---|---|---|
| 제 전투 수행 기능 통합 | ◎ 각 기능실을 상호 유기적으로 통합 운영하여 전투 효율성을 극대화.<br>◎ 제 전투 수행 기능의 통합을 달성하기 위한 유용한 수단으로써 전투협조회의와 실무단 회의가 있음. | ◎ 수요 프로세스와 공급 프로세스에 있는 각 기능을 전체 최적화 관점에서 통합 운영하여, 모든 수요·공급 과정에서 효율성, 경제성, 적응성, 효과성을 극대화.<br>◎ 통합을 달성하기 위한 수단으로, 프로세스 유지 및 연계를 위한 회의, 주 단위 자원 운영회의, 월 단위 S&OP 회의가 있음. |
| 지휘통제 기능 유지 | ◎ 지휘통제본부는 지휘관의 지휘통제를 보좌하기 위한 핵심 기구이므로 어떠한 경우에도 지휘통제 기능이 단절되면 안 된다. | ◎ S&OP는 경쟁우위 강화를 목적으로 CEO 또는 경영진이 역량을 집중하고 관리할 수 있도록 지원하는 프로세스이기에, 어떤 경우에도 S&OP 프로세스가 단절되어서는 안 된다. |
| 장차 작전 준비 | ◎ 각급 부대는 현행작전을 수행하면서 장차 작전에 대해 준비해야 한다. 이를 위해 제대별 상황과 여건에 맞게 PDE(Planning, Decision, Execution) 주기에 장차 작전 관련 사항을 반영한다. | ◎ S&OP는 확정 구간에 대해 SCE에 중점을 두고 수요·공급 프로세스를 진행하면서, 미래(Rolling) 구간(SCP)에 대한 검토와 준비도 병행해야 한다. 이를 위해서는 기능별 상황과 여건에 맞는 PDCA(Plan-Do-Check-Action) 주기에, 미래(Rolling) 구간 관련 사항들을 반영한다. |

| | | |
|---|---|---|
| 효과적인 정보 관리 | ◎ 지휘통제본부 내에서 효과적인 정보 관리는, 지휘관의 적시적인 상황 판단 및 결심을 가능하게 한다. 지휘통제본부 내의 정보 관리에 대한 책임이 있는 사람은, 정보의 수집, 처리, 저장, 전시, 전파가 효과적으로 이루어지도록 각 기능실의 정보관리 활동을 조정 통제해야 한다. | ◎ S&OP에서 효과적인 데이터 관리는 CEO 또는 경영진의 적시적인 상황판단과 의사결정을 가능하게 한다. S&OP에서 데이터 관리에 대한 책임이 있는 사람은 S&OP의 장이며, S&OP 장은 빅 데이터를 형성하고, 그 안에서 의미 있는 결과를 도출해 낼 수 있는 데이터 과학자의 역할과 각 기능의 데이터 관리 활동을 조정하는 역할도 해야 한다. |
| 계획, 결심, 시행(PDE) 주기·배틀 리듬(Battle Rhythm) | ◎ 지휘관 및 참모는 지휘통제 본부에서 작전 수행을 효과적으로 통합하기 위해 PDE 주기를 표준화하여 적용한다. 또한, 이를 지원하기 위해서 지휘통제본부 내부 및 각 기능실에서는 배틀 리듬(Battle Rhythm)을 적용할 수 있다.<br>◎ PDE: 지휘관 및 참모의 적시적인 상황 판단 및 결심을 지원하기 위하여 주요 시점에 참모와 예하 부대의 상호활동을 통합하는 일련의 순환 과정이다. 이러한 PDE 주기를 통하여 전투력 운용의 통합성을 달성할 수 있다.<br>◎ 배틀 리듬: 지휘통제본부 및 각 기능실의 노력을 통합하기 위해 활동을 정렬해 놓은 것이다. 이는 지휘통제본부의 전투협조 회의, 각 기능실의 실무회의, 고가치 및 핵심 표적 판단, 장차 작전 판단, 전장순환통제 등 주요 협조 회의에 대해 사전에 시기, 참석 인원, 주요 안건 등을 규정하여 노력의 효율성과 통합성을 이루게 해 준다. 배틀 리듬은 기능실별로 적용할 수도 있고, 조정 통제 권한이 있는 사람이 조정 통제하여 적용할 수도 있다. | ◎ 전체 최적화 관점에서 수요·공급을 통합하기 위해 S&OP 프로세스를 진행하며, 프로세스를 통해 PDCA(Plan-Do-Check-Action) 주기를 표준화한다. 그리고 이러한 프로세스를 지원하기 위해 기능별, 그리고 기능별 실무 담당자 간에는 상호 약속에 의한 비즈니스 리듬(Business Rhythm)을 적용한다.<br>◎ PDCA: CEO 또는 경영진의 적시적인 상황 판단 및 의사결정을 지원하기 위해, S&OP 프로세스 진행 과정에서 S&OP 운영 조직과 각 기능 간 수요·공급 활동을 통합하는 과정이다.<br>◎ 비즈니스 리듬(Business Rhythm): S&OP 운영 조직과 기능별 노력을 통합하기 위해, 조직과 구성원이 해야 할 행동들을 약속에 의해 정립해 놓은 것으로서, 노력의 효율성과 통합성을 이루게 해 준다. 비즈니스 리듬은 각 기능 내부적으로도 정립해야 하고, 기능과 기능 간에도 정립해야 한다. |

# Episode 8. Push 방식에서 Push+Pull 방식으로 전환

누구나 한 번쯤은 Push와 Pull에 대해 들어보았을 것이다. 말 그대로 '밀고 당긴다'이다. 그러나 정말 간단하고 쉽게 설명이 되는 이 개념을 실제 Supply Chain 상에서 다양하게 적용하기는 쉽지 않다. 특히, Push 방식으로 해 오던 구간을 Pull 방식으로 변환하는 것은 매우 어려운데, 사유는, **'현실은 간단한 말 한마디나 이론에 의해 단기간에 변경되지 않기 때문**'이다. 특수가스 산업은 가스 공급 기업이 보유하고 있는 분석기마다 다소 차이가 있을 수도 있고, 가스 공급 기업별 농·순도 데이터가 같다고 할지라도 고객의 설비가 어떻게 반응할지는 알 수 없다. 또한, 장치 산업 중에서도 특수한 분야에 해당하다 보니, 공급 이슈를 고려하여 한 번 고객에 공급을 시작하면 단기간에 사업이 종료되지 않는 편이다(품질 이슈, 공급 Capa 이슈가 없는 한, 한 번 시작한 공급이 종료되기 쉽지 않다. 즉, 고객의 사정에 의한 것이 아니라면 진입 장벽이 높은 편이다). 그리고 특수가스는 반도체나 디스플레이 분야에 많이 사용되고 있으며, 반도체나 디스플레이를 생산하는 고객들의 대부분이 속칭 잘나가고 있기에 고객의 공장은 365일 가동되는데, 이러한 사유로 특수가스 산업의 경우 타 업종에 비해 안정적인 수요를 형성하고 있고, MTS로 관리되는 품목도 특별한 경우를 제외하고는 대부분 단기간에 고객에게 납품된다. 즉, S&OP 프로세스가 제대로 구축되어 있지 않은 상태에서 Push 방식으로 밀어내도 장기 사장되는 재고는 타 업종에 비해 상대적으로 적은 편이다. 하지만, 안정적으로 수요가 형성되고 장기 사장 재고 Risk가 적다고 할지라도, S&OP 프로세스를 제대로 구축하지 않은 상태에서 생산이 주가 되어 Push 방식으로 밀어내는 것은 재고 과잉 및 재고 부족 상태를 자주 초래하게 된다. 따라서 Push 구간만을 유지하기보다는 Supply Chain 상에서 Push와 Pull 구간을 적절하게 유지해야 할 필요가 있는데, 물류센터는 이러한 점을 가능하게 해 준다. 따라서 S&OP 프로세스를 올바른 방향과 속도로 구축하고, 효율성, 경제성, 효과성, 적응성을 높이고 싶다면, 물류센터를 이용한 용기 물류 체계 구축도 병행해야 한다.

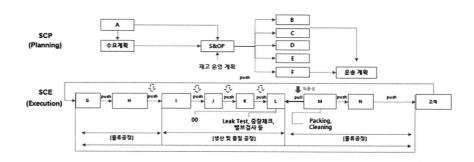

그리고 물류센터는 MES에 집중된 분위기를 환기시켜 주는 역할도 한다. 가스 산업의 경우 장치산업 특성상 MES에 대한 관심은 높으나, WMS, TMS, OMS 등에 대한 관심은 상대적으로 저조한 편이었고, MES에 WMS, OMS 기능까지 애매하게 포함하여 구축한 경우도 보았다. 정보 시스템의 확장성을 반대하는 이야기를 하거나 MES를 부정적으로 이야기하는 것은 아니다. 다만 MES라고 칭하기에는 다소 넓은 범위와 역할이 부여된 정보 시스템을 들여다보니 피상적으로는 넓은 범위의 프로세스를 올바른 방향과 속도로 Cover 하는 것처럼 보였지만, 특정 프로세스만 일정 수준으로 운영되고 있었고 나머지 프로세스들은 부실하게 개발되어 '정보 시스템을 통한 Visibility, 산포의 감소, 데이터 융합, 경영(관리)지표 활용' 등을 기대하기는 어려웠다.

**TO – BE**

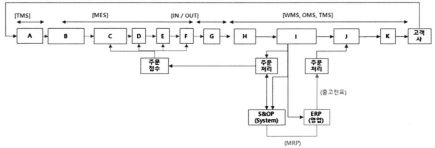

# Episode 9. 작은 관심이 용기 공통화에 긍정적인 영향을 미친다

　용기의 종류가 다양해지고 용기 숫자가 증가하면 운영하는 데 많은 애로사항이 발생한다. 왜냐하면, 각 용기 사이즈와 수량에 적합한 시설과 공간(용기 회수, 잔류가스 처리, 배기, 충전, 검사, 보관, 분류, 외부 포장 및 Cleaning 등)이 필요하고, 이와 관련된 SOP(Standard Operation Procedure)를 제대로 제·개정해야 하며, SOP를 기반으로 '강아지 털 물들이기 방식'의 교육 훈련을 진행해야 하는 등, 용기 종류와 숫자가 증가할 때마다 용기 투자 비용 외에도 다양성에 따른 비용과 노력이 증가할 수밖에 없기 때문이다. 하지만 가스 공급 기업 입장에서는 용기 숫자는 몰라도 용기 종류를 공통화하는 것은 어렵다. 왜냐하면, 용기 종류와 사이즈를 결정하는 것은 고객의 설비이기 때문이다. 다만, 가스 공급 기업 입장에서 특정 용기 사이즈에 국한하여 고객에게 고객의 공급 장치 보완을 요구해 볼 수는 있으나, 모든 사이즈의 용기들에 대해 고객에게 요구하는 것은 불가능하다. 따라서 용기를 공통화하려는 노력보다는, 다양한 사이즈 용기들을 어떻게 효율적, 경제적으로 운영할 것인지를 고민하는 편이 더 낫다. 특히, 수만 BT의 용기를 운영하면서 다품종 수요·공급 형태를 유지하는 기업의 경우, 정말 다양한 용기를 운영할 수밖에 없는 환경이므로 다양한 용기들을 어떻게 운영할 것인지에 대해 많은 고민과 노력을 해야 하고, 이러한 노력의 결과는 가스 공급 기업에 또 '하나의 경쟁력'을 선사한다. 이러한 관점에서 볼 때 수요·공급 형태를 Bulk 개념과 10,000L 사이즈 이상 용기로만 사업을 유지해 온 기업이 다양한 사이즈의 용기 수만, 수십만 BT를 운영하며 다품종 수요·공급 형태로 유지되는 사업을 단시간에 잘하기란 어렵다.

■ 일반적으로 많은 고민과 노력은 지식, 기술, 경험, 노하우 등을 조직 내에 축적시킨다. 그리고 이러한 축적 과정은 구성원들이 생각하고 행동하는 방식에도 영향을 미쳐 조직 전체의 체질도 변화시킨다. 따라서 수만 BT 이상의 용기를 운영하면서 다품종 수요·공급 형태를 유지하며 구축한 프로세스와 시스템을 다른 가스 공급 기업이 한순간에 Catch Up 하는 것은 어렵기에, **수만 BT 이상의 용기를 운영하고 다품종 수요·공급 형태를 유지하면서 상당 기간 올바른 방향과 속도로 구성원들의 생각하는 방식과 행동하는 방식이 축적된 프로세스와 시스템과 이러한 프로세스와 시스템이 반영된 SCM을 유지하고 있다면 이는 또 하나의 경쟁력이다.**

다음은 ISO Tube 용기를 예로 들어, 작은 관심의 차이가 용기 공통화에 어떤 영향을 미치는지 설명하겠다. 수년 전에 ISO Tube는 용기와 고객 설비를 연결하는 커넥터 체결 방향이 상이하였다. 예를 들어, 어떤 고객의 설비는 12시 방향, 어떤 고객의 설비는 1시 방향이었다. 이와 같이 커넥터 체결 방향의 상이함으로 인해 고객별로 전용 용기를 따로 준비하여 사용하고 있었다. 그런데 문제는 '고객별 전용 용기 운영'은, '용기 수량을 증가시킨다'라는 것이다. ISO Tube는 1BT 당 2억 원이 넘는 용기이다. 앞에서 언급했듯이 용기가 증가하면 투자 비용도 증가하지만, 운영하는 과정에서 큰 비용과 노력이 추가된다. 따라서 커넥터 체결 방향만 일치시키면 고객별 전용 용기를 운영하지 않아도 되기에, 이 부분에 대해 내부적으로 이슈를 제기하고 고객과 협의해 달라고 요청하였다. 하지만 담당 구성원에게서 다음과 같은 말을 들었다. "예전에 고객에게 이야기해 봤는데 안 되었다."는 것이다. 더 답답했던 것은 '어떻게 해 봤는데 안 되었는지를 자세히 알려주기보다는 예전에 해 봤는데 안 되더라'는 말뿐이었다. 그래서 그 당시에는 더 진행하지 않고 그대로 두었다. 하지만 시간이 지날수록 점점 용기 숫자가 증가하는 상황에서 고객별 전용 용기를 운영하는 것은 너무 비경제적, 비효율적이었기에, 1년이 지난 시점에 내부적으로 다시 크게 이슈를 제기했고 결국에는 고객에게 접수가 되었다. 그런데 정말 아이러니했던 것은 고객이 정말 쉽게 커넥터 체결 방향 이슈를 해결해 주었다는 것이다. 다음은 용기와 고객 설비를 연결하는 커넥터 내경이 상이(두 종류)하여, 고객 3곳이 각각 전용 용기를 운영하는 경우였다. 설상가상으로 커넥터가 용접 형태로 되어 있다 보니, 납품 과정에서 이슈가 발생할 때마다 즉각 정비나 대체가 제한되어 납품에 지장 또한 초래하고 있었다. 결국, 고객과 협의하여 커넥터 내경 이슈도 해결하고, 용접 상태로 연결되어있는 커넥터를 분리 가능한 방식(VCR 타입)으로 교체도 하였다. 다음은 ISO Tube 용기를 이동시키는 트레일러 차량으로 인해 특정 고객을 대상으로 전용 용기를 추가로 운영했던 경우이다. 트레일러 차량에 Air break가 설치된 것도 있었고, 미설치된 것도 있었다. ISO Tube와 트레일러 차량은 Set화 되어 있기에, 용기 재검사와 수출을 제외하고는 ISO Tube 용기와 트레일러 차량은 분리되지 않는다. 이러한 상황에서 어떤 고객은 Air break가 설치되어 있는 트레일러 차량만 요구했기에, 해당 고객을 대상으로 한 전용 용기가 운영되고 있었다. 이 또한 우여곡절 끝에 모든 트레일러 차량에 Air break를 설치하여 이슈를 해결했지만, 한편으로는 트레일러 차량 Air break 이슈로, '특정 고객을 위한 전용 용기를 따로 유지했다는 것' 자체가 이해되지 않았다. 커넥터 방향 상이, 커넥터 내경 상이, 트레일러 차량 Air break 이슈가 해결되니 고객별 전용 용기 운영이 아닌 공통 운영이 가능하게 되었고, 이로 인해 당장 12억 원 규모의 신규 용기 투자를 진행하지 않을 수 있었다. 커넥터 방향 상이, 커넥터 내경 상이, 트레일러 차량 Air break 이슈는 정말 어려운 분야가 아니다. **다만 관심이 없었을 뿐이다.**

# Episode 10. SOP를 구체적으로 만들어서 문서와 실행 일치

업종에 상관없이, SOP의 중요성에 대해서는 여러분이 더 잘 알 것이다. 본문에서는 본인이 진행했던 물류 분야 SOP 중, 일부를 예를 들어 이야기하겠다. 가스 산업의 경우, 안전·환경 이슈가 발생하면 중단, 단절로 인한 산포와 분산이 발생한다. 따라서 안전·환경 이슈가 발생하지 않도록 하는 것이 산포와 분산을 감소시키는 근본적인 방법이기도 하다. 가스 산업 물류 분야는 안전·환경에서 결코 자유롭지 않으며, 사람에 대한 의존도가 높다 보니 안전·환경 이슈를 탐색형, 설정형 문제 인식을 통해 예방하기도 어렵다. 따라서 모든 사람이 동일하게 이해하고 행동하는 데 도움이 되도록 fool proof 개념을 적용하여 SOP를 아주 세세하게 제·개정해야 한다. 혹자는 "어떻게 하나하나 그렇게 할 수 있느냐?"라고 이야기할 수 있겠지만, 본인은 '생각의 차이'라고 판단한다. 오히려 왜 설비 운영 관련 SOP는 fool proof를 지나치게 강조하면서 물류 분야 SOP에는 그렇게 관대한지가 의문이다. **일반적으로 사람 의존도가 높은 분야일수록, 함축된 문장으로 SOP가 정립될 뿐 아주 세세하지 않다. 이는 함축된 문장에 내포된 구체적인 내용들에 대해서는 '암묵적으로 알아서 하라는 것'과 마찬가지인데, 인력 의존도가 높은 분야에서의 안전·환경 이슈는 사람이 알아서 해야 하는 범위에서 더 많이 발생한다.** 특히 "잘 쌓아라, 천천히 옮겨라, 잘 넣어라, 잘 인계인수해라." 등 두루뭉술한 말뿐, "어떻게 쌓아라, 어떤 속도로 옮겨라, 어떻게 넣어라, 어떠한 내용까지 인계인수해라."로 구체적으로 교육하고 이야기하지 않으면서 안전·환경 이슈가 발생하면 사람만 나무라는 형태는 정말 바람직하지 않다고 판단한다. 이러한 관점에서 본인은 SOP를 최대한 세세하게 정립하고 교육 훈련을 정례화하는 것을 매우 중요하게 여긴다. 다음은 실제로 제정했던 지게차와 CO2 탱크로리 SOP를 정말 간략하게 예로 들었다(1개 사업장 지게차 SOP는 56페이지, CO2 탱크로리 SOP는 89페이지). 지게차 SOP를 세세하게 제정하는 것도 중요하지만, 지게차를 운영하는 사업장마다 사업장 환경을 반영하여 각각 다르게 만들어야 한다. 왜냐하면, 사업장별 환경, 즉 설비와 시설, 공간의 규모와 위치가 다르기에 이러한 부분들까지 모두 반영해야만 안전·환경과 관련한 돌발 상황이 최소화되기 때문이다.

- 지게차 포크를 지면에서부터 30~40㎝가량 상승시키고 포크 각도 조절 레버를 최대치로 당긴다.

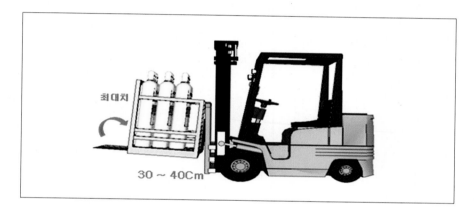

- 크래들 간격이 좁게 위치된 상태에서 1개 크래들만 들어 올릴 때 바로 옆에 있는 크래들의 전도 위험을 주의해야 한다.

  ※ 동일 선상에 크래들 위치 시 크래들 간격을 50㎝ 유지해야 한다(단, 공간 협소 시 50㎝ 미적용).

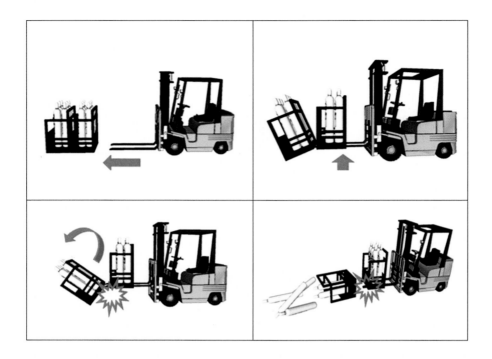

- 대형차량으로 인해 시야가 확보되지 않은 공간 이동 시, 경적을 울리며 서행으로 진입해야 한다.

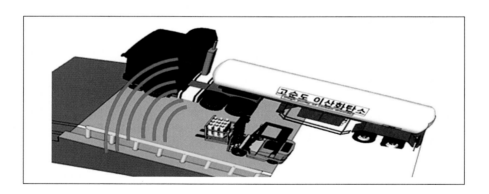

- 440L 용기 하역 시(Unload), 화물차량 양쪽을 모두 개방해서는 안 되며, 하역은 1BT씩 진행하되, 지게차 포크가 옆에 있는 스키드에 걸리지 않도록 주의한다.
- 하역 시, 지게차 운전자는 가시성 확보가 제한되므로, 반드시 하역은 2인 1조로 진행한다.

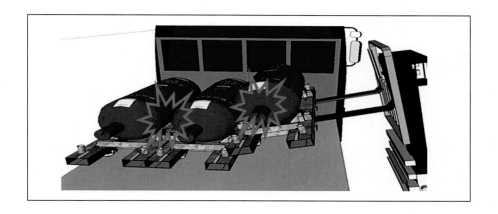

　CO2 탱크로리의 경우에는 도로 운송 간의 안전, 탱크의 깨끗함도 중요하지만, 고객 탱크로 하역(Unload)한 가스의 품질도 매우 중요하다. 그런데 탱크로리를 운송하는 운전기사의 입장에서 보면, 도로 운송 간에 안전과 탱크의 깨끗함이 중요하게 여겨지는 반면, 가스의 품질에 대해서는 상대적으로 관심이 덜할 수 있다. 따라서 이 부분에 대해서도 수준 높은 관리가 이루어질 수 있도록 SOP 또한 정립되어야 한다. 고객에게 공급한 가스의 품질이 저하되는 경우는 크게 4가지인데 다음과 같다. 첫째, 가스 공급 기업에서 제조한 가스 품질이 낮은 경우, 둘째, 가스 공급 기업의 저장 탱크에서 탱크로리로, 탱크로리에서 저장 탱크로 가스를 하역(Load, Unload)하는 과정에서 불순물이 유입되는 경우, 셋째, 탱크로리 내부에 불순물이 있는 경우, 넷째, 고객의 저장 탱크에 불순물이 있는 경우이다. 상기 4가지 중에, 탱크로리를 운송하고 가스를 하역하는 운전기사로 인해 발생할 수 있는 이슈는 두 번째인데, 운전기사 입장에서는 운송 위주의 R&R만을 중요하게 생각할 가능성이 크기에 이 부분을 제대로 정립해야 한다. 한 가지 주의할 점은 물류 분야에서 SOP를 세세하게 만들기 위해서는, 개략 겉으로 보이는 프로세스뿐만 아니라 사람이 움직이는 모든 행위를 잘 알고 있어야 한다는 점이다. 즉, 모든 움직임을 간과해서는 안 된다. 이러한 이유로 SOP를 세세하게 만들기는 쉽지 않다. 하지만 불가능하지는 않다. 그리고 한 번 제대로 만들어 놓으면, 지속적인 교육 훈련을 통해 안전·환경 관련 돌발 상황을 최소화시킬 수 있고, 더 고도화된 수준의

SOP로 거듭날 수 있는 기반을 제공한다.

■ 운전기사(작업자)는 라텍스 장갑을 착용한 상태로 Flexible Hose 나사산(Tank Lorry와 체결 부위)을 웨이퍼로 깨끗이 닦아낸 후, 각각 사용한 웨이퍼는 폐 보관함에 넣는다(기상 부위에 사용한 웨이퍼는 액상 부위 닦는 데 사용하지 않는다. 부위별로 새 웨이퍼를 사용한다).

■ 운전기사(작업자)는 라텍스 장갑을 착용한 상태로, [Flexible Hose(기상, 액상)가 체결되는] Tank Lorry Port(기상, 액상)에 장착된 End Cap을 왼쪽으로 회전시켜 분리한 후 웨이퍼 보관함에 서 웨이퍼를 꺼내서 각각의 End Cap 내부 나사산을 깨끗이 닦는다(기상 부위에 사용한 웨이 퍼는 액상 부위 닦는 데 사용하지 않는다. 부위별로 새 웨이퍼를 사용한다). 깨끗하게 닦은 End Cap 은 End Cap 보관함에 넣고 뚜껑을 닫는다(End Cap 보관함의 뚜껑을 닫는 이유는 End Cap의 오 염을 방지하기 위함이며, 사용한 웨이퍼는 폐 보관함에 넣는다. 한 번 사용한 웨이퍼는 재사용하지 않고 무조건 폐 보관함에 넣는다).

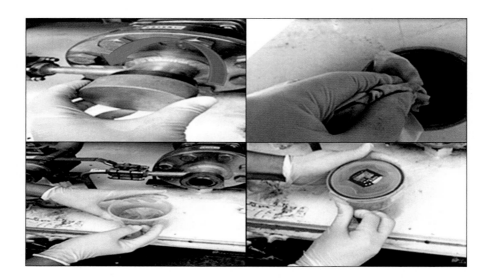

■ 운전기사(작업자)는 웨이퍼 보관함에서 웨이퍼를 꺼내, Flexible Hose(기상, 액상)가 체결되는 Tank Lorry Port(기상, 액상)의 나사산을 깨끗하게 닦고, 사용한 웨이퍼는 폐 보관함에 넣는다.

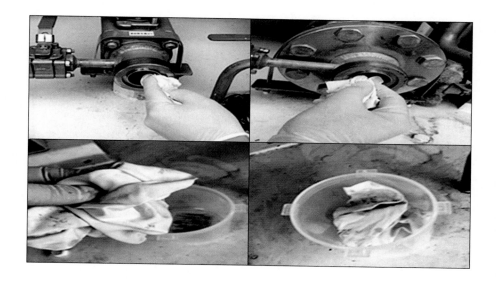

■ 운전기사(작업자)는 라텍스 장갑을 착용한 상태로, Tank Lorry Port(기상, 액상)의 가스켓을 제거하여 폐 보관함에 넣는다.

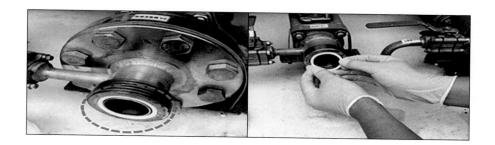

■ 운전기사(작업자)는 착용 중인 라텍스 장갑을 벗어서 폐 보관함에 넣고, 새 라텍스 장갑을 착용한다. 그리고 가스켓 보관함에서 밀봉 상태의 신규 가스켓 2EA를 꺼낸다(가스켓은 1회 사용 후 폐기한다. 웨이퍼와 폐기 기준과 동일).

■ 운전기사(작업자)는 기존 가스켓이 제거된 위치에 밀봉 상태의 새 가스켓을 장착한다.

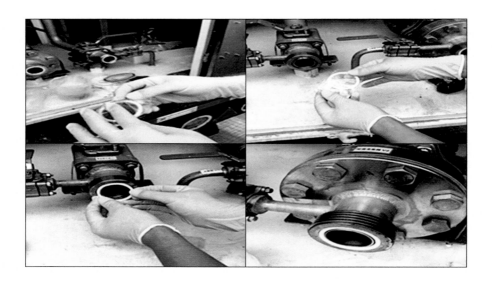

- 운전기사(작업자)는 가스켓 장착이 완료되면, 라텍스 장갑 위에 내열 장갑을 착용하고 Flexible Hose를 Tank Lorry의 기상 Port(E1)와 액상 Port(E4)에 체결한다.

- 운전기사(작업자)는 Flexible Hose를 체결함에 있어서 기상, 액상이 맞게 [고객사(AP) 탱크(기상)↔Tank Lorry(기상), 고객사(AP) 탱크(액상)↔Tank Lorry(액상)] 체결해야 하며, Flexible Hose가 겹치지 않고 평행하게(11자) 위치되게 체결한다(X자로 체결 금지).

# Episode 11. 수평적 조직문화&SCM

다음의 내용은 가스 산업 SCM에만 국한된 내용이 아니다. 모든 산업 SCM에 공통으로 적용되는 내용이다.

## ◎ 직급(職級, Job Grade)
- 직무의 등급(표준 국어 대사전).
- 직무의 종류, 난이도, 권한과 역할, 책임의 정도가 비슷한 직위를 한데 묶어 분류(jobclassification)한 것으로 인사관리 및 인력 운영을 위하여 조직의 구성원들을 적절한 등급으로 나누어 계층별로 묶어 위계적 체계로 배열한 것이다(HRD 용어사전).

## ◎ 직책(職責, Duty Responsibility)
- 직무상의 책임(표준 국어 대사전).
- 직위에 있어서 구체적인 권한과 책임을 동반하면서 보직이 부여된 경우를 의미한다. 예를 들어 회사 조직이나 업무상에서 영업 본부장, 생산부장, 마케팅팀장, 인사부장, 총무과장 등으로 분류할 수 있다(HRD 용어사전).

## ◎ 직무(職務)
- 직책이나 직업상에서 책임을 지고 담당하여 맡은 사무(표준 국어 대사전).

## ◎ 직위(職位)
- 직무에 따라 규정되는 사회적·행정적 위치(표준 국어 대사전).

◎ **담당(擔當)**

- 어떤 일을 맡아서 함(표준 국어 대사전).

◎ **위계(位階)**

- 지위나 계층 따위의 등급(표준 국어 대사전).


**"혁신 없는 조직은 미래가 없다."라고 할 정도로, '혁신=조직문화'로 만들기 위해 기업들은 부단히 노력하고 있다.** 그리고 이러한 혁신에 방해되는 것이 관료적 위계에 의한 조직 구조나 문화라고 판단하여, 현재 전 세계적으로 '수평적인 조직문화를 구축하는 것'이 대세이다. 본인이 20여 년간 SCM을 업으로 진행해 본 결과, 직급과 직책, 직위가 높다고 해서 SCM을 잘 이해하고 행동한다고 볼 수 없었고, 직급, 직책, 직위가 낮다고 해서 SCM을 잘 이해하지 못하고 행동한다고 볼 수도 없었다. 즉, SCM에 대해 올바른 방향과 속도로 생각하고 행동함에 있어서 직급, 직책, 직위의 높고 낮음 등 수직적 위계는 중요하지 않았기에, **수평적 조직문화가 추구하는 방향이 SCM에 적지 않은 도움이 된다**'라고 판단한다. 물론 그렇다고 해서 **수직적 조직문화가 추구하는 방향이 SCM에 도움이 안 된다**'라고도 볼 수 없다. 왜냐하면, 그동안의 경험으로 볼 때 현실에서는 수직적 Top Down 방식도 절실했기 때문이다. 그렇다면, 수평적 조직문화와 수직적 조직문화 둘 중에 어떤 조직문화가 SCM에 더 도움이 되는 것일까? 그리고 앞으로 SCM을 위해서는 어떤 조직문화를 유지해야 할까? 그리고 **어떤 조직문화가 SCM이 추구하는 혁신에 더 도움이 되는 것일까?**

현재를 살아가는 우리에게, '위계'란 용어가 들어가 있는 내용은 어떤 순간부터 억압적, 불합리, 강압적 그리고 소통이 잘 되지 않는 등의 부정적인 느낌을 주고 있다. 이와 같은 분위기에 편승하여 기업에서는 직위 삭제, 직급 호칭 파괴, 불필요한 회의나 보고 감소, 능력 위주 선발 등 새로운 문화를 도입하려고 노력 중이고, 모든 직원이 동등한 입장에서 누구나 자신의 목소리를 낼 수 있는 여건 또한 만들겠다고 이야기한다. 하지만, 이러한 추진 방향이 진정한 수평적 조직문화에 얼마나 많은 도움이 될지는 모르겠기에, 군과 기업에서 근무한 경험을 통해 느낀 점을 간단히 예를 들어 이야기해 보겠다.

### 첫째, 회의 간소화 및 화상 회의.

본인은 군에서도, 기업에서도 회의 간소화 추진에 동참했고, 화상 회의도 해 보았다. 본인이 느낀 점은 프로세스, 비즈니스 리듬, R&R이 제대로 구축되거나 유지되고 있지 않은 상황에서 "회의를 많이 하지 말라."는 것은 정말 어불성설이라는 것이다. 일정 수준 이상으로 프로세스나 시스템이 구축되기 전까지는 회의를 많이 할 필요가 있다. 특히 프로세스나 시스템이 제대로 구축되지 않은 상태에서 진행되는 화상 회의는 보여 주기 방식과 별반 다르지 않았다. 그동안 본인이 경험한 화상 회의 중 많은 경우는 시간적 제약이 있으며, 다양하고 많은 사람이 같이 보고 있고, 최고 경영자가 참석하는 경우가 많다 보니 '정말 잘못되었지만, 상대방이 곤란하게 되는 민감하고 디테일한 사안'은 지양하고 다소 덜 민감한 수준 위주로 진행되는 편이었다. 결국, 디테일한 이야기는 회의 종료 후에 다시 이야기해야 했다. 즉, 진정성 있고 목적에 맞는 회의 간소화와 화상 회의는 프로세스, 비즈니스 리듬, R&R을 제대로 구축한 이후에나 가능한 일이다.

### 둘째, 전자결재 활성화.

군의 전자결재 체계는 상당히 오래전에 구축되었지만, 일정 기간 동안 대면, 서면 보고를 선호하는 분위기였고, 2000년 이후부터는 효율, 효과, 경제, 적응성 등의 이슈로 '전자결재 체계를 적극적으로 활용해야 한다'라는 분위기가 말단 조직에까지 확실하게 자리 잡게 되었다. 문제는, 본인의 경우 전자결재 체계가 활성화된 이후, 차라리 대면 또는 서면보고가 더 그리웠다는 점이다. 왜냐하면, 전자결재 문서는 상급자가 볼 때 궁금증이나 수정의 필요성이 없도록 제대로 기획 및 작성해야 하는데, 당시에는 그 정도 능력이 없다 보니 상당 기간 상급자가 본인에게 궁금한 점을 전화로 물어봤다. 어느 때는 상급자에게 직접 찾아가서 자세히 설명하고 다시 문서를 기획하고 작성해야 했다.

정말 상급자에게 미안하고 창피했다. '전자결재에 의한 보고'가 효율적인 것은 맞다. 그런데, 상급자가 제대로 이해하고 의사결정 할 수 있도록 간략하면서도 필요한 것은 다 들어 있게 기획하고 작성해야 상급자가 결재할 수 있을 것 아닌가? 본인이 상급자가 되어 보니 하급자가 보낸 문서 중에서 어떤 것은 읽어 봐도 잘 모를 때도 있었고, 본인이 직접 수정하거나 재기안해야 할 때도 잦았다. 따라서 구성원 각자의 기획, 문서작성, Office 관련 프로그램 활용 능력이 향상되어야만 전자결재 본래의 취지를 달성할 수 있다.

### 셋째, 책임 있는 결정.

본인이 조직 생활을 하면서 가장 중요하게 실천하려고 했던 것은 '책임 있는 결정'이었다. 그도 그럴 것이, **'책임 있는 결정을 하지 않는다'**라는 것은 조직 생활에 있어서 가장 치졸하고 비겁한 행위에 속하기 때문이다. 그래서 본인은 군에 근무할 때부터 지금까지 '책임 있는 결정을 해야 한다는 것'을 숙명처럼 여기고 살고 있다. 그런데, 책임 있는 결정을 하겠다는 것은 좋은데, 잘못된 결정은 나뿐만 아니라 상대방에게도 돌이킬 수 없는 피해를 끼칠 수 있기에 올바른 방향과 속도로 책임 있는 결정을 하고 있는가, 올바른 방향과 속도로 책임 있는 결정을 할 수 있는 능력을 보유하고 있는가는 항상 내 머릿속을 맴돌았고, 앞으로도 맴돌 것이다. 본인이 초급 장교 때 가장 힘들었던 것은, 결정의 경험이 많지 않은 상태에서 맨땅에 헤딩하는 느낌으로 '책임 있는 결정을 자주 해야 했던 것'이다. 매 순간 결정이 잘못된 결과로 이어지면 큰 책임까지 져야 했기에, 결정하는 것이 두려웠고, 어려웠고, 귀찮았으며, 지나치게 신중을 기하다 보니 결정이 지연되는 경우도 잦았다. 그 당시의 상황에서는 "고민하지 말고 실행하라."라는 말은 전혀 가슴에 와닿지 않았다. 나 아니면 결정할 사람이 없나? 주위를 둘러보면 나보다 하급자들은 모두 나만 쳐다보고 있었다. 본인이 생각하는 조직문화 중 하나만 예를 들어 보면, 중대장한 사람에게 모든 것이 집중된 상태에서 중대장이 부재하거나 사망 시 그 조직은 혼란을 겪을 수 있기에, '소대장은 중대장의 수준에서 생각하고 행동하고 결정하려는 연습을 자주 해야 했다.' 즉, 사람 한 명 빠졌다고 해서 제대로 돌아가지 않는 조직은 조직으로서의 역할을 하지 못한다고 본다. 그래서 본인은 본인보다 한 계급 아래 구성원들이 주인의식을 함양한 Leader가 되기를 희망했다. 하지만, 한 계급 아래의 구성원들은 내가 가지고 있는 책임과 권한을 부여받는 것에 대해 어려워했고, 본인들이 보유한 능력을 초과하는 책임 또한 지는 것을 원하지 않았다. 나 또한 상당 기간 그렇게 생활했다. 기업에서도 마찬가지였다. 군과 기업에서 조직 생활을 해 본 결과, '사람이 사는 곳은 다 똑같다'라는 생각이 들었다. 게다가 기업은 편제와 편성이 군보다는 다소 유동적이다 보니 R&R이 모호한 미팅이나 회의가 상대적으로 많았고, 이때 Ownership을 부여받지 않기 위해 적당한 선에서 말을 하거나, 말을 아예 안 하는 경우 또한 자주 목격할 수 있었다. 수직적 조직문화에서 '책임 있는 결정'은 '위계를 기반으로 한 상급자나 직책자가 해야 하는 것'으로 대부분 알고 있다. 그런데 아이러니한 것은, 수직적 조직문화에서 상급자나 직책자가 다른 것은 다 자기 마음대로 하면서 '책임 있는 결정에 대해서는 회피'하는 경우를 자주 볼 수 있다는 것이다. 위계에 의한 수직적 조직문화에서 **상급자와 직책자가 '적기에 책임 있는 결정을 안 하는 것'만큼 아랫사람이 힘든 것은 없다. 도대체 어쩌란 말인가?** 수직적 조직문화에 있는 하부 구성원이 상급자에게 바라는 점 중 하나는 '일 안 해도 좋으니, 적기에 제대로 된 결정이라도 했으면' 하는 것이다.

수직적 조직문화에 비해 수평적 조직문화는 '책임 있는 결정'의 전체 또는 일부가 하부로 내려온 것이다. 즉, 일을 함에 있어서 모든 구성원 각자가 스스럼없이 소통하며 자율적, 창의적으로 일하는 것인데, 이러한 방식으로 일이 진행되려면 **구성원 각자 본인들이 추진하는 일에 대해 스스로 '책임 있는 결정'을 내려야만 한다.** 그런데 아이러니하게도 정작 현실에서 많은 구성원은 '상급자에게 간섭받는 것도 싫어했고, 책임지는 것도 싫어했다.' 책임 있는 결정'을 하라고 하면, 어떻게든 책임지지 않기 위해 이 사람, 저 사람 다 엮어서 회의를 하려고 했고, 이러한 사유로 회의 숫자와 시간은 더 증가했으며, '책임지지 않고 생존하기 위해 신중에 신중을 꾀하는 과정'에서 의사결정은 지연되었다. 실제로 여러분의 주위를 둘러보면, '앞뒤 안 가리고 적극적으로 책임지는 사람'보다는 적당히 발을 넣었다 빼면서, '한마디로 적당히 묻어가면서 책임지지 않는 사람'이 조직 내에서 오래 생존할 확률이 높기도 하다. 웃자는 의미에서 한마디 더 하면, 책임지지 않는 사람은 스트레스도 덜 받아 인생에 있어 더 장수할 가능성이 크다. 일반적으로 직급, 직위, 호칭을 파괴하면 위계에 의한 위화감이 줄어들고 존중과 소통으로 인한 교류가 활성화될 가능성은 크다. 하지만, 구성원들 간에 '책임 있는 결정'이 없는 상태에서의 직급, 직위, 호칭 파괴는 진정한 수평적 조직문화라기보다는 '보여 주기 행사'에 더 가까울 수 있다. 그렇다고 수직적 조직문화가 더 낫다는 것도 아니다. 왜냐하면, 기존의 수직적 조직문화에서 '계급과 위계 중시 분위기'는 분명히 한계가 있기 때문이다. 따라서 본인이 강조하고 싶은 것은, **흑백논리로 수직이냐, 수평이냐를 논하기보다는, 조직 상황에 부합되게 수직, 수평을 잘 섞어서 어떻게 점진적으로 나아가야 할 것인지에 대해서 많은 고민과 노력, 실험이 필요하다**'라는 것이다. 이러한 점에서 군에서 운영하는 통제형 지휘와 임무형 지휘에 대해 제목 위주로 예를 들어 보겠다. 군이 직면하는 모든 상황은 통제형이 필요할 때가 있고, 임무형이 필요할 때가 있기에 다음과 같이 구분하고 있다.

| 구분 | 통제형 지휘 | 임무형 지휘 |
|------|-----------|-----------|
| 전장 상황 | 고정적, 예측 가능 | 가변적, 예측 불가능 |
| 지휘 경향 | 중앙집권적, 수동적, 강력한 통제 | 분권적, 능동적 융통성 보장 |
| 의사소통 | 수직적, 일방적 | 수직·수평 상호 작용적 |
| 리더십 | 지시형, 전통적 리더십 | 위임형, 변혁적 리더십 |

기업에 수평적인 조직문화가 강조되는 상황에서 '누군가는 갑자기 내려놓으려고' 하고, '누군가는 갑자기 부여된 책임있는 결정을 하지 않으려고 한다'면, 이도 저도 아닌 애매모호한 조직문화가 형성될 것이다. 따라서 본인의 경험에 비추어 볼 때, 상기에 언급한 '임무형 지휘 방식'을 수평적 조직문화에 접목하

는 것이 필요하다.

SCM 안에서는 개선, 발전, 혁신, 개혁이 모두 발생하고 있다. 자율, 도전, 열정, 창의 등의 강조로 인해 개선과 발전은 Down Top만으로도 상당 부분 가능하다고 판단되지만, 기존 매너리즘과 저항으로 인해 혁신과 개혁은 Down Top만으로는 한계가 있다. 따라서 Top Down이 일정 부분 또는 상당 부분 필요한 상태에서, **'수직적 조직문화와 수평적 조직문화 중 한쪽을 완전히 배제하고 SCM을 생각'**하는 것은 아직은 비현실적이다.

추가로, 본인의 20여 년 동안의 조직 생활 중, 군이 근무해 본 기간을 구분해 보자면, 기업보다 위계질서가 강하다고 평가받는 군에서 3/5, 기업에서는 2/5를 근무해 보았다. 하지만 시간이 말해 주는 것일까? 전역할 때 군의 조직문화는 처음 입대할 때와 비교해 보면 정말 많이 변화된 상태였다. 그리고 기업의 조직문화는 겉으로는 위계질서가 없는 것처럼 보이지만, 업무 수행 방식이나 생각하고 행동하는 방식에 많이 깔린 편이었다. 이처럼 다양한 조직 생활을 해 오면서 항상 느끼는 점은 '사람이 존재하는 한, 어딜 가나 느끼는 분위기는 유사하다'이다.

본인이 **"SCM은 일정한 틀에 가두려고 하지 말고, SCM의 본질을 제대로 알고, 조직 특성에 맞게 적용하는 것이 중요하다."**라고 하였는데, 이러한 관점에서 조직문화 또한 어떤 것이 무조건 옳다고 강조하기보다는 그 조직이 처한 상황, 수준, 현실에 맞게 적용해야 한다. 즉, 조직 관리에 대한 본질과 조직이 처한 상황과 수준을 제대로 이해하고, 현실에서 구성원 각자가 어떤 역할을 해야 하는지에 대해 명확하게 정립하고 행동하는 것이 중요하다. 예를 들어, 구성원들의 능력이 상대적으로 부족한 조직임에도 불구하고, 상급자가 하급자들을 모아 놓고 "○○ 프로님.", "○○님이 알아서 해 오세요."라고 하면 문제가 해결되겠는가? 이러한 조직의 하급자는 말(호칭)뿐만이 아닌 '진정한 프로'가 되기 위해 노력해야 하고, 상급자는 '구성원들의 능력이 부족하다'라고 판단되면 직접 일을 주도해야 한다. 그리고 하급자가 자신보다 훨씬 능력 있는 경우에는, 어떻게든 하급자를 찍어 눌러서 매번 **'자신의 존재 이유와 권위를 세우는 데 급급해하기'**보다는 하급자에게 공을 돌리고 여건을 조성해 주어

하급자가 주도적으로 일하고 성장할 수 있도록 해야 한다. 본인이 정말 싫어하는 상급자의 유형들이 있지만, 그중에서 본인이 제일 싫어하는 상급자 유형을 둘만 꼽으라고 하면 첫째는 **'적기에 제대로 결정하지 않는 상급자'**이다. 결정을 안 한다는 것은 정말 비겁한 행동이다. 그리고 결정을 하지 않는다면 '상급자는 굳이 그 자리에 있을 필요가 없다.' 이러한 스타일의 상급자는 항상 이 사람, 저 사람을 모아서 주야장천으로 회의만 진행하려고 한다. 두 번째는 **'현명하거나 똑똑하지 못한데, 부지런하기만 한 상급자'**이다. 우선 이러한 상급자는 이해시키기가 힘들다. 그리고 이러한 상급자 스타일은 방향보다는 속도이며 결국에는 '상급자가 시키는 일이나 하자' 식으로 아랫사람을 변화시킨다. 왜냐하면, 아랫사람이 아무리 올바른 방향으로 능동적으로 나아가려고 해도 엉뚱한 이야기만 하기 때문이며, 아랫사람에게는 '자신이 주도한 일을 빨리하기'만을 바라기 때문이다. 이러한 사람이 상급자로 있는 조직은 뭔가 부지런히 일하는 것 같은데 별 성과는 없고, "매번 바쁘다."라고만 한다. 그리고 시간이 지나면 지날수록 그 사람보다 낮은 수준에 오갈 데 없고 부지런하기만 한 사람들로 조직이 꽉 채워지는 결과를 초래한다.

    22년간 다양한 분야의 SCM에 종사하면서 항상 목말랐던 것은, 개념적인 이야기가 아니라 간단한 내용이라도 실무 관련 이야기를 책으로 보고 싶었다는 것이다. 하지만 다양한 보안 이슈로 인해서 책으로 볼 기회는 거의 없었기에 본서 집필을 진행하게 되었다. 물론, 본인조차도 보안을 이유로 아주 방대하고 세세하게 작성하지는 못하였다. 이 점은 양해 바라며, 바라는 것은 '수·만 BT의 용기를 운영하면서, 제품과 상품에 의한 매출, 다품종 수요·공급 형태를 유지하고 있는 특수가스 산업' Logistics Management 내용과 사례를 통해, 조금이나마 SCM에 관해 이해하고 공감하는 시간이 되었으면 한다. 그리고 SCM을 추진함에 있어 이론보다 실무가 더 중요하다는 것을 강조하는 것은 아니다. 먼저 이론과 개념을 알아야 실무 적용이 가능하기에, **글을 이용한 SCM 공부가 우선이다. 알면서도 안 하는 것, 알면서도 못 하는 것, 모르면서 안 하는 것, 몰라서 못 하는 것에는 차이가 있다.**

    마지막으로 최근 필자에게 다시금 잔잔한 의미를 가져다준 First Penguin 및 마동석, 김새론 주연의 영화 〈동네 사람들〉과 흡연 문화에 관해 이야기하면서 글을 마무리하고자 한다.

■ First Penguin

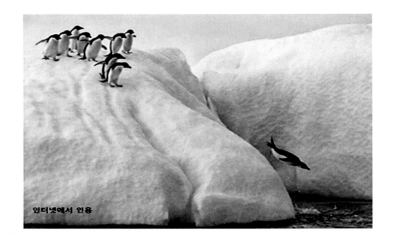

47세의 나이로 생을 마친 미국 카네기 멜론 대학의 교수 Randy Pausch의 마지막 수업에서 나온 말이라고 알려진 '퍼스트 펭귄(First Penguin)'. 그는 실패를 두려워하지 않고 위험을 감수하며 목표를 향해 나아가는 학생들에게 퍼스트 펭귄 상(First Penguin Award)을 주었다. 펭귄들은 먹잇감을 구하기 위해서 바다에 뛰어들어야 하지만, 바닷속에 있을지 모를 포식자를 의식해 머뭇거린다. 이때 한 마리가 가장 먼저 뛰어들면 다른 펭귄들도 뒤따라서 뛰어든다. 이때 가장 먼저 뛰어든 펭귄을 First Penguin이라고 하는데, 여러분은 First Penguin이 되어 본 적이 있습니까?

■ 〈동네 사람들〉(영화)

영화 〈아저씨〉에서 아역 배우로 출연했던 김새론이 나온다고 하여 무작정 보게 된 영화, 〈동네 사람들〉. 김새론을 보고 '세월이 참 빠르다!'를 느끼고 있는 와중에, 나에게 많은 생각을 하게 만든 명대사들은 주연 배우인 마동석과 김새론이 아닌, 조연 배우들에게서 나왔다. **"시키면 시키는 대로 하세요~"**, **"튀어나오면 망치로 두드립니다~"**, **"뭘 그렇게 열심히 해…. 하라는 것만 신경 쓰라고~"** 혹시 여러분도 여러분이 소속된 조직 내에서만큼은 영화 〈동네 사람들〉에 나오는 마을 사람들처럼 암묵적인 공범은 아닌가요?

## ■ 흡연 문화

본인은 업무차 외국에 가끔 방문하는 편이다. 외국에 방문하면서 느끼는 점은 많지만, 그중에서도 흡연 문화에 관해 이야기해 보고자 한다. 일부 국가의 경우, 흡연에 대한 문화는 한국보다 많이 관대하다. 특히 음식점에서 거리낌 없이 흡연하는 것을 보면 인상적인데, 그때마다 그만큼 나 자신의 생각하고 행동하는 방식이 변화했다는 것을 새삼 느끼게 된다. 본인이 어릴 적에 경험한 흡연 문화는, 비록 얼마 되지 않아 사라졌지만, 기차, 시내버스, 심지어 고속버스에서 피우는 경우도 목격할 수 있었다. 그리고 음식점에서는 상당히 오랜 기간 목격할 수 있었고, 본인 또한 한때 음식점에서 흡연을 즐겼다. 그런데 이제는 길거리에서 흡연하는 사람 옆을 지나가게 되면 왠지 부담스럽고 불편하다. 언제부턴가 한국에서는 공익광고 형태로 좋지 않은 흡연 문화를 강조해 왔고, 금연 정책(제도)을 통해서도 서서히 지속해서 추진해 왔다. 이 과정에서 본인 또한 불만이 없었던 것은 아니다. 하지만, 이제는 국민이 '음식점에서 흡연하지 못한다'는 것에 완전히 공감하고 있고, 길거리에서 흡연하면 점점 눈치가 보이는 상황에까지 이르렀다. 본인이 흡연 문화를 통해 이야기하고 싶은 것은, "사람이 생각하고 행동하는 방식, 즉 문화를 바꾸는 것은 불가능한 것이 아니다. 다만, 이는 단기간에 되지 않고 오랜 시간이 필요하며, 바꾸는 것을 리드하는 쪽과 따라와야 하는 쪽 모두의 큰 노력이 필요할 뿐이다."이다. 그리고 음식점에서 흡연이 가능한 외국의 한 음식점에서 외국의 사례를 적용하여 흡연을 갑자기 금지한다면 아마도 손님들과 마찰을 일으키거나 발길이 끊기는 것과 마찬가지로, "구성원들의 생각하고 행동하는 방식이 준비가 되어 있지 않은데, 무조건 틀 안에 넣고 일괄적으로 진행하게 되면 문제가 발생한다."라는 것이다. 이러한 관점에서 SCM은 구성원들의 생각하는 방식과 행동하는 방식을 바꾸어 가는 것, 즉 '**체질을 바꾸는 것**'이기에, 무조건 일정한 틀에 넣고 일괄적으로 진행하기보다는, **그 조직의 상태를 고려하여 맞춤형으로 진행하는 것**이 필요하고, 구성원들의 생각하고 행동하는 방식에 준비가 되어 있지 않다면, 끊임없이 다양한 교육과 실험을 병행하면서 점진적으로 나아가는 것이 필요하다. 그리고 본인이 경험해 본 바로는 **<u>중간에 포기하지 않는 것</u>**'이 매우 중요한데, 아이러니하게도 "중간에 포기하지 않으면 된다."라는 말을 하기는 쉽지만, 실제 SCM을 추진하는 입장에서는 포기하고 싶을 때가 한두 번이 아니다. 때론 포기하고 싶은 마음이 해일처럼 밀려오기에 추진하는 입장에서 인내하는 노력 또한 필요하다. 왜냐하면 다양한 부서와의 협력 및 이해관계에서, '맨땅에 헤딩할 수밖에 없는 상황'도 종종 발생하고, '밥상을 직접 차려주어야 하는 경우'도 발생하기 때문이다. 이러한 점을 고려했을 때 SCM은 Top Down 방식으로 경영진, 특히 CEO가 중심을 잡아주지 않으면 하부에서 SCM을 추진하는 구성원들이 포기할 가능성이 크기에, **<u>CEO의 SCM에 대한 철학과 역할이 매우 중요하다.</u>** 그리고 변화를 기대하기 어려운 구성원이 높은 직급에 있을수록 SCM은 어렵기에, **<u>적절한 인사 관점["인사(人事)가 곧 만사(萬事)다."]에서 조치 또한 필요한 것이 현실이다.</u>** 왜냐하면 필자의 경우, 불혹을 넘긴 구성원을 보면 '유혹에 흔들리지 않는다'라기 보다는 '생각하고 행동하는 방식이 굳어져서 더는 움직이지 않는다'의 경우를 자주 볼 수 있었고, 지천명에 이른 구성원에게서는 '하늘의 뜻에 따라서 산다'라기 보다는 '본인의 연명(延命)만을 위해 산다'를 자주 볼 수 있었기 때문이다.

그동안 많은 도움을 주었던 임직원분들에게 감사드리며, 실패를 두려워하지 않고, 위험을 감수하며, 늘 한결같은 마음으로 본인과 '동고동락'해 주고 있는 GOC(Global Operation Center) 팀원들! 고맙습니다!

김민철, 김승현, 고경현, 성준은, 송인욱, 김기범, 김동환, 강지환, 강호욱, 조원제, 오남균, 이재성, 정영현, 김용식, 김태곤, 김태수, 김평국, 문선우, 박민성, 박보석, 서재권, 성용범, 신종훈, 심윤오, 양윤모, 이상훈, 이용현, 전국철, 전순해, 정원영, 권오준, 윤기수, 홍진표, 홍준원, 김동찬, 노준규, 엄광혁, 이호성, 조홍열, 최낙진, 이상규, 남규식, 신태우, 박해성, 한석현.